建党百年献礼——西南大学经济管理学院“双一流”建设学术专著

西南大学应用经济学学科建设经费专项资助
国家社会科学基金项目（21BJL086）资助

重庆数字经济创新发展研究

王定祥　李伶俐　严晓光　著

西南大學出版社
SWUP 国家一级出版社　全国百佳图书出版单位

图书在版编目(CIP)数据

重庆数字经济创新发展研究 / 王定祥,李伶俐,严晓光著. — 重庆:西南大学出版社,2022.12
ISBN 978-7-5697-1734-1

Ⅰ. ①重… Ⅱ. ①王… ②李… ③严… Ⅲ. ①信息经济-经济发展-研究-重庆 Ⅳ. ①F492.3

中国国家版本馆CIP数据核字(2023)第006225号

重庆数字经济创新发展研究

CHONGQING SHUZI JINGJI CHUANGXIN FAZHAN YANJIU

王定祥　李伶俐　严晓光　著

责任编辑:周明琼

责任校对:张燕妮

装帧设计:观止堂_未　氓

排　　版:黄金红

出版发行:西南大学出版社(原西南师范大学出版社)

重庆·北碚　　邮编:400715

印　　刷:重庆恒昌印务有限公司

幅面尺寸:185mm×260mm

印　　张:11.5

字　　数:244千字

版　　次:2022年12月第1版

印　　次:2022年12月第1次印刷

书　　号:ISBN 978-7-5697-1734-1

定　　价:49.00元

建党百年献礼

——西南大学经济管理学院“双一流”建设学术专著

前言

20世纪90年代以来，全球经济发展态势出现重大变革，以信息技术和数字技术为代表的第四次工业革命正在推动着世界发生人类有史以来最为迅速、广泛而深刻的变化，其中以数字经济赋能实体经济的竞争愈发激烈。党的十九大报告中指出“我国经济已由高速增长阶段转向高质量发展阶段”，2019年12月召开的中央经济工作会议也明确提出要着力推动高质量发展，大力发展数字经济。在我国经济总量已突破100万亿元大关、新冠疫情后稳步复苏的宏观背景下，中国经济已经逐步进入新的转型期并将继续承压，而数字经济则是我国实体经济发展提质增效、转型升级的重要着力点，是推动我国经济高质量发展的新动能和新引擎，是未来产业结构调整升级的关键因素和重要驱动力。

2020年6月，国家发展和改革委员会、中央网络安全和信息化委员会办公室批复同意了《重庆建设国家数字经济创新发展试验区工作方案》，意味着重庆成为全国首批启动实施的国家数字经济创新发展试验区。显而易见，作为国家老工业基地的重庆，如何利用数字经济改造和赋能传统制造业，打造重庆工业2.0版，实现智能制造，加快建设重庆市国家数字经济创新发展试验区，是重庆数字经济创新发展的关键所在。

近年来，重庆认真贯彻落实中央和市委的战略部署，采取多项措施，大力发展数字经济，在经济下行压力下，数字经济仍保持持续快速发展态势：在数字产业化发展方面，以开放政务数据、公共数据为代表的数据价值化稳步推进，以5G基站、光纤、宽带、云计算为代表的新型基础设施加快建设，汇聚了诸如京东方等数百家数字设备制造企业，数字技术头部企业超过15家，笔记本电脑、手机、机器人等新兴产业加快发展，“芯屏器核网”智能产业全产业链集群加速形成，智能家居、智能安防、智能医疗、智能网联汽车等新型智能产品研发加速推进。在产业数字化发展方面，依托工业互联网平台和智能车间、智能工厂建设，重庆制造业正向数字化“智造业”持续转型，智慧农业示范基地和数字乡村建设稳步推进，覆盖城乡电商服务网络初步建成，教育、医疗、金融、交通物流、批发零售等服务业领域数字化发展持续升级，线上线下深度融合。在治理数字化方面，以大数据标准化、公开共享化等为主要内容的治理数字化不断完善，“渝快办”“渝快融”“中新数据通道”等多个数据共享平台和城市智能中枢相继建成投用。2020年，重庆数字经济发展规模达到6387亿元，增长18.3%，占地区生产总值的比重达到25.5%，位列全国中上游水平。

纵观重庆数字经济发展的历程，我们可以看出数字经济赋能实体经济的作用已经得到了初步的彰显，但远未达到其应有的水平。从“十四五”发展目标来看，到2025年，数字经济规模进入全国城市前六强，数字产业增加值争取达到4000亿元，产业数字化增加值争取达到8000亿元，数字经济增加值总量达到1.2万亿元，年均增速达到19%以上，数字经济占地区生产总值的比重达到45%以上。可见，任务十分艰巨，如果没有超常规的举措就难以实现。

虽然重庆数字经济发展具有直辖市体制与先行先试的政策优势、老工业基地的产业优势、承中启西与承上接下的区位优势，但同时，存在的问题和短板也比较突出，主要是数字经济发展的基础设施和平台较为薄弱、政企数据“孤岛现象”依然突出、数字经济创新人才短缺与引培体系不健全、数字技术产品应用转化场景和能力不足、数字经济创新发展的内生力不足、数字经济发展的体制机制不通畅等。

数字经济是软实力，但数字经济也有经济价值。倘若找准发展的切入点、政策的着力点，明确攻坚的难点、突破的重点，主动作为，通过数字经济创新发展的引领，把重庆坚实的制造业优势、敢于先行先试的改革优势、密集的创意人才优势和“一带一路”“西部大开发”“长江经济带”重要节点的区位优势，转换成推动重庆实体经济高质量发展的集成优势，软实力也能变成实体经济发展的硬支撑。这一合理的发展路径已经被国内外不少地区的发展经验所证实。如美国凭借强大的产业基础和技术创新优势，数字经济规模在2019年就达到了130652亿美元，蝉联全球第一，数字经济渗透率高达61.1%，服务业数字化渗透率明显高于其他行业，产业数字化占数字经济比重约为87%，是驱动数字经济发展的关键主导力量（中国信通院，2020）。国内的杭州、成都、深圳、贵阳、北京等地的实践同样证明了加快数字经济发展可以达成三个方面的目的：抢占战略性新兴产业制高点、盘活数据要素赋能实体经济、促进经济社会高质量和高效率发展。他山之石，可以攻玉。未来重庆数字经济创新发展，除了要充分借鉴国内外的发展经验外，还必须继续巩固和壮大“芯屏器核网”全产业集群，发展数据产业生态链和智能产业、数字文创产业，积极探索数字产业集聚发展模式，牢牢把握数字经济与实体经济融合发展根本要求，紧紧抓住“数字赋能、工业强市、人才兴市”这一发展战略，在以下几个方面着力。

(1)从发展思路来看,未来重庆数字经济创新发展要按照“政府引导、市场主导、创新驱动、科技支撑、数据共享、产业发力、融合发展、重点突破”的要求,抓好数字产业化、产业数字化、治理数字化三大板块,做好改革体制机制、完善产业体系、培育市场主体、引导产业集聚、推动融合发展、加强科技支撑、强化人才培养、健全数据市场体系等重点工作。

(2)从数字经济创新发展的重点领域来看,主要有三个方面:一是继续巩固和发展“芯屏器核网”,加快发展软件产业、智能产业、大数据产业、数字文创产业等;二是着力推动制造业智能化数字化改造升级,对接智慧城市加快推进服务业数字化,积极推动智慧农业和数字乡村建设;三是加快数据要素市场培育、推动智慧政务和智慧民生工程,促进数据价值化和治理数字化。

(3)从数字经济创新发展的重点区域来看,主要有两个方面:一是将两江新区、高新区、重庆经开区作为数字经济创新发展的重点示范区域;二是通过两江新区、高新区、重庆经开区示范,辐射带动主城九区和周边区域的发展,远离主城经济圈的地区着力推进智慧农业、智慧服务、数字城乡建设,工业发展基础好的区县应同步推动智能制造。

(4)从数字经济创新发展的实施路径来看,主要有三个方面:一是数字产业化突出重点、彰显特色。加快构建以大数据采集、清洗、脱敏、存储、算法设计、价值挖掘、交易、转化运用为主要内容的产业链体系。引进数字技术龙头企业,大力发展海量存储设备、高性能计算机、网络设备、智能终端、数据采集产品及大数据一体机等大数据硬件产品制造业和以“芯屏器核网”为内核的半导体产业集群,加强人工智能产业生态链建设,完善“众创空间+孵化器+加速器+产业园区”梯级孵化体系,积极发展服务外包、物联网、互联网安全、软件行业等领域数字产业集群。做大做强笔记本电脑产业链,协同构建原辅材料、电子元器件、整机终端、软件、下游应用及运营服务等电子信息产业链配套体系。建立健全数字产业化服务体系,推进工业软件和数字化转型共性支撑平台与行业“数据大脑”发展。二是积极推动产业数字化,着力推动智能制造。以智能制造为重点推动企业数字化转型,应用数字技术对机器设备和生产流程优化更新,建设一批“智能车间”“智能工厂”,深入推进企业上云上平台;以制造业龙头企业、ICT领军企业、互联网平台企业为主导,推动重点行业数字化转型;以生态建构为重点推动园区数字化转型。推进服务业数字化,打造国际消费名城,建设市级文化旅游大数据中心,指导建设一批智慧旅游试点景区和单位,推广定制化生产和精准营销新模式;推动县域特色产业集群电商化发展,建设跨境电商综合试验区,打造综合公共服务平台,培育一批外贸综合服务企业;高标准建设一批国家级数字创意产业园,培育数字创意头部企业和发行运营平台企业。示范推进智慧农业,构建农业农村信息服务系统和数字资源体系;完善市级农业物联网综合管理平台,优化智慧农机决策管理信息系统;指导农业经营者对接国内电商平台,建立产销衔接服务平台,开展农村物联网、智慧灌溉、智慧种业、智慧畜牧等应用示范。三是治理数字化凸显智慧政务与智服民生。推动大数据、人工智能、区块链等技术与政府治理深度融合,实现全市线上政务服务"一网通办"。创新政务服务模式,推动政务服务事项向移动端、自助终端等延伸,推广"渝快办"等政务服务App,建立纵横交错的数字政务服务体系。完善智慧交通综合信息服务体系和社会救助、慈善公益、社会组织综合服务平台,发展"智慧养老",构建城乡一体化人社服务新体系,形成所有服务对象全轨迹、全周期、全生命、全画像的动态"大数据"。深入推进智慧健康服务工程,加快全民健康和医院信息平台建设与互联互通,提供定制化健康服务,发展互联网医疗。

(5)从数字经济创新发展的环境优化来看,主要有七个方面:一是改善技术环境。增强关键核心技术创新能力,统筹推进5G、数据中心、云计算等设施布局和建设。全面升级传统基础设施,推动市政基础设施智能化升级,促进信息技术与农业农村生产生活基础设施融合发展。二是优化产业生态链环境。积极引入关联企业和骨干企业,建立数字经济企业"白名单"制度,做大做强骨干企业。培育和辅导本土数字技术上市企业,建立完善后备资源库,整合IPO上市服务第三方资源为企业提供全方位上市服务。三是改善融资环境。引导金融机构加强数字经济信贷、担保、保险服务体系创新。给予上市成功企业资金奖励。四是优化服务环境。推动示范性产业发展园区建设,挖掘培育应用场景,发展各类服务平台企业。五是完善市场环境。加快培育数据交易市场,建立健全数据确权、定价和市场监管运行机制。六是优化合作环境。借助"一带一路",大力拓展数字经济海外合作平台,推动成渝双城经济圈数字经济合作。七是改善制度环境。建立健全数据确权与交易制度,强化个人隐私保护,切实维护公民合法权益。

(6)从政策支持系统的构建来看,政府在推进数字经济创新发展中应从五个方面发力:一是实行数字经济企业和平台资格认证,提升新兴技术企业、软资产数字技术企业和平台经济认可度,给予数字经济企业专项政策优惠支持。通过认证,满足多业务场景、全链条数字化缔约需求,提升数字企业和平台的可信度。二是实施弹性的数字经济用地用电优惠政策。满足数字技术企业合理的土地需求,尤其是智慧农业用地问题。适当降低数字技术企业尤其是数据存储运算中心的电力成本。三是实施积极的财税支持政策,包括实施合理的税收优惠政策、财政奖补政策及适度的政府采购政策,加强政策引导,助力中小企业数字化转型。四是完善金融支持政策。健全科技金融协同服务体系、数字经济产业投资引导基金,建立多层次资金协同支持机制,积极培育孵化科创板上市企业,探索知识产权证券化,完善知识产权信用担保机制。五是优化人才政策。拓展猎聘人才渠道,加速海外人才回流，为数字经济领域高层次人才提供更多政策支持，激励人才在渝创新创业，积极开展跨界人才培育的教学试点示范工程，培养专业性强的数字经济复合型人才，构建技能型人才培养体系，形成可持续性的高技能人才补给机制。

(7)从政府调控机制构建来看，可从六个方面入手：一是健全数据要素市场化配置体制机制。推动政务数据共享开放，促进政务数据与社会数据融合，加快数据要素资源互通、数据要素开发能力共享。强化数据安全保护，厘清各类数据的重要程度、管理等级、数据交易各方的权责义务。二是健全监测考核机制。开展数字经济水平评估与测试，推动相关标准体系建设，引导区县科学发展数字经济。三是畅通数字治理机制。建构数字治理运行体系，推动数字要素资源向数字价值转化，防范和化解各种风险隐患，探索制定数字技术标准。四是构建政府引导机制。建立数字经济就业引导机制，完善数字人才教育引导机制，加强数字经济分配机制引导。五是优化协调统筹机制。优化数字经济区域布局，科学推动数字产业园区发展，鼓励各类数字技术企业协同发展，形成各行业、关键技术、具体应用等领域全面发展、重点突破、相互衔接的数字经济技术生态系统。六是完善统计核算制度。构建一套更具广泛适用性、深度精确性的数字经济统计核算制度；在程序合规条件下及时向社会发布统计指标、方法和数据，提高统计透明度；加强数字经济统计制度与传统经济统计制度的对接；完善数字经济统计核算组织体系，建立数字经济统计核算考核激励机制。

当今时代，数字经济发展已成为各国竞相争夺的高地，数字要素已成为核心的生产要素，实体产业数字化已是“山花烂漫”。在数字经济创新发展中，未来竞争的一定是数字产业化和产业数字化，两者是相辅相成的，数字产业化的最终目的是推动产业数字化，以更好地满足人们对美好生活的向往。

重庆作为国家中心城市之一，正处在按照习近平总书记对重庆提出的“一个目标”“两点定位”“四个扎实”的重要指示要求，全面推进各项改革难题的攻坚进程中，如何发展好数字经济，如何推动数字经济与实体经济融合发展，如何通过赋能工业和服务业打造“智造”重镇和智慧名城，通过数据要素优化各类产业的产业链、价值链、生态链，必将继续成为重庆未来发展重点关注的问题，同时也是决策咨询研究的长期课题。

目录

第1章　国内外数字经济创新发展现状与趋势分析 ……………… 001

1.1 数字经济的理论内涵与创新发展特征 …………………… 001

1.2 国外数字经济创新发展现状与趋势分析 ………………… 011

1.3 我国数字经济创新发展现状与趋势分析 ………………… 016

1.4 国内外促进数字经济创新发展维度的对比分析 ………… 022

1.5 本章小结 ………………………………………… 028

第2章　重庆数字经济创新发展:优势、现状、短板与目标 ………… 029

2.1 重庆数字经济创新发展的优势 ……………………… 029

2.2 重庆数字经济发展的现状考察 ……………………… 043

2.3 重庆数字经济发展中企业反映的问题与政策需求:调查结果分析 …………………………………………………… 053

2.4 重庆数字经济创新发展的短板分析 ………………… 058

2.5 重庆数字经济创新发展的目标 ……………………… 072

2.6 重庆数字经济创新发展的总体框架 ………………… 074

2.7 本章小结 ………………………………………… 075

第3章　重庆数字经济创新发展的重点领域 ……………………… 076

3.1 重庆数字产业化创新发展的重点领域 ………………… 076

3.2 产业数字化创新发展的重点领域 …………………… 082

3.3 高效推动社会治理数字化发展 ……………………… 089

3.4 本章小结 ………………………………………… 092

第4章　重庆数字经济创新发展的重点区域 ……093
4.1 两江新区数字经济创新发展 ……093
4.2 重庆高新区（科学城）数字经济创新发展 ……098
4.3 重庆经开区数字经济创新发展 ……101
4.4 其他样本区县数字经济产业布局和重点发展思路 ……105
4.5 各样本区县数字经济创新发展政策比较与启示 ……110
4.6 本章小结 ……112

第5章　重庆数字经济创新发展测评指标体系构建 ……113
5.1 数字经济创新发展的成本与收益确认原理 ……113
5.2 国内外数字经济创新发展核算指标体系构建实践 ……115
5.3 国内外数字经济创新发展评估核算方法探索 ……126
5.4 重庆数字经济创新发展测评制度创新实践与问题分析 ……130
5.5 重庆市数字经济创新发展的统计制度改进建议 ……133
5.6 本章小结 ……140

第6章　重庆数字经济创新发展的路径与策略 ……141
6.1 抓手：优化重庆数字经济创新发展的实现路径 ……141
6.2 前提：改善重庆数字经济创新发展的营商环境 ……147
6.3 动力：强化重庆数字经济创新发展的政策支持 ……152
6.4 保障：优化重庆数字经济创新发展的调控机制 ……158

主要参考文献 ……165
后记 ……169

第1章 国内外数字经济创新发展现状与趋势分析

随着信息技术的不断跃迁，人类社会经历了信息经济、互联网经济再到数字经济的发展过程。数字经济发展推动着人类生产生活方式、生产关系与经济结构的巨大变革，成为拉动经济发展的“新引擎”。本章对数字经济的形成与发展过程进行阐释，明晰数字经济以及数字经济创新发展的理论内涵，在此基础上，总结出数字经济创新发展的五大特征；对国外（以美国、日本、欧盟、印度为代表）、国内（国家层面与典型地区层面）数字经济发展现状与趋势分别进行分析，并从发展目标、发展路径、发展制度以及发展政策四个维度进行比较，为后文分析重庆市数字经济发展现状、问题及对策奠定理论基础，提供实践经验。

1.1 数字经济的理论内涵与创新发展特征

1.1.1 数字经济的形成与理论内涵

（1）数字经济的形成

数字经济蓬勃发展的关键在于信息技术的不断跃迁。随着信息技术的变革，人类社会先后经历了从信息经济到互联网经济再到数字经济的发展过程（许宪春、张美慧，2020）。1977年波拉特在《信息经济》（*The Information Economy*）一书中对包括信息活动、信息资本、信息劳动者等与信息经济发展密切相关的概念进行了界定，并提出了测度一国信息经济规模的指标体系。所谓信息经济，是指以信息产业发展为主导，以信息通信技术（Information Communication Technology，ICT）为驱动，以信息产品生产与信息服务快速发展并逐渐向经济、社会各方面渗透为主要特征的经济。2010年，经济合作与发展组织

(Organization for Economic Cooperation and Development，简称OECD)系列出版物《信息技术展望》(*Information Technology Outlook*)对ICT产业研究进行了总结，为政策制定与进一步研究提供了建议。

20世纪90年代，随着网页浏览客户端等互联网技术的成熟，互联网用户从最初的军队与高校等科研机构扩大到普通的个人用户，以互联网为载体的网络信息产品范围进一步拓宽。人们不仅从网络上获取经济信息，更依赖网络进行交易与决策，电子商务、互联网金融等互联网经济新形式蓬勃发展。2010年后，OECD开始用《互联网经济展望》(*Internet Economy Outlook*)代替原先的《信息技术展望》来报告互联网经济发展的新趋势以及由此产生的政策性问题。互联网与经济、社会融合更加深入，成为现代经济运行的重要基础设施。

经历互联网经济的蓬勃发展，人工智能、区块链、大数据、云计算、5G等前沿科技逐渐成熟并与经济社会运行深度融合，数字经济实践日益深入。数字经济这一概念最早在Tapscott(1996)《数字经济：网络智能时代的机遇与挑战》(*The Digital Economy*: *Promise and Peril in the Age of Networked Intelligence*)一书中出现。Tapscott指出，数字经济的12个特征分别是：知识驱动、数字化、虚拟化、分子化、集成/互联工作、去中介化、聚合、创新、消费者也是生产者、及时、全球化、不一致性(Tapscott，1998，2014)。OECD在《数字经济展望2017》(*Digital Economy Outlook 2017*)中指出，可从三个维度概括数字经济的特征：第一，规模、范围和速度，即小规模扩张、全景式范围和时间动态；第二，所有权、资产和经济价值，即“软”资本和价值移动，反映了数字经济的数据驱动特征；第三，关系、市场和生态系统，即边缘智能化、平台和生态系统、无场所化，表明数字经济的分散结构特征(向书坚、吴文君，2018)。相较于信息经济与互联网经济，依托于数字技术的数字经济发展更为迅速，开始由信息的传输进入信息处理分析的智能化阶段(李长江，2017)，社交网络、个性化医疗、自动化车辆、共享经济、平台经济等新经济形式快速崛起，数字化创新引领着人类社会经济运行方式的转变(许宪春、张美慧，2020)。

(2)数字经济的理论内涵

由于各国数字经济发展水平各异，数字技术不断创新，新经济模式不断涌现，国际社会对于数字经济内涵的理解也各不相同，但主要分为狭义和广义两个层面。

①狭义的数字经济，是指将数字经济视为一种产业经济(许宪春、张美慧，2020)。通常指的就是数字化产业，主要包括以信息为加工对象，以数字技术为加工手段，以数字化产品为结果，以国民经济各领域为流通市场，其本身没有明显的利润，但可显著提升国民经济其他行业利润的公共性产业。对于数字经济的狭义界定最具代表性的是美国经济分

析局(Bureau of Economic Analysis，BEA)基于数字经济产品和产业的初步界定(向书坚、吴文君，2018)。在对数字经济的实际测算中，美国经济分析局从生产法的角度指出，数字经济主要包括三类数字经济产品与服务，即数字化基础设施、数字交易与数字媒体。法国数字经济检测中心同样基于狭义的角度，认为数字经济是依赖于ICT的行业，是电信行业、视听行业、互联网行业、软件行业以及需要利用上述行业来支持自身运行的行业的集合。

②广义的数字经济，是指将数字经济视为一种经济活动(许宪春、张美慧，2020)。2016年中国发布的《二十国集团数字经济发展与合作倡议》中指出，数字经济是以使用数字化的知识和信息作为关键生产要素，以现代信息网络作为重要载体，以信息通信技术的有效使用作为效率提升和经济结构优化的重要推动力的一系列经济活动。OECD基于包容性发展目标，将数字经济视为经济社会发展的数字化转型，强调数字经济的动态特征，指出不应仅仅关注经济表现，更应挖掘数字经济对于创新发展与包容性增长的作用(OECD，2016)。2020年中国信通院在其发布的《中国数字经济发展白皮书(2020年)》中提出了更加具体的定义，认为数字经济是以数字化知识和信息作为关键生产要素，以数字技术为核心驱动力量，以现代信息网络为重要载体，通过数字技术与实体经济深度融合，不断提高经济社会的数字化、网络化、智能化水平，加速重构经济发展与治理模式的新型经济形态。可见，中国信通院对数字经济的定义是在《二十国集团数字经济发展与合作倡议》的基础上进行了完善。本课题认可这样的界定。

(3)数字经济的业态分类

出于统计核算的需要，也有学者从产业层面对数字经济进行了分类界定。部分学者认为在三次产业划分理论中，“第三产业”事实上是“兜底条款”，除第一、二产业之外的所有产业都被囊括在内。随着经济的发展，新业态与新模式不断生成和变革，三次产业划分标准已出现滞后于未来产业发展的倾向，越来越难以解释产业演进规律，难以适应新产业新业态的发展需要，有待进一步创新和发展。波拉特提出了产业划分的四分法，把数字产业从服务业中独立出来，使其成为“第四产业”，整个国民经济由工业、农业、服务业和数字产业组成，国内外不少学者支持其主张。而更多学者基于现有产业分类，界定数字经济产业分类标准。中国信通院发布的《中国数字经济发展白皮书(2020年)》提出数字经济“四化”框架——数字产业化、产业数字化、数字化治理与数据价值化。关会娟等(2020)、罗良清等(2021)、杨慧梅和江璐(2021)基于其框架，对数字产业化及产业数字化进行了界定。本课题基于上述研究成果对数字经济业态进行如下分类：

①数字产业化。数字产业化，通常意义上讲就是通过现代信息技术的市场化应用，将数字化的知识和信息转化为生产要素，推动数字产业形成和发展。它是数字经济的基础

产业，是数字经济的内核，为数字经济与实体经济融合提供支持性物质条件，是助推实体经济高质量发展的新引擎，主要包括数据要素价值化、数字设备制造、数字信息传输与数字技术服务等四个产业业态。其中，数据要素价值化是指围绕数据要素的确权、交易、转化应用、形成价值的经济活动过程的总称，包括数据资源化、数据资产化、数据资本化三个阶段：第一，数据资源化。数据资源化即对原始数据进行初步加工，形成可采集利用的高质量数据，是激发数据要素价值的基础，主要包括数据采集、数据标注、时序数据库管理、数据存储、数据挖掘与分析等产业生态。第二，数据资产化。数据资产化是实现数据要素价值的核心环节，包括数据确权、数据价值开发、数据要素市场建设、数据保护等产业生态。第三，数据资本化。数据资本化即通过数据交易、流通等活动，实现数据要素的社会化配置，是拓展数据要素价值的根本途径，主要包括数据定价、数据交易以及可能出现的数据要素证券化等产业生态。数据要素价值化作为数字产业化的基础资源，理所当然应归属于数字产业化的产业类型，在数字产业化中形成一个完整的产业链。而数字技术服务又分为软件和信息技术服务以及互联网服务。数字产业化的产业业态类型及其对应的《国民经济行业分类》（GB/T 4754-2017）如表1-1所示。

表1-1 数字产业化的产业业态类型

序号	产业类型		具体业态	说明
1	数据要素价值化	数据资源化	数据采集、数据标注、数据清洗、时序数据库管理、数据存储、数据挖掘与分析	作为数字产业化的基础资源，不宜脱离数字产业化范畴
1	数据要素价值化	数据资产化	数据确权、数据价值开发、数据要素市场建设、数据保护	
1	数据要素价值化	数据资本化	数据定价、数据交易、数据要素证券化	
2	数字设备制造		电影机械制造（3471）、幻灯及投影设备制造（3472）、照相机及器材制造（3473）、计算器及货币专用设备制造（3475）、工业机器人制造（3491）、特殊作业机器人制造（3492）、光纤制造（3832）、光缆制造（3833）、电气信号设备装置制造（3891）、计算机、通信和其他电子设备制造业（391-399）、计算机和办公设备维修（812）、家用电子产品修理（8131）	括号里的代码为产业代码编号
3	数字信息传输		电信（631）、广播电视传输服务（632）和卫星传输服务（633）	
4	数字技术服务	软件与信息技术服务	软件开发（651）、集成电路设计（6520）、信息系统集成和物联网技术服务（653）、运行维护服务（6540）、信息处理和存储支持服务（6550）、信息技术咨询服务（6560）、数字内容服务（657）、其他信息技术服务业（659）	

续表

序号	产业类型		具体业态	说明
		互联网服务	互联网接入及相关服务(6410)、互联网信息服务(642)、互联网平台(643)、互联网安全服务(6440)、互联网数据服务(6450)、其他互联网服务(6490)	

②产业数字化。产业数字化是在新一代数字科技支撑和引领下,以数据为关键要素,以价值释放为核心,以数据赋能为主线,对实体产业链上下游的全要素数字化升级、转型和再造的过程,实质上是数字经济基础产业以自身的数据要素、数字产品、数字技术去改造实体产业而形成的产业发展过程,即实体产业数字化,是数字经济发展的依靠。其范畴随着数字技术与实体经济融合应用范围的扩大而不断扩大,是国民经济除数字经济基础产业外所有产业的数字经济部分(罗良清,2021)。具体包括:第一,农业数字化。农业数字化主要包括智慧农业建设、现代农业产业园建设、农业供应链数字化服务等。第二,工业数字化。工业数字化主要包括信息化支撑工业化的"两化融合"、汽车自动化、工业互联网、智能工厂、智能制造研发与转化平台等产业生态。第三,服务业数字化。服务业数字化包括生活服务(零售、旅游、餐饮、电子商务、物流机器人等)数字化、金融业数字化、文体数字化(文创产业、体育服务等),其中包括私人服务与公共服务的数字化进程。在智慧城市和数字乡村建设中,大部分数字化属于服务数字化的建设内容。

③治理数字化。治理数字化是指运用数字技术推进治理模式创新、治理体系完善的新型政府治理体制,主要包括城市治理数字化与城市服务数字化等产业生态。如图1-1如示,城市治理数字化主要基于城市大数据平台建设,包括政府审批智能化、业务管理智能化、监督决策一体化三个方面,具体涵盖智能申请、智能审批、自动审核、自动出证、信用管理、市政管理、资源管理、生态管理、风险防控、重点事项督办、专题监管和决策分析等内容。

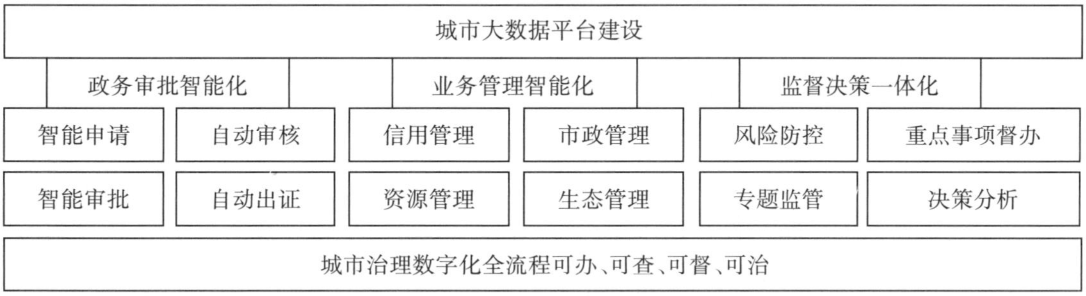

图1-1 城市治理数字化全流程

资料来源:中国江苏网、上海市人民政府网、四川省自然资源厅等政府网站。

1.1.2 数字经济创新发展的理论内涵

创新是促进经济高质量发展的重要驱动力,数字经济发展的关键在于持续创新(张森等,2020),数字经济创新具有创新频率高、覆盖范围广、影响力强等特点(李晓华,2019)。

(1)广义与狭义的界定

由于国际社会对数字经济内涵的理解主要分为广义与狭义的界定,对数字经济创新发展的内涵理解同样分为狭义与广义的界定。张森等(2020)结合马克思的"生产力—生产方式—生产关系"原理以及熊彼特创新理论的基本观点等,指出狭义的数字经济创新发展是指与数字经济深入发展所需的新理念、新技术、新动能和新模式的产生与应用相关的技术经济活动;广义的数字经济创新发展则是指数字经济形态下社会生产力、生产方式和生产关系变革所涉及的一切活动的集合体。数字经济创新是一项复杂的系统性工程,应从技术、理论、文化、制度等多方面入手,进行综合式创新。

(2)微观、中观、宏观的界定

也有学者立足"微观—中观—宏观"的分析框架,从微观、中观与宏观三个层面阐释数字经济创新发展的内涵。

①微观层面,数字经济本质上具有很高的技术属性,数字技术是典型的通用目的技术,应用范围广、技术更新迭代快,能够对产品形态、产业业态、生产组织方式甚至国民经济运行模式产生颠覆性影响(李晓华,2018)。技术创新是推进数字经济创新发展的关键因素与根本动力,为产业转型、经济发展提供了新动能与新途径(刘航等,2019)。在数字经济时代,技术的易用性和快速扩散降低了生产者进入某一产业的门槛,进而提高了产业内劳动生产率,拓展了产业规模;模块化的技术使新产品生产和创新过程更具柔性,通用性技术与不同层次生产者的结合,推动了整个生产过程的异质性程度加深(王梦菲、张昕蔚,2020),改变了国民经济的生产、消费和分配方式,提供了更加高效的经济运行模式,已成为拉动经济发展的"新引擎"(许宪春、张美慧,2020)。

②中观层面,数字经济通过产业创新效应推动数字产业革新,并通过产业融合效应助推产业结构转型升级(丁志帆,2020)。信息通信产业在数字经济时代产业创新发展中具有基础性、先导性的作用,产业生产率高、创新活跃、外溢作用明显,催生出的工业互联网、车联网等新兴产业业态代表着数字经济产业创新发展的方向。同时,由于数字经济与实体经济的天然融合性,跨界融合、产销融合与协同创新等成为产业融合的新趋势,产业融合发展产生的新需求推动数字经济发展不断创新升级。

③宏观层面,则是指数字经济创新发展对经济运行方式乃至整体经济社会的数字化改造(丁志帆,2020)。数字经济交易行为更多在交易平台进行,市场交易参与主体爆发式

增长，并以社会生产方式的形式参与到社会经济循环的利润转化与分享中，扩展了资源配置边界，丰富了要素来源，推动生产智能化以及生产方式的变革（张鹏，2019）。

1.1.3 数字经济创新发展的特征分析

以数字技术和数据要素为支撑的数字经济，具有以下五个方面的特征：

（1）对数字技术具有高度依赖性

数字经济的本质是信息化（孙德林、王晓玲，2004），信息化离不开数字技术的支持，具备高渗透性与融合创新能力的数字技术是数字经济创新发展的技术基础（丁志帆，2020）。数字经济的创新发展对数字技术具有高度依赖性，数字经济借助人工智能、区块链等数字技术实现交易、交流、合作的数字化（逄健、朱欣民，2013）。数字技术作为一种通用目的技术，不同于传统产业技术的相对比较成熟、技术突变少等特征（李晓华，2019），数字技术适用范围更加广泛、具备持续创新能力、能够在应用领域促进创新。借助技术融合与交叉创新，数字技术不仅能够对传统产业进行数字化改造，更不断催生出新产品、新业态、新模式，是经济运行效率提升与经济结构优化的关键动力，推动着全球技术变革与数字经济创新发展。

同时，数字技术创新更是数字经济创新发展的核心驱动力量（张森等，2020）。数字技术创新能够帮助企业形成正向创新能力，通过产品与服务、生产模式等创新实现产品与服务生产长期边际成本的最小化，带来企业生产上的规模经济。企业产品或服务生产规模的扩大，还会降低平均成本，有利于推动企业规模经济效应的扩大。在消费端，消费者亦可利用数字技术创新降低平均消费成本，扩大消费的规模经济效应。借助数字技术的强技术关联性，不同企业、行业、产业间能够实现差异化产品与服务的同步供给与融合创新，最有效地形成“长尾效应”，颠覆传统生产模式下牺牲个性化换取规模化的做法，扩大数字经济产品与服务范围，实现范围经济效应。数字技术创新通过赋能规模经济效应与范围经济效应（丁志帆，2020），最终提升数字经济创新能量（李彦臻、任晓刚，2020），推动数字经济创新发展。

（2）对新型基础设施具有极强的依附性

新型基础设施是指以适应5G、人工智能等新一轮技术变革为导向，提供智能化产品与智慧化服务的新一代基础设施体系（国家信息中心等，2019），涵盖数字化基础设施、传统基础设施数字化改造以及基于数字化平台的集成管理体系，是以新发展为理念，以技术创新为驱动，以信息网络为基础，面向高质量发展需要，提供数字转型、智能升级、融合创新等服务的基础设施体系，旨在为现代化建设和数字经济发展提供持久性公共服务支撑（潘教峰、万劲波，2020）。

2020年4月20日，国家发展改革委将新型基础设施分为以下三种类型（如图1-2）：一是信息基础设施，主要指基于新一代信息技术演化生成的基础设施，比如，以5G、物联网、工业互联网、卫星互联网为代表的通信网络基础设施，以人工智能、云计算、区块链等为代表的新技术基础设施，以数据中心、智能计算中心为代表的算力基础设施等；二是融合基础设施，主要指深度应用互联网、大数据、人工智能等技术，支撑传统基础设施转型升级，进而形成的融合基础设施，比如，智能交通基础设施、智慧能源基础设施等；三是创新基础设施，主要指支撑科学研究、技术开发、产品研制的具有公益属性的基础设施，比如，重大科技基础设施、科教基础设施、产业技术创新基础设施等。

信息基础设施	融合基础设施	创新基础设施
·基于新一代信息技术演化生成的基础设施（通信网络、新技术、算力等基础设施）。	·深度应用互联网、大数据、人工智能等技术，支撑传统基础设施转型升级，进而形成的融合基础设施。	·支撑科学研究、技术开发、产品研制的具有公益属性的基础设施。

图1-2 新型基础设施体系

数字经济发展对新型基础设施具有极强的依附性，新型基础设施完善的国家，数字经济发展起步更早，发展水平也更高。2020年，中国信通院发布的《全球数字经济新图景（2020年）——大变局下的可持续发展新功能》中指出，发达国家软件业、通信业等基础较强，产业数字化与数字产业化等均起步较早，对数字经济发展具有更强的驱动性。借助新一代数字技术的创新应用，新型基础设施建设向全覆盖、智能化方向发展，5G建设、空天地一体化信息网络布局、数据中心等建设投资成为未来各国新型基础设施建设的新方向。在新型基础设施建设的引领作用下，协同生产与智能制造、万物互联、扁平化、自组织等新理念逐渐取代旧的“技术—经济范式”，共享经济、平台经济、“产业链+供应链经济”等大量新业态、新型商业模式涌现，实现了价值创造流程与结构的革新，带来潜在生产率的跃迁与数字经济的高质量持续发展（丁志帆，2020）。

（3）数据与创新要素成为核心生产要素

生产要素，从广义的角度讲是指未进入最终使用领域的所有中间投入（亨利·威廉·斯皮格尔，1999），主要包括进行社会生产经营活动时所需要的各种社会资源，是维系社会生产经营与国民经济运行所必需的基本因素。农耕文明时期，土地、劳动力、经验是最重要的生产要素。随着产出的增加、剩余产品的出现，技术尤其是农业技术等要素的重要性逐渐提升。工业文明时期，随着企业这种新型组织的发展，在传统生产要素之外，资本、管理成为新的生产要素（崔俊富、陈金伟，2021）。信息文明时代，互联网、移动互联网的出现，数字技术的发展特别是智能终端与传感器的加速部署使得数据从符号文字变为图像视频，从被动收集变为主动收集，从碎片式分离收集变为综合式连续收集，数据资源呈现出爆炸式增长态势（如图1-3），数据本身成为生产要素（杨汝岱，2018）。

然而，只有可以高速传输与流通的数据才能在经济增长中真正发挥作用（荆文君、孙宝文，2019），在创新作用引领下，大数据、云计算、人工智能、区块链等数字技术不断革新，数据存储、传输与处理分析能力空前提升，创新要素与数据要素的融合使得对数据的深度挖掘、分析与使用成为可能，数据价值化进程加速推进，并与传统生产要素不断交叉融合，成为数字经济时代的核心生产要素，引发生产要素多领域、多维度、系统性、革命性群体突破（中国信通院，2020）。

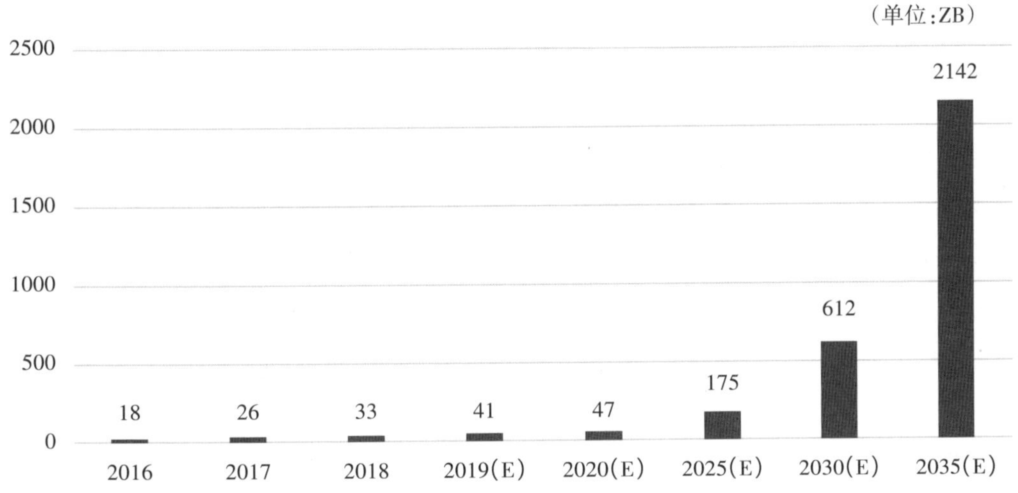

图1-3 全球数据资源增长趋势

资料来源：Statista，截至2020年11月。

一方面，数据及创新生产要素与传统产业融合程度不断加深，智慧农业、精准农业、工业4.0、服务业数字化等进程不断加快，产业转型升级加速向数字化、网络化、智能化方向推进。另一方面，数据及创新生产要素与传统生产要素不断优化重组、交叉融合，催生出人工智能等"新技术"、金融科技等"新资本"、智能机器人等"新劳动力"、数字孪生等"新土地"（中国信通院，2020），有效突破了传统生产要素有限供给对经济增长的制约，为数字经济持续增长奠定了基础（丁志帆，2020）。

（4）依附、融合和改造实体经济的特性强

数字经济发展以实体经济发展为前提、为依附。中国信通院在其发布的《全球数字经济新图景（2020年）——大变局下的可持续发展新功能》中指出，美国、韩国等国ICT产业基础较强，数字产业化占比更高；英国、德国等国工业更为发达，工业数字化转型更快；美国、中国等国服务业发展相对快速，服务业数字化渗透率更高。这些国家实体经济发展水平、经济结构各不相同,其数字经济发展方向、发展侧重点也存在差异。

数字经济在爆发式增长过程中,又与实体经济深度融合,不仅实现了数字技术的产业化发展,推动了传统产业数字化转型,催生出数字产业化、产业数字化与数字化治理等多种发展模式,又进一步借助产业调整效应、产业关联效应、产业融合效应等实现数字经济产业发展新模式、新业态、新产业的形成(丁志帆,2020)。随着数字技术对现有产业的数字化改造,新旧产业间发展协同性增强,推动传统产业数字化、自动化、智能化转型,产生产业结构调整效应,实现产业结构的高级化;随着产业间发展协同性的提升,传统的产业关联关系得到扩展并产生正反馈效应,形成互动性高、关联性强、创新效应显著的产业集群;产业集群的出现助推产业互联网深入发展,产业间跨领域、跨链条、跨时空融合新趋势明显,形成智能制造、网络化协同等发展新模式、新业态,助力实体经济发展变革。

(5)创造的价值具有综合性和量级性

数字经济改变了以往的价值创造模式。在传统经济中,企业进行生产并将其具备所有权或使用权的商品或服务销售给用户,从而实现价值创造。而在数字经济下,利用数字平台就可以充分调动平台之外的供应商为平台另一侧的用户提供商品或服务,平台企业更多致力于平台建设,通过高效运转的平台实现全球范围内供需双方的对接,而不直接拥有在平台中交易的商品或服务(李晓华,2019)。越来越多的价值创造过程由用户发起,用户和中介机构甚至制造商利用网络直接交互,从而实现价值创造过程的逆转(张雪玲、焦月霞,2017)。

根据梅特卡夫法则,数字经济的价值等于其网络节点数的平方,数字网络产生的经济效应随着联网的用户和设备增加呈指数级增长(丁志帆,2020)。在数字网络连接下,经济组织结构趋于扁平化,处于网络端点的生产者与消费者能够借助数字平台进行有效连接,并将供求信息转化为数据,利用大数据实现供给与需求的有效整合与多元匹配。这不仅使得原有交易匹配效率更高,更拓展了交易范围,将更多原先无法实现的交易通过数字平台得以实现。匹配质量、效率的提升和交易范围的拓展,进一步增加了数字网络的外部性价值。由于其外部性价值的提升,网络节点数即用户人数超过特定临界点时,每个用户从数字产品或服务中得到的效用就越高,产生边际成本递减与边际效益递增效应,并进一步吸引更多用户加入,网络经济规模与价值实现自我膨胀(孙德林、王晓玲,2004),从而呈现出爆发式增长态势。

数字经济的价值不仅仅在于通过增加技术投入提升信息技术单一产业的发展速度,还在相互连接、相互整合、相互促进的过程中,为整个智能经济的发展和产业数字化转型提供支撑。数字经济蓬勃兴起并与实体经济的深度融合,已成为推动产业发展动力变革、产业结构转型的重要力量,创造的价值更具综合性。

1.2 国外数字经济创新发展现状与趋势分析

1.2.1 美国数字经济创新发展现状与趋势

美国是全球最早布局数字经济的国家，20世纪90年代就启动了“信息高速公路”战略（中国信通院，2020），国家信息基础设施建设引发的信息革命彻底改变了人们的生活、工作与交流方式。1998年1月，美国副总统阿尔·戈尔首次提出“数字地球”的概念，同年7月美国商务部发布《浮现中的数字经济》报告，正式拉开数字经济发展大幕。二十多年间，以商务部、国家电信和信息管理局、经济分析局等为代表的美国政府部门发布了一系列数字经济相关报告（如表1-2），明确了各个阶段数字经济发展重点，引领了数字经济发展潮流。2015年11月，美国商务部发布的《美国数字经济议程》将发展数字经济作为实现繁荣和保持竞争力的关键，强调互联网基础设施建设、数字技术革新、数据与服务跨境流动、互联网安全与隐私等多个方面的内容，并成立了数字经济咨询委员会，旨在为数字时代的经济增长与发展机遇提出建议。2018年3月，美国经济分析局（BEA）发布工作文件《数字经济的定义和衡量》，明确了数字经济含义与度量范围、方法等重要内容。

表1-2 1998年以来美国政府部门数字经济相关报告

<table>
<tr><th>年份</th><th>报告名称</th><th>出台部门</th><th>内容要点</th></tr>
<tr><td>1998</td><td>浮现中的数字经济</td><td>商务部</td><td rowspan="5">“数字经济（Digital economy）”系列报告从宏观层面测算美国IT产业发展对GDP增长贡献度，并以企业案例揭示由信息创造的国民财富在企业运行中的微观实现过程。2000年后标题已无“浮现（Emerging）”一词，因为数字经济已经兴起，电子商务和信息技术产业正以惊人的速度发展并影响着美国经济，从根本上改变了美国人生产、消费、通信和娱乐方式。</td></tr>
<tr><td>1999</td><td>浮现中的数字经济（二）</td><td>商务部</td></tr>
<tr><td>2000</td><td>数字经济2000</td><td>商务部</td></tr>
<tr><td>2002</td><td>数字经济2002</td><td>经济和统计管理局</td></tr>
<tr><td>2003</td><td>数字经济2003</td><td>经济和统计管理局</td></tr>
<tr><td>2010</td><td>数字国家：21世纪美国通用互联网宽带接入进展</td><td>国家电信和信息管理局</td><td rowspan="6">“数字国家（Digital nation）”系列报告基于美国人口普查局收集的数据，对美国家庭计算机与互联网、移动互联网使用情况进行调查，并对家庭互联网使用中存在的阻碍因素进行分析，以增强互联网可用性以及使每个美国人都负担得起，弥合数字鸿沟（Digital divide），为政策制定提供参考。</td></tr>
<tr><td>2010</td><td>探索数字国家：美国家庭宽带互联网应用</td><td>经济和统计管理局、国家电信和信息管理局</td></tr>
<tr><td>2011</td><td>数字国家：扩大互联网使用</td><td>国家电信和信息管理局</td></tr>
<tr><td>2011</td><td>探索数字国家：计算机和互联网家庭应用</td><td>经济和统计管理局、国家电信和信息管理局</td></tr>
<tr><td>2013</td><td>探索数字国家：美国新兴在线体验</td><td>国家电信和信息管理局、经济和统计管理局</td></tr>
<tr><td>2014</td><td>探索数字国家：拥抱移动互联网</td><td>国家电信和信息管理局</td></tr>
</table>

续表

年份	报告名称	出台部门	内容要点
2015	美国数字经济议程	商务部	将发展数字经济作为实现繁荣和保持竞争力的关键，主要聚焦：自由开放的互联网；互联网信任和安全；互联网接入和技能；创新与新兴技术。
2016	关于保护和发展数字经济的报告	加强国家网络安全委员会	保护美国信息基础设施和数字网络安全；在数字网络和数字经济安全与发展方面加快创新、加大投入；推动消费者在数字时代安居；建设网络安全人才队伍；推动政府在数字时代高效安全施政；建设公开、公平、竞争、安全的全球数字经济。
2018	数字经济的定义和衡量	经济分析局	明确数字经济内涵与衡量标准。数字经济包括：计算机网络存在和运行所需的数字基础设施；通过该系统发生的数字交易（电子商务）；数字经济用户创造和访问的内容（数字媒体）。
2019	国家人工智能研究和发展战略计划	白宫科技政策办公室	人工智能八大战略：持续对基础AI研究进行长期投资；开发补充和增强人能力的人工智能系统；解决人工智能中的伦理道德、法律问题；创建健康且值得信赖的AI系统；增加对数据集和相关挑战的访问；支持开发人工智能技术标准和相关工具；培育人工智能研发人才；扩大学术界和产业界之间的公私伙伴关系，并与国际盟友合作。

资料来源：美国商务部官方网站。

凭借产业基础与技术创新优势，美国数字经济发展走在全球前列。如表1-3所示，2019年美国数字经济规模达到130652亿美元，蝉联全球第一，数字经济渗透率高达61.1%。服务业数字化渗透率明显高于其他行业，使美国成为服务业数字化领先国家。产业数字化占数字经济比重约为87%，是驱动数字经济发展的关键主导力量（中国信通院，2020）。

表1-3 2019年全球数字经济规模前十国家　　单位：亿美元

国家	数字经济规模	GDP	数字经济渗透率	排序
美国	130652	213744	61.1%	1
中国	51954	143636	36.2%	2
德国	24380	38456	63.4%	3
日本	23949	50818	47.1%	4
英国	17606	28271	62.3%	5
法国	11698	26838	43.6%	6
韩国	7995	16424	48.7%	7

续表

国家	数字经济规模	GDP	数字经济渗透率	排序
印度	5856	28751	20.4%	8
加拿大	4540	17364	26.1%	9
墨西哥	3903	12583	31.0%	10

资料来源:中国信息通信研究院和世界银行。

在数字经济发展过程中,美国立足自身产业基础明确数字经济发展方向,在关键领域做好战略布局,以维持其领先地位。在“抓住智能制造系统的未来”战略目标中,美国提出“智能与数字制造、先进工业机器人、人工智能基础设施、网络安全”四个具体优先事项,同时注重网络安全、电子、半导体、量子信息、大数据、人工智能等关键技术和产品研发,积极推进数字技术研发进程。美国阿贡国家实验室、英特尔和惠普共同打造的首台达到百亿亿次级别的计算机,已于2023年6月完成安装工作。2019年发布的《国家人工智能研究和发展战略计划》重新评估了联邦政府人工智能研发投资的优先次序,加速人工智能发展,以维持其领先地位。

同时,美国积极推广其数字贸易规则,维护美国企业利益。在数字贸易领域,倡导自由贸易,从2016年开始,美国贸易代表办公室将数字贸易主要障碍作为《国家贸易评估报告》的重要内容;美国商务部将维护美国数字贸易利益作为最优先考虑的议题,启动“数字专员”计划,以确保美国企业能够顺利参与全球数字经济发展。

1.2.2 日本数字经济创新发展现状与趋势

日本数字经济发展起步较早。2001年日本政府就提出“e-Japan战略”,促进了信息化基础设施建设及相关技术研发,为日本网络化、智能化发展阶段奠定了基础。由于饱受人口老龄化、经济增长动能不足等问题困扰,日本政府在推进数字经济发展过程中奉行实用主义,重视数字经济对经济社会发展的引领、服务作用。随后发布的“u-Japan战略”“i-Japan战略”,都高度重视通信基础设施在政府、医疗以及教育三大公共部门的应用,并形成辐射作用,带动其他领域的信息化发展。

日本政府高度重视数字经济与实体经济的融合发展。一方面,积极推进产业数字化转型。2018年日本发布的《第二期战略性创新推进计划(SIP)》中指出,要重点推进大数据和人工智能技术在自动驾驶、生物技术、医疗、物流方面的应用,促进数字科技从基础研究向实际应用的转化,以提升日本经济水平和工业综合能力。2019年日本全力推进“数字新政”,重视信息通信基础设施建设以及教育部门的ICT应用、中小企业信息化、ICT领域研发等方面，进一步推动数字化、智能化转型，以突破人口老龄化、劳动力短缺、产业竞争力不足等发展瓶颈。另一方面，加速智能型社会建设。继“e-Japan”“u-Japan”“i-Japan”战略计划后，日本政府在《科学技术创新战略2016》中阐述了“超智能社会5.0计划”，旨在推进交通、医疗、养老等领域数字化转型，形成适合日本发展需要的新型社会形态。如表1-3所示，在一系列发展政策指导下，2019年日本数字经济规模达到23949亿美元，位列美中德之后，数字经济发展处于领先水平，产业数字化占数字经济比重超过80%，对数字经济发展具有重要驱动作用。数字经济渗透率为47.1%，数字经济在国家经济发展过程中处于重要地位。

在数字贸易以及全球数字经济治理方面，2019年日本提出“数据在可信任条件下自由流动”即“DFFT”（Data Free Flow with Trust）原则，强调数据流动的自由度、安全性和完整性。同年9月，日本在其与美国签署的双边数字贸易协定中指出，要确保各领域数据无障碍跨境传输，并禁止对金融业在内的机构提出数据本地化要求，以促进数据自由流动，并帮助其在未来全球数字贸易中构建制度竞争优势（中国信通院，2020）。

1.2.3 欧盟数字经济创新发展现状与趋势

相较于中美两国，欧盟在数字技术革新、数字经济发展过程中稍显落后。但欧盟坚持规则先行，积极构建数字经济相关监管规则。在数据治理与保护方面，2018年5月欧盟出台《通用数据保护条例（GDPR）》，成为欧盟内部唯一的数据保护条例，极大提升了隐私保护标准和科技企业合规成本，成为诸多国家的数据隐私保护立法的参考范例。2019年4月欧洲理事会通过的《数字单一市场版权指令》规定，网络服务提供者要承担“版权过滤”的义务，成为网络空间内版权保护的最高标准。此外，欧盟也致力于打破成员国数字市场壁垒，积极构建欧盟内部统一的数字市场，重视数据开放共享。2018年10月发布的《非个人数据在欧盟境内自由流动框架条例》，旨在确保非个人数据在欧盟内部的自由流通，消除数据保护主义，提升欧盟数字经济发展竞争力（中国信通院，2020）。欧盟非常重视人工智能伦理规范。从2018年12月发布的《欧洲人工智能协调计划》《可信赖人工智能的道德准则草案》到2020年2月发布的《人工智能白皮书》，都不断强调人工智能系统的复杂性及其潜在的风险，指出希望通过制定更加严格的规范，在消费者保护、防止不公平商业竞争、保护个人数据等方面加强立法和管理，最大程度降低人工智能应用风险。法国、德国、西班牙等成员国也在欧盟整体部署下不断更新本国发展规划。欧盟试图利用其巨大的市场规模优势，发挥规则的引领作用，提升在全球数字经济领域的国际话语权与制度影响力。

在欧盟国家内部，德国和法国数字经济发展处于较高水平，跻身2019年全球数字经济规模前十国家。德国将发展数字经济作为其政治与经济层面的首要任务，自2010年发布《德国2020高技术战略》后，又相继出台《2020创新伙伴计划》、“工业4.0”“数字议程（2014—2017）”以及“数字化战略2025”，2018年又发布《联邦政府人工智能战略要点》《人工智能德国制造》《高技术战略2025》等战略规划，旨在建设数字强国。德国将人工智能技术和应用作为重点，同时强调工业的数字化转型，注重构建网络化协同设计和制造体系。在政策引导与支持下，德国数字经济发展较快（如表1-3），2019年德国数字经济规模达到24380亿美元，排在中美之后，数字经济渗透率最高，达到63.4%，数字经济发展位于全球前列。德国产业数字化高度发达，占比达到90.3%，工业数字化转型推进较快，属于工业数字化领先国家。

法国在2018年发布《法国人工智能发展战略》，在人工智能发展中确定了自动驾驶和卫生健康两个优先发展领域。同时，法国也高度重视5G技术在工业发展、经济竞争力提升以及公共服务创新等领域的重要作用，制定的《5G发展路线图》《利用数字技术促进工业转型的方案》等一系列战略规划明确了加快5G技术发展与进一步推广商用的决心。2019年法国数字经济规模为11698亿美元，数字经济渗透率达到43.6%，数字经济在国民经济中占有重要地位（如表1-3）。产业数字化占比约为85%，处于较高水平，对数字经济发展具有较强的驱动作用。

为逆转欧盟在数字经济发展中的相对劣势局面，2020年欧盟委员会公布了《塑造欧洲数字未来》的数字化战略，旨在通过加大数字化领域投资提升欧盟数字经济竞争力，提出致力于塑造涵盖网络安全、关键基础设施及数字化教育等多方面的数字化未来。同时发布的欧盟数据战略，提出要建立真正的“欧洲数据空间”，建立更加完善的基础设施以及更加严格的法律法规，为跨行业、跨地区数据自由流动创造条件。欧盟数字化战略以及数据战略的发布，显示了其在数字经济领域发力的决心，对欧盟国家数字经济发展具有重要的引导作用。

1.2.4 印度数字经济创新发展现状与趋势

相较于美日德等发达国家，印度对于数字经济发展的战略布局相对滞后。2015年印度推出“数字印度”计划，主要内容包括普及宽带上网、建立全国数据中心和促进电子政务三个方面。这些举措为印度数字经济发展提供了强有力的基础设施支撑，为创新活动与初创企业发展营造了平等、低成本的创新环境。如表1-3所示，2019年印度数字经济规模达到5856亿美元，在发展中国家中处于较高水平，但数字经济发展仍处于初级阶段。数字经济渗透率为20.4%，发展增速快于全球大部分国家，达到6%，发展潜力巨大。产业数字化在数字经济中占比约为60%，有力推动了印度数字经济发展。

在数字贸易与数据的跨国流通方面，印度认为数据在跨国间的分隔与流通严重阻碍了发展中国家从数据贸易中获利(中国信通院,2020)。最为典型的是来自境外或者境外机构控股的电子商务平台严重冲击了印度当地就业,并剥夺了一部分原本留存在境内的收益,因此印度拒绝在2019年G20发布的《大阪数字经济宣言》中签字。出于保护本国数据、维护国家安全及促进国家发展的目的,印度在2018年发布的《印度电子商务国家政策框架草案》中表明印度会逐步推进数据本地化政策,增加本国数据存储能力,实现数据价值的本地化。在数字产品与服务贸易中更好地融入全球价值链,提升数字经济竞争力,对印度乃至其他发展中国家的经济发展至关重要。

1.3 我国数字经济创新发展现状与趋势分析

1.3.1 国家层面数字经济创新发展政策及现状

(1)国家层面数字经济发展相关政策梳理

党的十八大以来,我国政府高度重视发展数字经济,出台了一系列重要文件,不断强化数字经济的顶层设计,促进数字经济发展。各部门出台的政策文件及核心内容如表1-4所示。2015年,国务院相继发布了《关于促进云计算创新发展培育信息产业新业态的意见》《关于积极推进"互联网+"行动的指导意见》《促进大数据发展行动纲要》三个文件,着力推进云计算、"互联网+"、大数据产业发展。2016年,中共中央办公厅、国务院办公厅联合发布《国家信息化发展战略纲要》,提出信息化驱动现代化发展构想。2017年,国务院发布了《新一代人工智能发展规划》,着力推动智能社会建设;同年,中共中央办公厅、国务院办公厅联合发布《推进互联网协议第六版(IPv6)规模部署行动计划》,提出用5~10年时间,形成互联网自主技术体系和产业形态。2018年,工信部发布《工业互联网发展行动计划(2018—2020年)》,拉开了工业互联网建设的序幕。2020年,中共中央、国务院联合发布了《关于构建更加完善的要素市场化配置体制机制的意见》,正式提出数据要素是核心关键生产要素,推动构建数据要素市场化配置机制。综上可见,我国数字经济发展的顶层设计和政策环境在不断完善,为各地探索数字经济创新发展提供了良好的政策基础。

表1-4 我国主要数字经济政策法规概览

年份	主要政策/条例/精神等	发布部门	主要内容
2015	《关于促进云计算创新发展培育信息产业新业态的意见》	国务院	加快发展云计算，打造信息产业新业态，推动传统产业升级和新兴产业成长
2015	《关于积极推进“互联网+”行动的指导意见》	国务院	充分发挥我国互联网的规模优势和应用优势，推动互联网由消费领域向生产领域拓展，加速产业发展水平，增强各行业创新能力，构筑经济社会发展新优势和新动能
2015	《促进大数据发展行动纲要》	国务院	大力推动政府信息系统和公共数据互联开放共享，加快政府信息平台整合，消除信息孤岛，推进数据资源向社会开放
2016	《国家信息化发展战略纲要》	中共中央办公厅 国务院办公厅	以信息化驱动现代化为主线，以建设网络强国为目标，着力增强国家信息化发展能力，着力提高信息化应用水平，着力优化信息化发展环境，推进国家治理体系和治理能力现代化
2017	《新一代人工智能发展规划》	国务院	以提升新一代人工智能科技创新能力为主攻方向，发展智能经济，建设智能社会，维护国家安全
2017	《推进互联网协议第六版（IPv6）规模部署行动计划》	中共中央办公厅 国务院办公厅	用5到10年时间，形成下一代互联网自主技术体系和产业形态，建成全球最大规模的IPv6商业应用网络，实现下一代互联网在经济社会各领域深度融合应用，成为全球下一代互联网发展的重要主导力量
2018	《工业互联网发展行动计划（2018—2020年）》	工信部	建成5个左右标识解析体系国家顶级节点，标识注册量超过20亿；推动30万家以上工业企业上云，培育超过30万个工业App应用
2020	《关于构建更加完善的要素市场化配置体制机制的意见》	中共中央 国务院	加快培育数据要素市场，推进政府数据开放共享，提升社会数据资源价值，加强数据资源整合和安全保护

资料来源：胡煜等，《数字革命：新时代的产业转型逻辑》，电子工业出版社，2020年。

（2）我国数字经济创新发展现状

近年来，数字经济蓬勃发展，已成为国民经济中最为核心的增长极之一。第一，数字经济规模不断扩张。我国数字经济增加值规模由2005年的约2.6万亿元增长到2019年的约35.8万亿元，数字经济占GDP比重也逐年提升，2005年至2019年我国数字经济占GDP比重由14.2%提升至36.2%，2019年占比同比提升1.4个百分点（如图1-4）。第二，数字经济增速持续加快。按照可比口径计算，2019年我国数字经济名义增长15.6%，高于同期GDP名义增速约7.85个百分点，与2005年相比，我国数字经济规模增长了12.7倍，年复合增长率高达20.6%。第三，数字经济对GDP增长的贡献程度不断提升。2014年至2019年间，我国数字经济对GDP增长的贡献率始终保持在50%以上的水平，2019年数字经济对经济增长的贡献率为67.7%，数字经济成为驱动我国经济增长的核心关键力量。

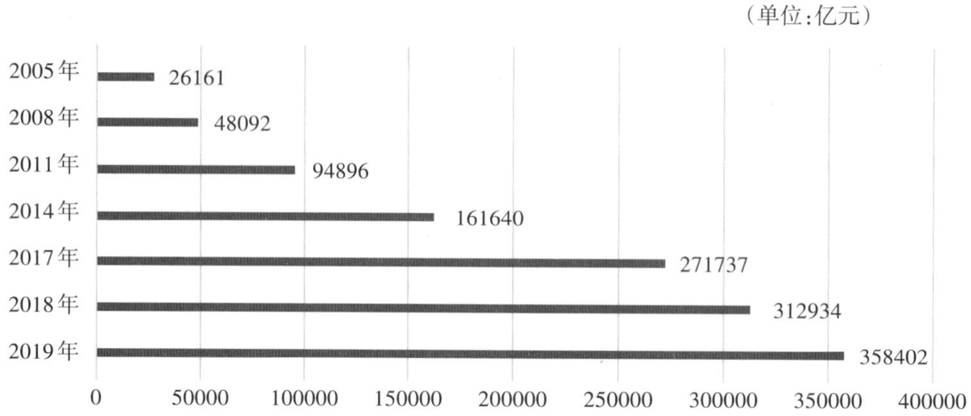

图1-4 我国数字经济增加值规模

资料来源：中国信通院。

1.3.2 国内典型地区数字经济创新发展现状与趋势

(1)杭州数字经济创新发展现状与趋势

党的十八大以来，杭州市以数字赋能打造新型智慧城市和宜居城市。2018年杭州市政府印发《杭州市全面推进"三化融合"打造全国数字经济第一城行动计划(2018—2022年)》，围绕打造"全国数字经济第一城"，杭州市深入实施数字经济"一号工程"，开拓创新、抢抓机遇，数字经济呈现"新一代信息技术蓬勃发展，产业结构优化升级，新经济取得重大突破"的发展特征。杭州已形成以余杭、滨江、西湖为核心，萧山、钱塘新区、桐庐等多节点、各有特色的区域布局；形成了以国家自主创新示范区为主动力，城西科创大走廊、城东智造大走廊为两翼，特色小镇、众创空间为支撑的平台体系；形成了以阿里巴巴、海康威视、新华三等为龙头，上市公司和独角兽企业为中坚，"双创"为支撑的雁形企业群。以数字经济的"一把手工程"——软件产业为例，拥有"中国软件名城"之称的杭州，软件产业应用领域已经覆盖云计算与大数据、电子商务、数字内容、物联网、制造业数字化、嵌入式软件等行业。近年来，中国软件业综合竞争力百强、全国电子百强，杭州都有6~8家上榜，上榜数居全国前列。同时，为推动数字经济发展，杭州市快速推进"新基建"建设，首个国家(杭州)新型互联网交换中心启用，无人驾驶、无人机、智慧车间、数字工厂等数字应用不断涌现，联合国大数据全球平台中国区域中心落户杭州。2020年，杭州市数字经济核心产业增加值达4290亿元，增长13.3%，对全市经济增长贡献率超过50%，占全省的61%。①

打造"全国数字经济第一城"成为未来杭州市发展数字经济的着力点。杭州聚焦数字产业化、产业数字化、城市数字化，继续以"城市大脑"为核心平台，全面优化数字驾驶舱、

① 杭州市人民政府.关于杭州市数字经济发展情况的报告[R].2020.

推进城市数字化和政府数字化，以打造全国数字治理第一城为目标，强化治理能力和优化治理模式，全面提升杭州治理现代化水平，为打造“全国数字经济第一城”夯实基础。通过促进数字经济和制造业高质量融合发展，杭州加速工业互联网平台推广，持续推进传统制造业改造提升，进一步强化数字技术为实体经济发展赋能，带动传统产业发展，实现杭州经济“驱动力”的转型升级。同时，通过“雄鹰计划”“鲲鹏计划”“雏鹰计划”以及“国高企”等发展平台，培育、构建杭州特色的数字经济企业梯队，进一步强化主体培育，深化与阿里巴巴、中电海康、大华股份等数字经济领军企业的战略合作，扩大合作成果，支持创新项目在杭先行先试，以此打造杭州国际级软件名城、国家新一代人工智能创新发展试验区、全国云计算之城等十大数字经济“国字号”品牌。

（2）成都数字经济创新发展现状与趋势

2017年11月底，成都市委、市政府印发《关于营造新生态发展新经济培育新动能的意见》，提出发展数字经济。近年来，成都加快数字经济发展步伐，积极推动国家数字经济创新发展试验区建设，数字经济发展稳步推进。新型基础设施建设方面，成都超算中心已建成投运，最高运算速度达到10亿亿次/秒，进入全球前十；“星河”智能卫星互联网工程进展顺利，太赫兹通信试验卫星“电子科技大学号”成功发射。成都市还获批国家新一代人工智能创新发展试验区，截至2020年底，已累计建成5G基站超3万个，成为全国首个“5G双千兆+”全面商用城市。数字化治理方面，成都超大城市智慧治理探索取得极大进展，以数字营城理念构建了“11153”（一个“城市大脑”、一个数据资源中心、一套智能基础设施、五大智能化应用体系、三个支撑体系）的智慧城市建设顶层架构。政务服务“一网通办”深入推进，“天府市民云”平台不断优化，累计服务超过1亿人次，政务服务审批事项实现100%网上可办。开放合作方面，成德眉资“数字都市圈”也加快形成，居民身份证和社保卡遗失补办、纳税申报、居民就医等与群众生产生活密切相关的70个政务服务事项实现成德眉资同城通办。此外，成都市还深入实施新经济企业梯度培育和“双百工程”，打造新经济企业发展梯队，电子信息产业成为成都市首个万亿级产业集群，2019年成都市软件产业实现业务收入3500亿元，增长14.9%；高新技术企业增加1036家，高新技术产业营业收入增长11%。

2018年3月，成都市经信委等六部门印发了《成都市推进数字经济发展实施方案》，提出到2022年，成都基本形成较为完善的数字经济生态体系。未来成都将以成渝地区双城经济圈建设为契机，加快建设天府新区数字经济特区，探索成都超大城市智慧治理模式，继续推动国家数字经济创新发展试验区、国家新一代人工智能创新发展试验区建设，把数字经济转化为经济发展动力，大力推进数字技术社会化和生产智能化应用，开启天府数字经济新时代。首先，以数字产业化为推手，大力发展"芯屏端软智网"全产业链和大数据、区块链、5G和超高清视频等数字经济产业，加快新型基础设施建设，重点发展数字政务服务、人工智能、物联网等，并以此推动生活场景变革和社会生活变革，全面推动数字赋能升级。其次，以数字生态建设为主线，积极探索数字产业集聚发展模式，加快培育数字经济发展生态，构建各类要素高效连接的数字生态，营造有利于数字经济创新发展的良好生态环境。最后，协同共建数字双城经济圈，以加快推动信息基础设施共建共享、数据资源高效流通、数字产业协同互补为重点，推动成渝地区深度合作、积极开展跨区域融合协作，携手打造国内领先的数字经济发展高地。

(3)深圳数字经济创新发展现状与趋势

作为制造业大市和信息通信产业重镇，深圳市高度重视数字经济产业的发展，近年来先后出台了《深圳市关于进一步加快发展战略性新兴产业的实施方案》《深圳市新一代人工智能发展行动计划(2019—2023年)》《深圳市数字经济产业创新发展实施方案(2021—2023年)》等文件，深入实施加快高新技术产业高质量发展"七大工程"，前瞻布局5G、人工智能、区块链、大数据、云计算、4K/8K超高清视频、集成电路等产业。得益于政策支持和技术创新的不断驱动，深圳数字经济产业相关业态持续发展壮大，数字经济产业领跑全国，基于大数据、云计算等的新一代信息技术应用处于全球领先地位。新型显示器件、智能制造装备、人工智能等3个产业集群入选国家战略性新兴产业集群发展工程，其中，人工智能领域是深圳市数字经济的重点发展领域之一。深圳作为首个国家创新型城市，获批建设国家人工智能创新应用先导区，已拥有数百家人工智能企业，逐步形成覆盖设计、开发、制造、服务等环节的全链条人工智能产业系统。此外，深圳数字经济在民生政务、生命健康、生态环保等方面也已经实现场景化应用，"秒批"已经成为深圳优化营商环境的"标配"，其中，"i深圳"汇聚政务服务、公共服务和便民服务资源，为企业和市民提供便利服务。

深圳正积极发展智能经济、健康产业等新产业新业态，努力打造数字经济创新发展试验区。新一代人工智能、数字经济、工业互联网、智能机器人等新兴产业是未来发展的热点领域，从创新试验区的建设，到鲲鹏产业示范区的打造，无一不体现出上述新兴产业的发展潜力。未来深圳将紧抓新一代信息技术产业的重大机遇，以数字产业化和产业数字化为主线，推进数字经济与实体经济深度融合，结合深圳市数字经济产业优势和基础，聚焦云计算、大数据、人工智能、区块链、信息安全等前沿高端领域，不断提升科技创新引领能力。同时，加快建设跨学科、大协作、高强度的协同创新基础平台，加快建设城市大数据中心，优化数字经济产业布局，以构建全球领先的5G产业生态为目标，大力推进新型基础设施建设，推进5G基础设施建设大提速，为数字经济产业集群建设提供强有力的基础设施支持和平台支撑。大力培育数字经济产业新技术、新业态、新模式，以建设中国特色社会主义先行示范区为依托，构建以数据为关键要素的数字经济产业创新发展模式，充分发挥数据要素核心价值，打造数字经济公共服务平台，将是深圳全力打造国家数字经济创新发展试验区和数字经济产业发展高地的必经之路。

(4)贵阳数字经济创新发展现状与趋势

作为中国首个国家级大数据综合试验区的核心区，近年来贵阳市以打造“中国数谷”为引领，坚定不移地实施大数据战略行动，加快推进大数据产业发展，全力打造数字经济。截至2020年，贵阳市已连续6年成功举办数博会，数字经济已经成为贵阳市经济发展新动能，占地区生产总值(GDP)比重提高到36.8%。通过实施大数据发展战略，贵阳市成为国内重要的大数据产业集聚地。截至2020年底，贵阳市已引进和培育超过5000家大数据企业，培育了50家大数据及信息技术服务业引领示范企业。大数据与实体经济融合程度也不断深化，贵阳市成为国家产融合作试点城市，规模以上工业企业上云比例超过85%。在深化农业产销智慧对接方面，贵阳市已建成重要产品追溯平台，建成智慧微农场300余个，“一码贵州”平台已入驻贵阳市企业1240家，黔货出山、网货下乡、电商扶贫工程助力脱贫攻坚效果显著。在强化数字经济治理与服务方面，政务服务效能和社会治理水平不断提升，体验经济、平台经济、共享经济、线上经济等创新服务方式不断涌现，“刷脸支付”在公共交通领域推广运用，数据铁笼、数智贵阳、筑民生、社会和云等一大批应用上线运行，政务系统实现省、市、县、乡、村五级政务外网全联通，“一网通办”贵阳模式实现政务服务事项网上可办率100%，100个高频事项“一次办成”。此外，贵阳在大数据研发机构创新建设方面的成就也令人瞩目，贵阳市获批首个国家大数据及网络安全示范试点城市，建成首个国家大数据工程实验室，国家技术标准创新基地通过验收。

围绕数博大道核心区建设，贵阳市继续深入推进大数据战略行动，加快构建以数据中心集聚区、电子信息制造、软件和信息技术服务等3个千亿级数字产业集群为引领的数字经济产业体系。首先，持续推进“百企引领”行动，不断提升数字产业化水平，加速推进数字产业集群发展，提升大数据产业在实体经济中的贡献度。其次，以工业互联网融合应用为切入点，深入实施“万企融合”行动，推动工业、农业、服务业数字化改造，加快打造工业互联网产业生态，助力传统企业转型升级，推动大数据与实体经济深度融合。最后，不断增强科技创新能力，持续推进5G网络建设，加快新型基础设施建设步伐，加速搭载全国一体化数据中心，发挥科技创新的关键和中坚作用，力争国家大数据(贵州)综合试验区核心区建设取得新突破。

1.4 国内外促进数字经济创新发展维度的对比分析

1.4.1 目标比较

近年来,以大数据、人工智能为代表的新一代信息技术迅猛发展,数字经济已经成为引领全球经济社会发展与变革的重要引擎。发展数字经济已经成为全球共识,各国纷纷抢抓数字经济发展带来的重大战略机遇。当前,全球经济增速已呈现明显放缓态势,同时叠加新冠疫情全球大流行的影响,世界经济陷入了二战以来最严重的衰退。为了缓解疫情给经济带来的不利影响,提升国际竞争力,各国纷纷加快数字经济发展步伐。数字经济成为各国实现经济复苏、推动转型发展的关键抓手。各国数字经济发展目标具有一定的差异,如表1–5所示。

表1–5 国内外数字经济发展目标比较

国家(地区)	发展目标
美国	缓解经济下行压力、带动经济复苏、保持竞争力、维持领先地位,力争在数字经济时代主导国际话语权与贸易规则体系
欧盟	保持竞争优势,利用数字经济发展推动传统产业转型升级
日本	将数字技术融入生活,通过发展数字经济,解决社会发展难题
印度	通过发展数字经济驱动国家整体经济发展
中国	促进数字经济与实体经济深度融合,加快建设现代化经济体系,推进治理体系、治理能力现代化,努力构筑我国参与国际竞争新优势

资料来源:胡煜等:《数字革命:新时代的产业转型逻辑》,电子工业出版社,2020年。

具体来看,美国把发展数字经济视为缓解经济下行压力、带动经济复苏、保持竞争力、维持领先地位的关键,力争在数字经济时代主导国际话语权与贸易规则体系。欧盟为保持竞争优势,利用数字经济发展推动传统产业转型升级。日本希望将数字技术融入生活,积极建设“智能社会”,旨在通过发展数字经济,解决社会发展难题,服务于社会。作为新兴经济体国家,印度将数字经济作为驱动整体经济发展的重要引擎,大力推动数字经济发展。相较于其他国家,我国不仅将数字经济视为经济发展的新动力,更将其视作经济发展的导向和关键途径。当前,我国经济正由高速增长阶段转向高质量发展阶段,亟须转变发展方式、优化经济结构、转换增长动力等。在这一关键时期,迫切需要加快发展以信息技术为依托的数字经济来推动经济结构调整、产业结构优化升级,进而推动经济实现高质量发展。因此,我国大力发展数字经济的目标就在于通过促进数字经济与实体经济深度融合,推动新旧动能转换,推进经济发展方式实现数字化转型,加快建设现代化经济体系,推进治理体系、治理能力现代化，努力构筑我国参与国际竞争的新优势。

1.4.2 路径比较

（1）数字技术开发与应用的侧重点不同

发达国家信息化建设起步早，工业技术基础坚实，开展数字技术研发创新能力强。美国、日本等国更多着眼于数字经济核心技术的研究与开发，致力于通过技术创新推动数字经济发展，注重量子通信技术等数字经济前沿技术的研发布局，推动数字技术与生物科学、新型材料、能源、交通等领域融合，推动传统产业向数字化、网络化、智能化转型升级，数字经济发展正向深层次、高水平迈进。

与国外相比，服务业一直是我国数字经济发展最快的领域，特别是电子商务、共享经济等服务业数字化发展尤为迅猛，对数字经济增长的贡献巨大。相较于国外重底层技术开发的数字经济发展路径，我国数字经济发展则更加侧重数字技术商业化、规模化应用。近年来，集合网民、市场、后发、制度等优势，百度、阿里巴巴、腾讯等互联网企业迅速崛起，我国互联网企业实现了从模仿追赶到创新引领的蜕变，在数字经济应用领域我国已走在世界前列，并逐渐由以互联网应用为主的单一模式向电子商务、网络医疗、在线出行、在线教育等各领域延伸渗透，新的生产方式、商业模式不断涌现，推动生产领域发生深刻变革，从而进一步带动制造业领域数字化转型升级，有力促进了我国数字经济全面发展。

（2）产业生态体系建设

数字技术对传统商业模式和业态带来了颠覆式创新，产业生态体系建设以及龙头企业的领军作用不断凸显。西方发达国家工业化起步早、基础强，技术积淀深厚，在推进数字经济发展的过程中，重视产业发展生态建设，以龙头企业为引领，以产业联盟为纽带，加快完善制造业数字化转型生态，使得其数字技术的工业化应用较为深入，互联网及智能技术在制造业领域的应用早已实现。

与国外相比，我国部分地区数字经济产业生态体系不健全，中小企业公共服务平台、企业供应链服务平台发展不完善，部分行业缺乏龙头企业的引领带动，企业上下游、产业链间协同转型不够。由于数字化产业链和数字化生态未建立，一家企业难以带动上下游企业联动转型，无法形成协同倍增效应和集群效应，使传统中小企业面临巨大的转型压力。据有关研究测算，我国数字化转型比例约为25%，远低于欧洲的46%和美国的54%。同时，由于数字产品本地化应用场景没有落地，数字产品与服务也无法满足本地市场需求。

1.4.3 制度比较

针对个人数据隐私保护、网络数据跨境存储等数字经济发展过程中出现的安全性问题，各国纷纷加快数字规则和相关法律制定，推动形成数字治理的国际新机制，如表1-6所示。

第一，数据保护与开放共享方面。美国于2015年通过《网络安全法》，重点关注网络安全信息共享的参与主体、共享方式及隐私保护规定等。欧盟《通用数据保护条例》于2018年5月正式实施，开创了网络数据安全和数据隐私保护的先例，成为欧盟内部唯一、统一的数据保护条例，也成为全球个人数据保护立法的典范。同年10月发布的《非个人数据在欧盟境内自由流动框架条例》，旨在确保非个人数据在欧盟范围内的自由流通，消除数据保护主义，增强欧盟在全球市场的竞争力。日本于2018年发布《综合创新战略》，强调要完善社会基础设施所必需的数据协作基础。我国在2021年出台了《中华人民共和国数据安全法》，规定支持、促进数据安全与发展的措施，提升数据安全治理和数据开发利用水平，促进以数据为关键要素的数字经济发展。

第二，数据跨境流通与数据存储本地化方面。各国纷纷针对本国国情和优先目标选择适当的数据跨境流动方案，同时，对涉及国家安全的重要数据提出本地化存储要求。美国以维护数字发展优势为主旨，设置《澄清境外数据的合法使用法案（CLOUD Act）》。印度在2018年发布《国家电商政策框架草案》，强调限制数据跨境流动，并表明印度将会逐步推进数据本地化政策，增加本国数据存储能力，实现数据价值的本地化。日本政府也要求涉及国家安全的数据必须实现本地化储存。我国的《中华人民共和国网络安全法》明确了数据存储、保护等基本制度，对数据的运营、备份、存储及其完整性、保密性、可用性等做出明确规定，为我国数字经济的快速发展提供了强有力的法律保障。

第三，数字经济平台治理方面。欧盟积极运用反垄断手段，并计划在1~2年内出台或更新相关的规范性文件，创新利用现有执法手段，推动数据依法依规共享。与国外相比，我国对数字经济企业采取包容审慎的监管方式。2022年，国家市场监督管理总局正式公布新修订的反垄断法，针对数字经济发展的新问题，加强了规范和引导。

表1-6 国内外数字经济相关法律制度概览

法律治理领域	年份	国家（地区）	法律条例	法律条例要点
数据保护与开放共享	2015	美国	《网络安全法》	重点关注网络安全信息共享的参与主体、共享方式及隐私保护规定等
	2018	欧盟	《通用数据保护条例》	旨在为整个欧洲创建统一的数据隐私法，保护所有欧盟公民权益
			《非个人数据在欧盟境内自由流动框架条例》	旨在确保非个人数据在欧盟范围内的自由流通，消除数据保护主义，增强欧盟在全球市场的竞争力

续表

法律治理领域	年份	国家（地区）	法律条例	法律条例要点
	2018	日本	《综合创新战略》	强调要完善社会基础设施所必需的数据协作基础
	2020	中国	《中华人民共和国数据安全法（草案）》	规定支持、促进数据安全与发展的措施，提升数据安全治理和数据开发利用水平，促进以数据为关键要素的数字经济发展
数据跨境流通与数据存储本地化	2018	美国	《澄清境外数据的合法使用法案（CLOUD Act）》	试图以此打破各国数据本地化政策的数据保护屏障，形成美国主导的数据主权规则体系
	2018	印度	《印度电子商务国家政策框架草案》	强调限制数据跨境流动，并表明印度将会逐步推进数据本地化政策，增加本国数据存储能力，实现数据价值的本地化
	2016	中国	《中华人民共和国网络安全法》	明确了数据存储、保护等基本制度，对数据的运营、备份、存储及其完整性、保密性、可用性等做出明确规定
数字经济平台治理	2022	中国	《中华人民共和国反垄断法》（2022年修订）	草案涉及互联网行业相关市场如何界定、市场支配地位如何认定、反垄断法面临的新挑战等棘手问题

资料来源：中国信通院。

1.4.4 政策比较

欧美发达国家的数字经济起步早，发展基础较好，为促进数字经济发展，维持领先地位，西方各国普遍注重数字经济基础研究与底层技术创新，围绕大数据、人工智能等领域的研发创新和应用加快布局。美国先后实施“信息高速公路”战略、“智慧地球”战略、“先进制造业”战略、“大数据”战略、“联邦云计算”发展战略等一系列政策措施，从大数据、人工智能、智能制造等领域推动数字经济发展。日本政策则更多侧重于实用性，“e-Japan”“u-Japan”“i-Japan”“智能日本ICT”等国家战略以及《第二期战略性创新推进计划(SIP)》，致力于推动日本数字技术从基础研究向实际应用转化，以提升经济水平和工业综合能力。当前，世界各国都将数字经济和新一代信息基础设施作为政策支持的重点，如表1-7所示。

表1-7 各国政府数字经济扶持政策

内容维度	国家(地区)	政策措施
新型基础设施建设	欧盟	实施“数字欧洲计划”,以确保欧洲具备应对各种数字挑战所需的技能和基础设施
	德国	政府拨款6.5亿欧元开展大规模量子通信研究项目,以扩大德国和欧洲在量子通信技术领域的自主能力
	美国	实施“宽带技术机遇计划”和“国家宽带计划”,联邦财政共投入72亿美元的发展基金,采取公司合作的方式刺激宽带产业发展
	中国	不少地区通过设立专项资金直接支持数字基础设施建设
传统产业数字化转型	美国	实施“国家先进制造业战略计划”,旨在利用新政策、新机制发展新技术、新能源,夯实制造业与国防产业基础
	德国	联邦教育与研究部累计拨付上亿欧元经费支持工业4.0技术研发项目,经济与能源部出资5600万欧元建立10个中小企业数字化能力中心
	中国	发展改革委、中央网信办发布的《关于推进“上云用数赋智”行动 培育新经济发展实施方案》,为中小企业提供了转型思路。同时,我国多地财政以“云服务券”、数字设备采购、资金补贴、融资支持等方式,助力传统企业进行数字化转型

资料来源:中国信通院。

新型基础设施建设方面。2019年4月,欧盟公布了一项新的92亿欧元资助计划——“数字欧洲计划”,以确保欧洲具备应对各种数字挑战所需的技能和基础设施。德国政府拨款6.5亿欧元开展大规模量子通信研究项目,以扩大德国和欧洲在量子通信技术领域的自主能力。美国联邦政府制定了“宽带技术机遇计划”和“国家宽带计划”,联邦财政共投入72亿美元的发展基金,采取公司合作的方式刺激宽带产业发展。

推动传统产业数字化转型方面。2018年10月,美国财政部会同科技部门推动实施“国家先进制造业战略计划”,旨在利用新政策、新机制发展新技术、新能源,夯实制造业与国防产业基础。德国联邦教育与研究部累计拨付上亿欧元经费支持工业4.0技术研发项目,经济与能源部出资5600万欧元建立10个中小企业数字化能力中心,地方政府也积极筹措配套基金加快工业4.0落地。

党的十八大以来,我国政府高度重视发展数字经济,不断加强数字经济的顶层设计,先后出台了一系列支持数字经济基础设施建设的政策措施,不断完善数字经济相关法律法规,加强对互联网金融等新兴领域的监管,促进风险防范机制加快形成,为推进数字经济发展提供了良好的政策环境。2020年,国家发展改革委、中央网信办发布的《关于推进“上云用数赋智”行动 培育新经济发展实施方案》,为中小企业提供了转型思路。在国家政策的引导下,各级地方政府也紧密结合自身优势,围绕关键性技术、先进产品生产以及产业生态体系建构,陆续推出体现本地特色的数字经济创新发展支持政策(如表1-8),研究制定大数据战略落地实施措施,促进数据资源的开发利用。一些地区通过设立专项资金直接支持数字基础设施建设。例如,安徽和天津设立了新兴产业基金,为开展5G应用示范点提供政策优惠和奖补,引导社会资本投资WLAN和5G产业。同时,我国多地财政以"云服务券"、数字设备采购、资金补贴、融资支持等方式,助力传统企业进行数字化转型。例如,贵州和广西分别实行了"云使用券"和"云服务券"财政补贴机制,建立"上云企业出一点、云服务商让一点、各级财政补一点"的联合激励机制。

表1-8 地方层面主要数字经济政策法规概览

年份	主要政策/条例/精神等	主要内容
2017年	《贵州省数字经济发展规划(2017—2020年)》	到2020年探索形成具有数字经济时代鲜明特征的创新发展道路,数字经济水平显著提高,数字经济增加值占地区生产总值比重达到30%以上
2017年	《"十三五"智慧江苏建设发展规划》	建设"宽带江苏",超前布局下一代网络,增强宽带的战略性公共基础设施地位;大力发展"新兴智慧产业",推进集成电路产业高端发展、软件产业规模发展
2018年	《杭州市全面推进"三化融合"打造全国数字经济第一城行动计划(2018—2022年)》	打造全国数字经济第一城,争取在数字经济前沿基础和关键核心技术创新、重点产业领域数字化转型、社会治理数字化应用等方面领跑全国乃至领跑全球,为数字中国建设当好先锋,提供样本
2018年	《成都市推进数字经济发展实施方案》	提出到2022年,成都将基本形成较为完善的数字经济生态体系,数字技术与实体经济深度融合,产业数字化能力显著提升,"互联网+"战略深入实施,工业互联网创新发展,成为国内领先的数字经济发展高地
2018年	《广西数字经济发展规划(2018—2025年)》	到2025年,全区发展形成具有较强核心竞争力的数字经济生态体系,带动实体经济实现大幅跃升
2018年	《支持数字经济发展若干政策》	安徽省全面贯彻落实国家数字经济有关文件精神,全面支持数字经济各领域发展,营造数字经济良好环境
2019年	《天津市促进数字经济发展行动方案(2019—2023年)》	到2023年,初步形成智能科技创新能力突出、融合应用成效显现、数字经济占GDP比重全国领先的发展新格局
2021年	《深圳市数字经济产业创新发展实施方案》	大力推进5G、NB-IOT、IPv6等新一代网络基础设施建设,重点扶持高端软件、人工智能等12个细分领域,到2023年,深圳市数字经济产业要位居全国大中城市前列,成为推动深圳经济社会高质量发展的核心引擎之一

资料来源:胡煜等:《数字革命:新时代的产业转型逻辑》,电子工业出版社,2020年。

通过以上对比可以发现,尽管我国各地正加大政策支持力度推动新型基础设施建设以及传统产业数字化转型,促进当地数字经济发展,但是与发达国家相比,我国在数字产业生态、应用场景建设以及核心技术研发攻关等方面的政策支持稍显不足。国内政策更多指向支持数字经济基础设施建设、促进传统企业转型升级以及创新政府管理和公共服务模式等数字技术创新应用方面。

1.5 本章小结

世界正在进入以数字经济为主导的经济发展新时期,我国经济也正在步入数字经济引领、科技创新驱动的高质量发展阶段。本章通过系统考察数字经济的理论内涵与创新发展特征,并对国内外数字经济创新发展现状及趋势从目标、路径、制度、政策四个维度进行比较,发现随着以数据驱动为特征的数字化、网络化、智能化深入推进,以数字经济为主要特征赋能实体经济的综合国力竞争日趋激烈。作为推动经济复苏、实现转型发展的关键举措,发展数字经济已成为世界经济增长的潜力所在。各国正加快推进数字经济基础设施建设,促进互联网、大数据、云计算与实体经济深入融合,培育数字经济新产业、新业态、新模式,抢占未来科技与产业发展制高点。

第2章　重庆数字经济创新发展：优势、现状、短板与目标

本章主要内容为重庆发展数字经济的优势与现状考察、短板分析及目标定位：首先分别从体制机制、地理区位、技术资源、营商环境、产业发展等方面考察重庆数字经济的发展优势；其次从结构和规模角度考察数字经济发展现状；再次从物质基础、要素培育、内生动力、体制机制、国际合作等方面分析重庆发展数字经济的短板所在；最后根据重庆市情和《中共重庆市委关于制定重庆市国民经济和社会发展第十四个五年规划和二〇三五年远景目标的建议》，对重庆数字经济创新发展目标进行剖析，以便为后续研究提供可靠的依据。

2.1 重庆数字经济创新发展的优势

2.1.1 体制机制与政策优势

重庆加快推进数字经济创新发展，具有突出的体制机制与政策优势，主要表现在以下几个方面：

(1)重庆享有直辖市的政策洼地优势

重庆市是我国的一个省级行政区，也是西部地区唯一的直辖市，国家重要中心城市，西南地区的科技、文化、教育中心。

重庆经济基础发展较好，在未成为直辖市前，就具备长江上游最大的经济中心城市、与海外经济往来的重要内河口岸及中国西南地区综合交通枢纽的先决条件。重庆市作为直辖市，其政府机构于1997年6月18日正式挂牌，这使得重庆不仅能够充分发挥原有的

优势，还可以享有直辖市的政策洼地优势，发挥在西南地区的龙头、窗口、辐射带动作用。作为中国西南制造业重镇及城乡统筹的特大型城市，重庆可以与长江中下游地区以及长江上游的西南各省保持密切的经济联系，川、黔、滇以重庆为中心，展开深入的分工合作，促进数字经济持续健康发展。

（2）重庆具有作为国家数字经济创新发展试验区的先行先试优势

2019年10月20日，国家数字经济创新发展试验区启动会在第六届世界互联网大会（乌镇峰会）期间召开，河北省（雄安新区）、浙江省、福建省、广东省、重庆市、四川省等6个国家数字经济创新发展试验区接受授牌，启动试验区建设工作。设立国家数字经济创新发展试验区的初衷是打造我国数字经济创新发展的标杆，做强做大数字经济，有力支撑高质量发展。重庆成为国家数字经济创新发展试验区之一，有利于结合自身优势，加快经济社会转型步伐。国家数字经济创新发展试验区的身份使重庆在要素流通、新型生产关系构建、要素资源配置、产业集聚发展模式上可以大胆探索。2019年11月6日，国家发展改革委就国家数字经济创新发展试验区有关情况答记者问指出①，重庆市的工作重心在探索数字产业集聚发展模式，完善新型基础设施，开展超大城市智慧治理，加强数字经济国际合作，以智能化应用为重点，促进互联网、大数据、人工智能和实体经济深度融合，实现成渝城市群高质量发展。作为试验区，重庆享有先行先试的政策优势及创新优势，国家发展改革委、中央网信办等相关部门会加强对试验区建设指导及支持力度，推进一批政策试点、设施试点、应用试点、专项工程等优先在重庆落地。

（3）重庆有成渝地区双城经济圈和西部（重庆）科学城建设诱发的数字经济创新发展机制优势

成渝地区双城经济圈及西部（重庆）科学城建设将助力重庆建设国家数字经济创新发展试验区。成渝地区双城经济圈是西部地区发展水平最高及发展潜力最大的城镇化区域，是西部重要的高质量发展增长极，是全国第四增长极。成渝地区双城经济圈建设意味着重庆会成为更具有影响力的全国性经济中心，其发展已经上升到国家战略高度。数字经济创新发展符合成渝地区双城经济圈建设目标和内容定位，成渝经济高质量发展与数字经济发展相辅相成。成渝地区双城经济圈的共同目标是建设高品质宜居城市，与重庆建设全国数字经济创新发展试验区，发展数字经济，打造智慧城市的目标不谋而合。在2019年，四川与重庆已签署了《深化川渝合作推进成渝城市群一体化发展重点工作方案》，标志着成渝地区双城经济圈建设的大幕正式开启，必将为成渝协同推动数字经济创

① 资料来源：重庆市发展改革委网站发布的《发展改革委就国家数字经济创新发展试验区有关情况答记者问》，2019年11月6日。

新发展提供新的契机，并构建协同建设机制。除了加强成渝地区双城经济圈的建设，重庆也在不断加强自身在数字经济发展中的改革创新能力，其中，西部（重庆）科学城的建设，就可以为重庆数字经济创新发展源源不断地培育创新资源、技术资源和人才资源。根据重庆市人民政府确立的科学城建设方案，西部（重庆）科学城建设将坚持面向世界科技前沿、面向经济主战场、面向国家重大需求、面向人民生命健康，成为在西部有重要影响的科学城。西部（重庆）科学城必将会成为数字经济创新发展的沃土，为重庆数字经济与实体经济融合发展创造出巨大的活力。

2.1.2 地理区位优势

重庆加快推进数字经济创新发展，具有明显的地理区位优势，主要表现在以下几个方面：

（1）重庆是“一带一路”建设的重要连接点

在“一带一路”及长江经济带建设等国家区域经济发展重大战略规划中，重庆处于长江经济带的上游地区，是“一带一路”及长江经济带的连接点，是较为重要的国际陆海贸易新节点。重庆交通物流的优势十分明显：第一，物流运输的基础设施建设较为完善，国内物流畅通便捷，西永综合保税区与寸滩保税港区已建成，并成为重要的物流港。第二，重庆具备对外发展的良好基础。在2009年9月14日重庆市人民政府就启动了“一江两翼三洋”①的国际物流大通道建设，这极大地缩小了我国中西部地区与国际贸易交流的时间，为重庆的国际贸易打开了更为便捷的通道，“一江”使重庆直达上海及其出海口，“两翼”由铁路连接主要的内陆贸易港口及大型海港，还可与相关国家建立密切的经济联系及贸易关系，“三洋”是在“一江两翼”的基础上做到东接太平洋、西出大西洋、南通印度洋。

在此基础上，重庆发展数字经济不仅仅可以通过贸易、物流通道与全国各地及亚欧大陆交流发展经验、展开深入广阔的合作，还可以让发展成果惠及西南地区。重庆保持开放的数字经济创新发展模式，既积极融入国内经济大循环的主体，又积极走出去，拥抱外循环，实现国内国际双循环畅通。重庆便捷的国际物流运输条件，不仅可以激活重庆经济发展潜力，为数字经济的创新发展创造良好的外部环境，也可以借鉴国内外发展经验，打造世界级的数字经济产业及智慧城市集群，提升重庆数字经济创新发展的国际竞争力和影响力。

① 一江两翼三洋，铁路建设名词。“一江两翼三洋”国际大通道：通过长江连接太平洋；沿渝兰铁路，由新疆阿拉山口出境，经哈萨克斯坦—俄罗斯—白俄罗斯—波兰—德国—鹿特丹港连接大西洋；沿渝黔铁路，由贵阳—昆明—大理—瑞丽出境，经缅甸中部城市曼德勒—实兑港连接印度洋。

(2)重庆是西部大开发和长江经济带绿色发展的重要支点

第一,重庆在西部大开发中战略地位突出。西部大开发的范围包括重庆、四川、贵州、云南、西藏、陕西、甘肃、青海、宁夏、新疆、内蒙古、广西等12个省、自治区、直辖市,面积为685万平方千米,占全国的71.4%。西部地区自然资源丰富,市场潜力大,战略位置重要。但由于自然、历史、社会等原因,西部地区经济发展相对落后,人均国内生产总值仅相当于全国平均水平的三分之二,不到东部地区平均水平的40%,迫切需要加快改革开放和现代化建设步伐。西部大开发是党中央基于缩小地区发展差距而制定的重大区域发展战略,从2000年开始已推行20余年。在西部大开发区域中,重庆不仅是唯一的直辖市,而且处于西部与中部的连接地带,所属的成渝经济带在西部大开发四大经济带中处于核心地带,发挥着领头羊作用。2020年5月17日,中共中央、国务院印发了《关于新时代推进西部大开发形成新格局的指导意见》,形成了新一轮西部大开发方案,提出贯彻新发展理念,形成大保护、大开放、高质量发展的新格局。在推动西部经济高质量发展中,重庆作为西部大开发的战略支点,必然需要发挥其承东启西、连接南北的区位辐射优势,通过高质量发展数字经济,推动数字经济与实体经济深度融合,来带动西部地区高质量协同发展。

第二,重庆位于长江经济带的上游地带。长江经济带覆盖上海、江苏、浙江、安徽、江西、湖北、湖南、重庆、四川、云南、贵州等11个省市,面积约205.23万平方千米,占全国的21.4%,人口和生产总值均超过全国的40%。长江经济带横跨中国东中西三大区域,是具有全球影响力的内河经济带、东中西互动合作的协调发展带、沿海沿江沿边全面推进的对内对外开放带,也是生态文明建设的先行示范带。推动长江经济带发展,是以习近平同志为核心的党中央作出的重大决策,是关系国家发展全局的重大战略,对实现"两个一百年"奋斗目标、实现中华民族伟大复兴的中国梦具有重要意义。重庆位于长江经济带的上游地带,在长江经济带建设中具有举足轻重的地位。重庆在推动数字经济创新发展中必然会享受长江经济带建设的政策优惠,加快数字经济与实体经济深度融合,促进绿色高质量发展。

综上所述,重庆是新时代推进西部大开发形成新格局以及长江经济带绿色发展的重要支点。2019年4月17日,习近平总书记在考察重庆时指出,重庆要更加注重从全局谋划一域、以一域服务全局,努力在推进新时代西部大开发中发挥支撑作用、在推进共建"一带一路"中发挥带动作用、在推进长江经济带绿色发展中发挥示范作用。重庆在西部大开发以及长江经济带绿色发展中坚持贯彻"发挥三个作用",有利于推动数字经济创新发展,推动重庆经济高质量发展,辐射西南地区及长江经济带,促进西部地区经济数字化发展及长江经济带绿色发展。

2.1.3 营商环境优势

重庆加快推进数字经济创新发展,具有较为优良的营商环境优势,主要表现在以下几个方面:

(1)有优质的政府服务、公正的执法环境及良好的投资环境

在政府服务及执法环境问题上,课题组对重庆市336家企业[①]进行了问卷调查,对其中61家企业进行了访谈。对于政府服务及执法环境,我们对非常满意、满意、一般、不满意、非常不满意的赋分依次为5分、4分、3分、2分、1分(下文的满意度描述依然参照此标准),让参与调查的企业匿名打分,政府服务得分4.26,执法环境得分4.02,投资环境得分3.92。如图2-1所示,在政府服务上,64.82%的企业选择了非常满意,28.04%的企业选择了满意,7.14%的企业选择了一般,0%的企业选择了不满意与非常不满意。

如图2-2所示,在执法环境上,25%的企业选择了非常满意,50%的企业选择了满意,25%的企业选择了一般,0%的企业选择了不满意与非常不满意。从课题组的调研数据可以看出,在重庆落户的企业中有75%对重庆的执法环境感到满意。

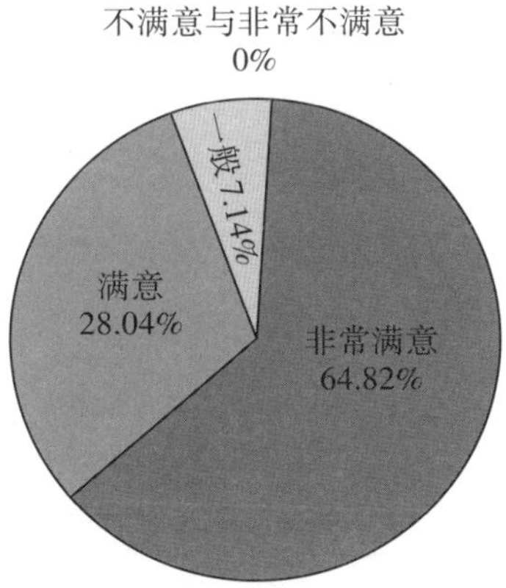

图2-1 政府服务满意度

资料来源:课题组调查问卷统计所得。

① 课题组一共调研336家企业,其中212家为数字技术企业,124家为非数字技术企业。其中国有企业为56家,集体所有制企业为12家,联营企业为28家,私营企业为220家,三资企业为20家。规模以上大型企业128家,中小企业172家,微型企业36家。

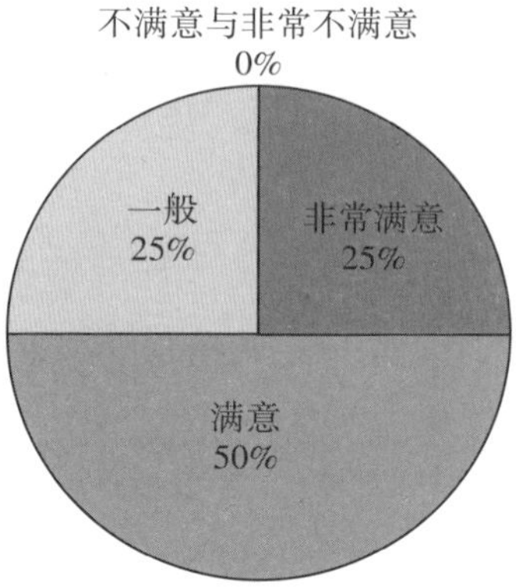

图2-2 执法环境满意度

资料来源：课题组调查问卷统计所得。

重庆市委、市政府本着为企业服务的原则，在一些招商引资项目上，市委书记、市长均出席签约仪式，对行业产生巨大影响力。一体化网上政务服务平台“渝快办”促使人们在市级行政许可事项方面“最多跑一次”的比例超过97%。总体来说，重庆拥有优质的政府服务和公正执法的法律环境。在投资环境上（如图2-3），16%的企业选择了非常满意，51%的企业选择了满意，33%的企业选择了一般，0%的企业选择了不满意与非常不满意。由此可以看出，重庆有较为良好的投资环境。

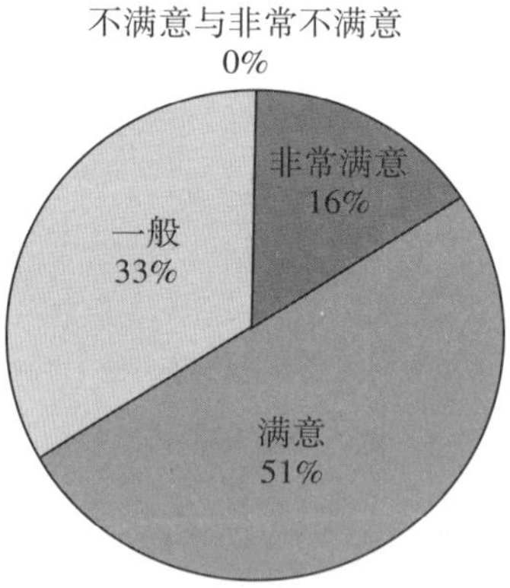

图2-3 投资环境满意度

资料来源：课题组调查问卷统计所得。

（2）有巨大的城乡消费潜力和广阔便捷的外销市场

重庆城乡消费潜力巨大。重庆拥有3000多万的常住人口。2020年全市居民人均可支配收入为30824元，比上年增长6.6%，在西南地区五省份中排名第一（如图2-4）。2019年，全年全市居民人均消费支出20774元，比2018年的19248元增长了7.9%，在西南地区五省份中排名第一（如图2-5）。社会消费品零售总额2018年突破万亿元，形势向好（如图2-6），2019年重庆社会消费品零售总额约为11631.67亿元，2020年受到疫情的冲击，社会消费品零售总额同比仍然保持了1.3%的增长率，达到11787.20亿元①。其中除了1—2月、3月，其他月份均为正增长（同比增速），社会消费品零售总额在国内城市中仅次于上海与北京，成为“消费第三城”②。2019年12月23日，重庆市人民政府办公厅印发的《关于加快建设国际消费中心城市的实施意见》指出，建设国际消费中心城市的目标是，加快建设国际购物名城、国际美食名城、国际会展名城、国际文化名城、国际旅游名城，建成具有全球影响力的国际消费中心城市。到2022年，总消费年均增速高于地区生产总值增速，消费对经济增长的贡献率超过55%，社会消费品零售总额突破1.1万亿元，旅游外汇收入年均增长10%以上。到2025年，消费对经济增长的贡献率超过60%，社会消费品零售总额突破1.3万亿元，旅游外汇收入年均增长12%以上③。

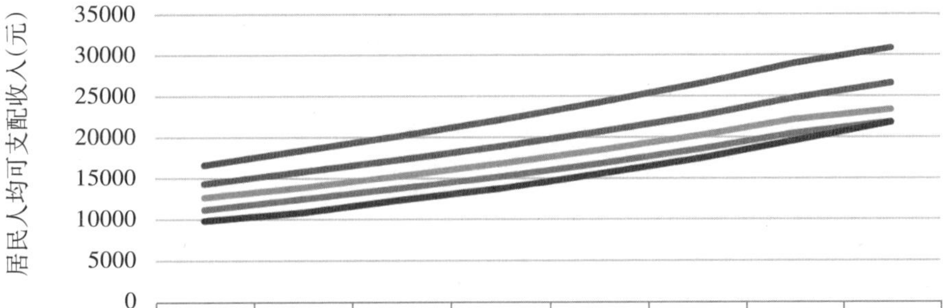

	2013	2014	2015	2016	2017	2018	2019	2020
重庆	16569	18352	20110	22034	24153	26386	28920	30824
四川	14231	15749	17221	18808	20580	22461	24703	26522
贵州	11083	12371	13697	15121	16704	18430	20397	21795
云南	12578	13772	15223	16720	18348	20084	22082	23295
西藏	9740	10730	12254	13639	15457	17286	19501	21744

图2-4 西南地区五省份居民人均可支配收入

资料来源：国家统计局官网。

① 资料来源：重庆市统计局在官网发布的《2020年重庆市经济运行情况》，2021年1月21日。

② 资料来源：重庆市统计局在官网发布的《2020年1—11月份重庆社会消费品零售总额情况》，2020年12月23日。

③ 资料来源：重庆市政府办公厅发布的《关于加快建设国际消费中心城市的实施意见》，2019年12月23日。

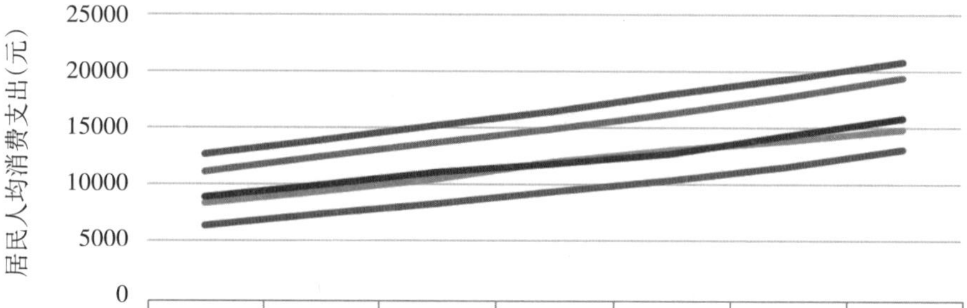

	2013	2014	2015	2016	2017	2018	2019
重庆	12600	13811	15140	16385	17898	19248	20774
四川	11055	12368	13632	14839	16180	17664	19338
贵州	8288	9303	10414	11932	12970	13798	14780
云南	8824	9870	11005	11769	12658	14250	15780
西藏	6307	7317	8246	9319	10320	11520	13029

图2-5 西南五省份居民人均消费支出

资料来源:国家统计局官网。

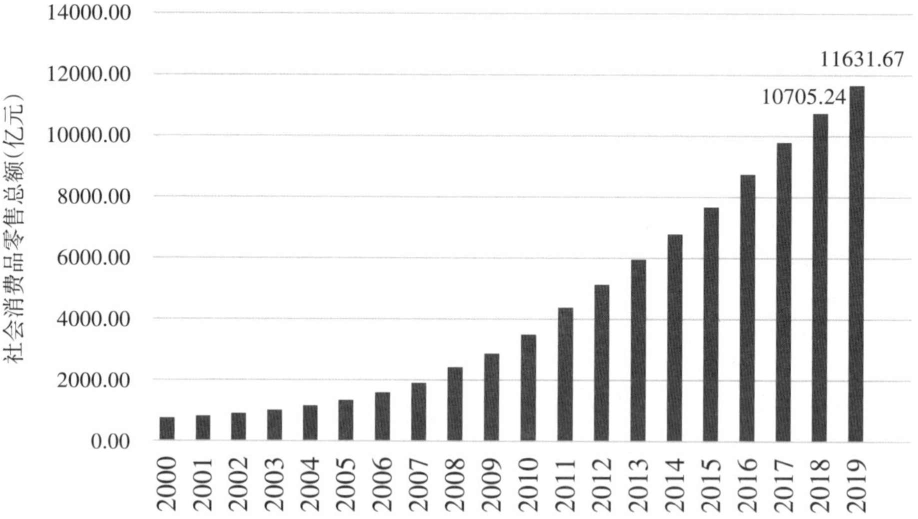

图2-6 社会消费品零售总额

资料来源:国家统计局官网。

重庆有便捷广阔的外销市场。重庆地处中国西南,作为“一带一路”重要连接点,拥有渝新欧和西部陆海贸易新通道等对外贸易的交通优势,海陆空交通便捷。在此基础上,重庆制造业实力雄厚,2019年笔记本电脑出口量、出口值均居全国第一。2019年,重庆市出口总额为3712.92亿元,增长9.4%,贸易顺差达到1633.06亿元[①]。面临疫情冲击,2020年全市外贸进出口6513.4亿元,同比增长12.5%,总量创历史新高,增速高出全国平均10.6个百分点。“十三五”期间,全市外贸年均增长7.0%,外贸依存度达到26.1%,在全国外贸占比由1.89%提高至2.01%[②]。重庆对外贸易充满活力(如图2-7),在“一带一路”推动下,重庆对外贸易将会不断地拓展海外市场,为数字经济发展和数字贸易提供重要的国际合作空间。

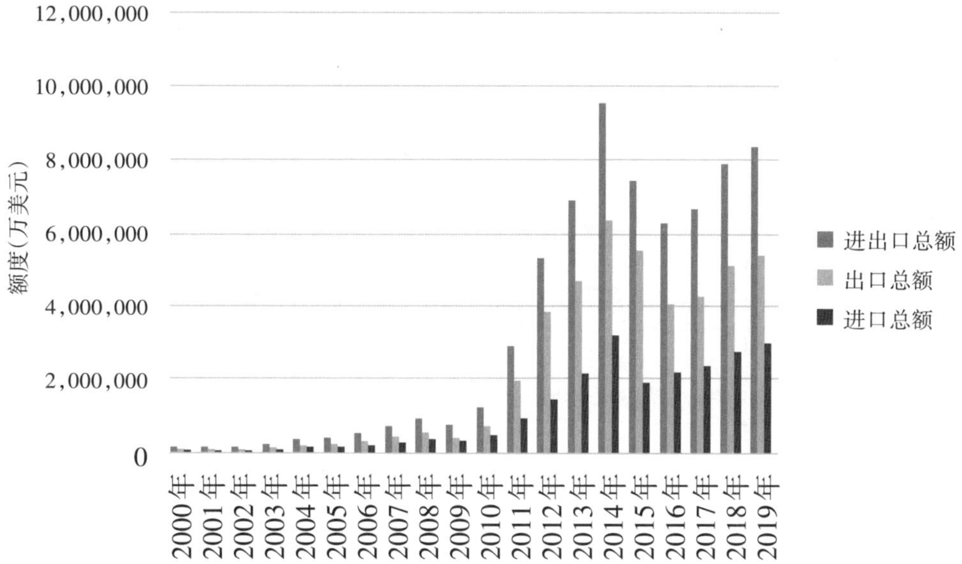

图2-7 重庆进出口总额情况

资料来源:重庆市统计局官网。

2.1.4 产业发展优势

重庆加快推进数字经济创新发展,具有较为厚实的产业发展优势(如表2-1),具体说来,主要表现在以下几个方面:

① 资料来源:重庆市统计局与国家统计局重庆调查总队联合发布的《2019年重庆市国民经济和社会发展统计公报》,2020年3月19日。

② 资料来源:重庆市商务委网站发布的《“十三五”重庆外贸“量”“质”双升 外贸进出口跨越新台阶》,2021年2月23日。

表2-1 重庆支柱产业分布

产业类型	分布地区	产业发展概况
电子信息产业	两江新区	围绕“芯屏器核”，在集成电路、显示面板、智能终端、核心配套四大领域布局电子信息产业集群。其中，水土高新园大力发展高新技术产业和新兴服务业，初步形成大数据及云计算服务、光电显示、半导体集成电路、生物制药及数字化医疗设备、机器人及智能装备制造五大主导产业聚集区。保税港是两江新区笔记本电脑产业集群基地，与西永一道构成重庆重要的全球笔记本电脑生产基地。笔记本电脑产业集群方面，宏碁、东芝等笔记本电脑品牌厂商，仁宝、纬创等笔记本电脑代工厂均已落户两江新区。水土高新园以光电显示、LED新光源和大数据、云计算产业为重点，一座新兴的电子产业重镇正在快速崛起。其中，光电显示产业围绕京东方、莱宝高科等项目布局，园区初步形成光电显示全产业链集群。
	南岸区茶园，中国智谷产业园	南岸区以大力发展移动通信终端和物联网产业为抓手，全力培育千亿级电子信息产业基地。该区围绕电子信息产业已建起西部手机产业基地、车联网产业示范基地、电子商务和电子产品集散基地、软件和信息服务产业基地、生产性服务业基地、西部智能家居产业基地等六大产业基地。
汽车产业	渝北区、南岸区 、合川区、江津区、万州区	重庆市已成为全国最集中的汽车生产基地，拥有长安、现代等14家整车生产企业，已形成“1+8+1000”的产业格局，即以长安为龙头，八大汽车品牌商共同发展的格局，同时拥有1000家汽车零配件配套厂商。截至2019年底，全市有摩托车整车制造企业39家，规模以上零部件制造企业371家，行业总资产有1000亿元，具有年产1000万辆整车和2000万台发动机的综合生产能力，其中包括力帆、宗申、隆鑫、建设雅马哈、广本万强等国内外知名厂商。
装备制造业	江津区、沙坪坝区、渝北区、永川区、万州区	推动现有装备产品向智能化、成套化和系统化转型升级，积极引进培育高端装备产品，重点发展智能制造装备、智能机器人、轨道交通装备、航空航天装备、能源装备、节能环保装备等整机产品，着力提升关键基础件发展能力和水平。2020年装备产业实现产值2000多亿元。
材料产业	九龙坡区、巴南区、长寿区、涪陵区	聚焦产业发展、城市建设和国家重大工程实施对原材料的迫切需求，不断增强冶金、建材和化工等原材料产品支撑保障能力，重点发展先进金属材料、新型非金属材料、化工合成材料、精细化工等产品，加快培育前沿新材料，构建先进基础材料、关键战略材料和前沿新材料协同发展格局。2020年材料产业实现产值4200亿元。
生物医药产业	渝北区、巴南区、合川区、涪陵区	聚焦人民群众对全方位全周期健康服务特别是重大疾病免疫、筛查及治疗的迫切需求，加快完善生物药、化学创新药及高端仿制药、现代中药及数字医疗器械产业链，做强国家生物医药产业基地。2020年生物医药产业实现产值900亿元。
消费品产业	南岸区、巴南区、江津区、九龙坡区、大足区、荣昌区	聚焦居民消费需求升级和消费行为变化趋势，着力推动纺织服装、特色轻工消费品应用大数据智能化技术丰富品种、提升品质、创建品牌，加快利用互联网渠道拓展市场。2020年消费品产业实现产值1800多亿元。
农副食品加工产业	永川区、荣昌区、江津区、綦江区、涪陵区、万州区	结合乡村振兴战略实施，推动新型工业化和农业现代化深度融合，提高草食牲畜、水产、粮油作物、绿色果蔬、天然泉水等特色农副产品资源工业化生产水平，壮大肉禽制品、粮油制品等大宗产品规模，提升调味制品、饮料等特色产品档次。2020年农副食品加工产业实现产值1550亿元。
技术服务产业	渝北区、沙坪坝区	推动先进制造业与现代服务业深度融合，重点发展工业设计、检验检测等科技服务业，建立起与制造业发展规模和水平相适应的技术服务体系，为制造业发展赋能。

(1)有“芯屏器核网”产业发展基础

根据重庆市经信委的数据[①],从2018年开始,重庆开始着手打造数字产业化、产业数字化,促进数字经济与实体经济融合发展。至2020年,重庆已经将“芯屏器核网”补链成群,着力构建“芯屏器核网”全产业链。“芯”方面,聚集华润微电子、SK海力士、万国半导体、奥特斯等一批重点企业,打造芯片设计—晶圆制造—封装测试—原材料配套全产业链条,2020年时重庆在功率半导体芯片产能上排名全国第四。联合微电子中心也成为国内首个提供硅基光电子集成整体解决方案的企业。“屏”方面,引进京东方、康宁、莱宝、惠科、中光电等龙头企业,打造“玻璃基板—液晶面板—显示模组”新型显示全产业链,并鼓励这些企业进行“屏”相关技术的创新,京东方、重庆康佳光电技术研究院等已经取得相关技术突破。“器”方面,重庆打造了重庆智能制造产业园,填补了重庆市在智能终端光学配件上的空白。完善笔记本电脑集群和手机全产业体系两条路线发展。实现“天玥”电脑完全国产化。“核”方面,依托中国四联、中电科声光电等仪器仪表领军企业,推动基于MEMS的智能化传感器产品开发,压力变送器、温度变送器等智能化网络化仪器仪表已实现工程化、产业化应用。“网”方面,软件和信息技术服务领域,引进阿里巴巴、腾讯、浪潮、中软国际等知名企业;长安汽车成立全球软件中心,为国内首家大型车企设立的独立软件公司。物联网领域,集聚中移物联网、清华紫光、中科创达等知名物联网企业,电子信息(物联网)基地连续两年获评五星级国家新型工业化产业示范基地。

(2)有突出的汽摩、电子等制造业优势

作为高端制造的代表,重庆有突出的优势,汇集了成千上万家制造业企业,综合实力不断增强,全市拥有31个制造业大类行业门类,制造业总规模约为2万亿元,其中高端制造业发展迅速。2018年,智能产业实现销售收入4640亿元,同比增长19.2%,带动全年规模以上工业战略性新兴产业、高技术产业增加值分别增长13.1%和13.7%,占全市规模以上工业增加值比重提高至22.9%和18%;工业技术改造投资增长20.7%,占工业投资比重提高至39.7%。[②]例如,长安汽车领跑中国汽车品牌。达丰(重庆)电脑有限公司是台湾广达集团的全资子公司,是全球第一大笔记本电脑制造商,这使重庆被称为笔记本之都。太极药业连续15年成为全国企业500强,是中国首批驰名商标。重庆机电控股(集团)公司是中国西部最大的综合装备制造企业集团。重庆也被称为摩托车之都,除了力帆以外,还

① 资料来源:重庆市经信委《关于梳理评估重庆市以大数据智能化为引领的创新驱动发展战略行动计划进展情况的函》。

② 资料来源:重庆市统计局、国家统计局重庆调查总队公布的《2018年重庆市国民经济和社会发展统计公报》,2019年3月19日。

有宗申、隆鑫、嘉陵等多个摩托车生产商。重庆钢铁(集团)有限责任公司的前身为汉阳铁厂,享有“北有鞍钢、南有重钢”的美誉。

(3)有较为发达的服务业和旅游业优势

重庆旅游资源丰富,旅游业发达,拥有融巴渝文化、民族文化、移民文化、三峡文化、陪都文化、都市文化于一体的浓郁文化景观。重庆地处西南腹地,山城、巴渝、桥都、江城、渝州、雾都都是其别称。重庆以汉族为主,还有土家族、苗族、回族、满族、彝族、壮族等少数民族,民族文化丰富多彩,有多元的民族人文景观。有长江、嘉陵江、乌江、涪江等主要河流,嘉陵江经朝天门汇入长江,壮观的人类工程长江三峡、世界文化遗产大足石刻、世界自然遗产武隆喀斯特和南川金佛山等均是旅游胜地。近年来,重庆逐步成为海内外知名的旅游城市,凭借洪崖洞、轻轨穿楼、鹅岭二厂、川美校园等成为“网红”打卡之地。旅游业收入及游客人数连年攀升,2019年全市接待境内外游客6.57亿人次,同比增长10.0%;旅游总收入为5739.07亿元,同比增长32.1%①。据《重庆日报》报道,仅2019年国庆黄金周期间,游客就达到3859.61万人次,同比增长了10.6%,总收入187.62亿元,同比增长了32.8%。这不仅仅是重庆的先天条件决定的,更是重庆市政府的战略规划。重庆市政府为了促进旅游业的发展,不断出台相关政策创新重庆旅游业业态模式。

(4)有广阔的农村地带和现代山地特色高效农业

重庆以山出名,山地丘陵占重庆土地面积的98%。重庆山地丘陵的特点是山低谷宽,适合农作物的种植。重庆依托山地特色重点打造高效产业集群及重点现代农业产业园,培育农产品加工龙头企业及农旅结合精品路线,建设“一村一品”示范村镇及农业专业合作社示范社。依托重庆多山、多谷的地形,利用现代化设备改造农业生产环境,例如智能化设备精准控制光温湿条件、土地适度规模化和农田宜机化改造,提高了土地利用率。对于农产品,在注重市场化导向的同时,也加大宣传,引导消费。便捷的城乡交通也为农产品走出农村创造了条件。现代山地特色农业将产业生态化,生态产业化。广阔的农村地带,农村常住人口达到一千多万人,农村包裹着城市,“大农村大城市并存”的特点有利于推进农业绿色发展,培育农旅产业,加快第一、第二、第三产业融合发展。广阔的农村地带及现代山地特色高效农业已经成为推动重庆数字经济发展的重要力量。

(5)经济发展基础较为牢固

第一,重庆经济增长态势良好。如图2-8所示,2010—2019年重庆GDP增速持续保持较高水平。2019年GDP总量为23605.77亿元,2020年总量为25002.79亿元,在疫情的冲

① 资料来源:重庆市文化和旅游发展委员会发布的《2019年重庆市旅游业统计公报》,2020年4月14日。

击下仍然保持了5.9%的增速，高于全国平均增长速度，占西南地区[1]GDP总量的21.22%，位列第二，仅次于四川省。

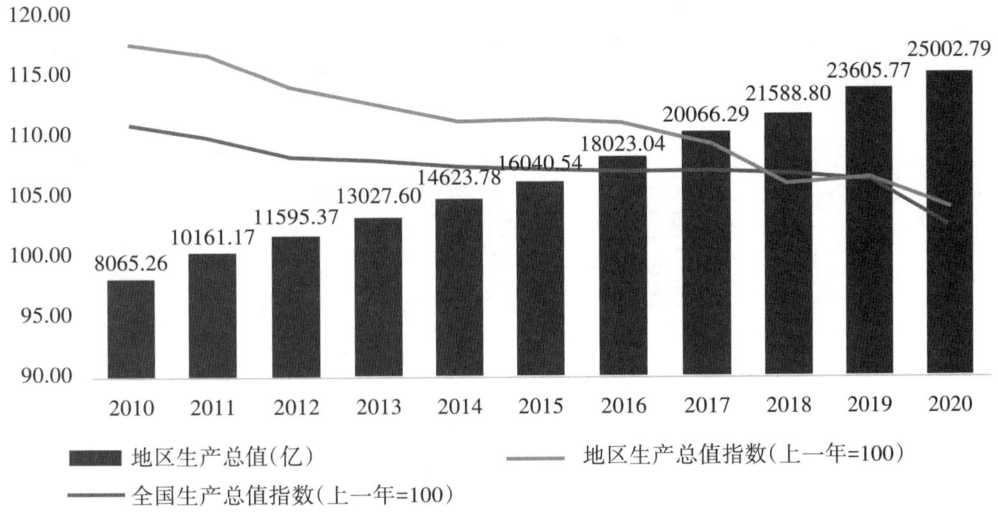

图2-8 重庆地区生产总值

资料来源：重庆市统计局官网。

第二，重庆有较好的产业结构基础（如图2-9）。重庆作为西南地区的制造业中心，2019年第二产业占GDP比重为40.2%，并且正在加快制造业转型，高科技企业的引入促进了制造业的高质量发展。如图2-10所示，在全国电子信息制造业规模指数排名中，重庆排名第八，位于第二梯队（第一梯队为广东与江苏，两省占据绝对优势）[2]，第三产业占GDP比重不断上升，经济结构不断优化，服务业数字化指数排名全国第十，位于第二梯队[3]。

第三，金融业发展态势良好。2018年金融业占GDP比重为8.7%，2019年金融业对GDP的贡献率为8.8%[4]，重庆正在加快打造适应重庆及西部发展需求的金融中心和内陆国际金融中心。

① 西南地区主要为四川省、重庆市、贵州省、云南省、西藏自治区。

② 资料来源：中国电子信息产业发展研究院发布的《2019年中国数字经济发展指数》。

③ 资料来源：中国电子信息产业发展研究院发布的《2019年中国数字经济发展指数》。

④ 资料来源于重庆市统计局官网。

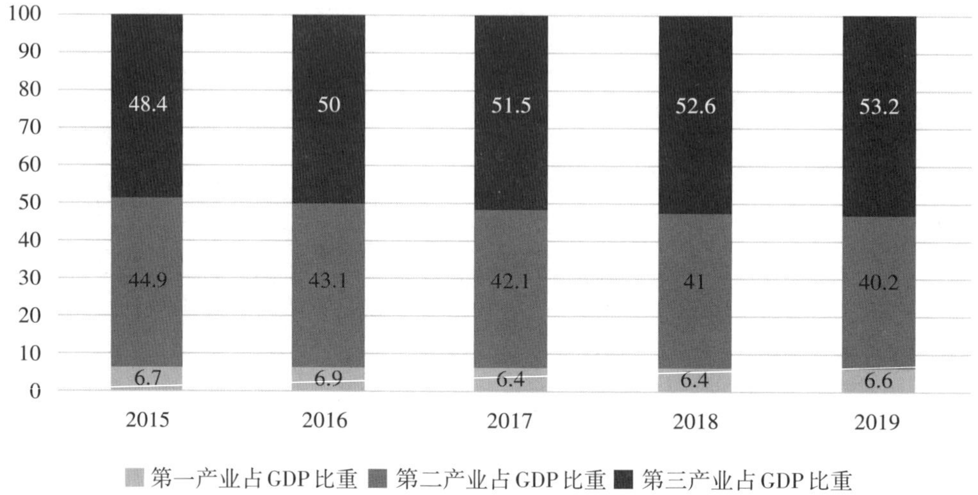

图2-9 重庆GDP结构

资料来源：重庆市统计局官网。

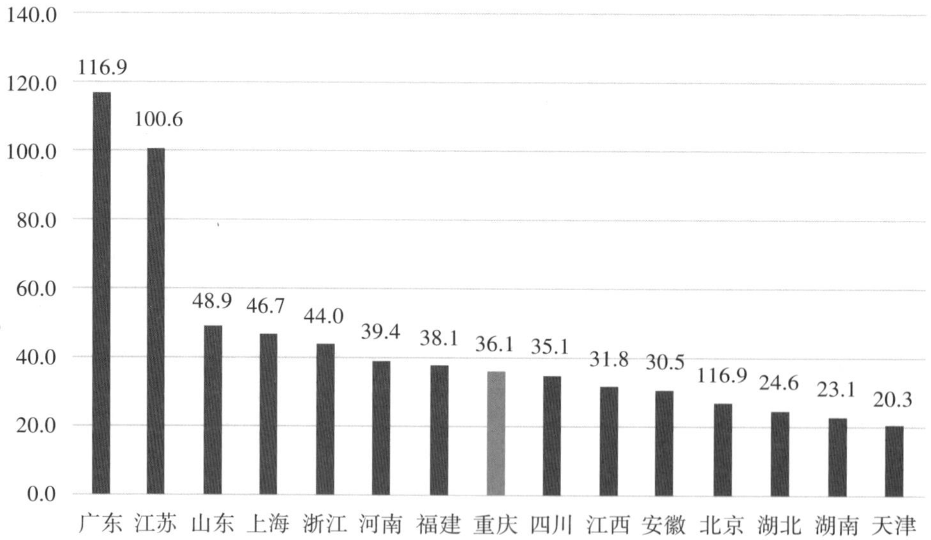

图2-10 全国电子信息制造业规模指数前15名

资料来源：中国电子信息产业发展研究院。

2.2 重庆数字经济发展的现状考察

自2018年以来，重庆市数字经济发展取得了长足进展，“芯屏器核网”进一步补链成群，智能制造持续扩容拓面，新型智慧城市应用场景不断丰富，“智造重镇”“智慧名城”形象加速形成。数字经济已经成为重庆经济发展的后发优势，有望缩小重庆与东南沿海城市的发展差距。

2.2.1 重庆数字经济发展：领域状况

根据数字经济的内涵界定，数字经济发展主要分为数字产业化、产业数字化和治理数字化三大领域，下面分领域分别考察。

(1)重庆数字产业化发展现状

第一，依托大数据产业的数据价值化稳步推进。

重庆以问题导向、标准先行为原则，出台了一系列管理办法。例如，2019年《重庆市政务数据资源管理暂行办法》颁布实施，该办法对政务数据资源实行统一目录管理，也对政务数据资源的汇聚、共享、开放、应用提供了标准。2020年《重庆市公共数据开放管理暂行办法》颁布实施，该办法对公共数据资源的数据目录、系统管理、开放管理和多元开放、安全和监督管理提供了标准。为了推动大数据产业发展，重庆出台了《重庆市人民政府办公厅关于加快线上业态线上服务线上管理发展的意见》《重庆市区块链数字经济产业园发展促进办法(试行)》。这些管理办法的出台，极大地促进了重庆数据资源化，为今后推进重庆数据资源资产化、数据资源资本化、数据价值化提供了数据资源基础。同时，2020年重庆大数据交易平台的成立，也为数据价值化创造了良好的市场条件。

数据价值化最终要靠大数据产业来实现。所谓大数据产业，是对数据巨大、来源分散、格式多样的数据进行采集、存储和关联分析，从中发现新知识、创造新价值、提升新能力的新一代信息技术和服务业态。近年来，重庆高度重视大数据产业的发展，建成了两江国际云计算产业园高品质数据中心、区块链产业创新基地，集聚浪潮、紫光、华为、IBM、腾讯、阿里巴巴、百度等3000余家国内外知名大数据存储、分析、应用、加工企业，提供面向政务、商贸、金融等领域的大数据应用服务，力争打造国家级大数据产业基地。大数据产业发展中的“新区”经济效益明显。2020年，两江新区直管区规模以上数字经济企业实现增加值477.22亿元，同比增长31.9%。在“12+1”产业门类中，大数据产业实现产值34.55亿元，占比7.3%[①]。

① 重庆马路社：“大数据是重庆城市崛起的重要赛道”，《今日头条》，2021年8月20日。

重庆还围绕“云联数算用”，积极构建全要素集群，推动建成中国首条、针对单一国家、点对点的中新（重庆）国际互联网数据专用通道；打造了规模位于西部前列的数据中心，仅两江国际云计算产业园就已形成40万台服务器的支撑能力。重庆数据中心规模近5年年均增速超过40%，总体上架率高于全国平均水平17个百分点。构建了城市大数据资源中心，截至2021年7月底，政务数据共享达到9261类，位居全国前列。

从大数据产业发展的位次来看，赛迪智库信息化与软件产业研究所发布的《中国大数据区域发展水平评估白皮书（2021年）》显示，重庆、安徽虽处在各省区市中的第二梯队，但其大数据行业应用较强，已逐步形成应用驱动型发展模式，正以特色化长项向以广东、北京、江苏、浙江、上海为代表的第一梯队发起冲刺。而中国电子技术标准化研究院发布的《重点城市大数据发展指数报告（2021年）》显示，重庆在17个重点城市中排名第八，有进入以北京、深圳、上海、广州、杭州为代表的第一阵营的潜力。此外，各方面情况显示，重庆大数据智能化两化融合水平稳居中西部第一。

第二，新型基础设施和数字设备制造业加快发展。

数字设备制造业是重庆经济的主心骨，一直都处于较为前端的发展水平，聚集了数百家数字设备制造企业，例如重庆京东方等。京东方是世界最大的液晶面板生产商，重庆京东方是京东方在西南地区最重要的生产基地。爱思开SK海力士半导体（重庆）有限公司主要从事集成电路芯片的封装及测试，能完成集成电路芯片封装6000万只/月。重庆还被称为电脑之都，达丰（重庆）电脑有限公司是全球第一大笔记本电脑制造商台湾广达集团的全资子公司，是重庆仅次于长安企业的第二大制造业企业。除此之外，新型基础设施建设提速。2020年新建5G基站3.9万个，截至2021年1月累计建成4.9万个，占全国5G基站总数比重约7%，成为国家首批5G规模组网建设和应用示范城市。光纤到户端口占比达到95%，固定宽带家庭普及率达到101.4%，移动宽带用户普及率达到96.5%，平均接入速率147 Mbit/s，IPv6用户在互联网用户中的占比达到63.5%。汇集数据算力，两江云计算产业园集聚腾讯、电信、移动、联通、浪潮等10个大数据中心，形成2.3万个机柜、30万台服务器的数据存储能力①。

第三，数字技术企业发展快速。

近年来，重庆积极推进数据交易中心、数字重庆云平台等建设，对商务数据、公共数据、政务数据进行统筹整合，促进数字产业化发展。

一是注重培育本土数字技术企业。例如忽米工业互联网成为中西部地区首个国家级

① 资料来源：重庆市经信委《关于梳理评估重庆市以大数据智能化为引领的创新驱动发展战略行动计划进展情况的函》。

"双跨"平台，全国15个"双跨"平台中已有11个布局在重庆。中冶赛迪、工业大数据创新中心两家企业包揽第二届中国工业互联网大赛一等奖，夯实了重庆数字技术创新基础。在着力培育本土企业的同时，重庆也不断出台优惠政策及建设示范区以吸引大数据智能化企业入驻。

二是积极引进头部企业。通过积极招商引资，签约落地华为、中国电子、中软国际、IBM、新浪视觉、润泽科技、平安智慧城市、Micro Focus（微福思）等国际国内知名企业14家，投资总额超160亿元，特别是成功引进华为鲲鹏、中国电子信创基地等重点项目①，为重庆数字技术创新注入全新活力。在数字产业独角兽企业数量排名中②，重庆虽然与第一名的北京独角兽企业数量差距巨大，但作为后发身份已进入前十，排名第八（如图2-10）。其产业主体指数排名超越GDP排名，在细分领域有所突破，数字经济发展潜力巨大。

三是注重打造产业集聚园区。2020年，重庆国家级项目有力推进，中国软件名城创建试点达到入围要求；中标工信部关键软件协同攻关与推广体验中心项目，全国仅10家，为创建中国软件名园打下坚实基础；合川网络安全产业城获评工信部"网络安全创新应用先进示范"称号，成功跻身全国6家首批示范园区之一。开展首批市级软件产业园认定，形成了两江软件园、渝北仙桃大数据谷、重庆软件园、重庆高新软件园等四大软件园区，渝北仙桃大数据谷被中国软件行业协会评为"2019中国最具活力软件园"③。这些园区的建立为重庆市数字经济创新发展提供了重要的平台。

第四，数字产业集聚化水平显著提升。

一是积极引进研发机构，攻克关键技术。截至2020年底，88家国内外知名高校院所企业来渝设立分院分所，国家重点实验室达到10家，国家企业技术中心达到37家，新型研发机构达到142家，高新技术企业、科技型企业分别达到4222家、26371家。在虚拟技术、云计算平台技术、海量数据存储、数据预处理、新型数据挖掘分析、信息安全技术、大数据关键设备众多领域突破了一些关键技术，形成了一批具有自主知识产权的标准和规范④。二是智能产业培育壮大。重庆加快推动新兴产业发展，积极打造"芯屏器核网"智能产业全产业链集群。建成全球重要的笔记本电脑产业基地和全国重要的手机制造基地，实现了全球每3台笔记本电脑、每10部手机就有1台（或1部）"重庆造"。工业软件加速创新，

① 资料来源：重庆市经信委《关于梳理评估重庆市以大数据智能化为引领的创新驱动发展战略行动计划进展情况的函》。

② 资料来源：中国电子信息产业发展研究院发布的《2019年中国数字经济发展指数》。

③ 资料来源：重庆市经信委软件处提供的材料《全市软件产业2020工作总结》。

④重庆马路社：《大数据是重庆城市崛起的重要赛道》，《上游新闻》，2021年8月24日。

长安汽车全球软件中心、华为鲲鹏计算产业生态重庆中心等项目落户。三是智能装备加快发展。先后引进广数机器人、川崎机器人等机器人公司和埃马克机床等中高档数控机床公司在渝落户，并打造了包括众多高端数控机床顶级制造商在内的“中德产业园”。四是智能产品加速创新。智能家居、智能安防、智能医疗、智能网联汽车等新型智能产品研发加速，小康工业正与阿里巴巴、百度、华为等企业加强合作，长安与重庆邮电大学合作研发了无人驾驶汽车并试行。

(2)重庆产业数字化发展现状

产业数字化是重庆市数字经济发展的重中之重，是推动数字经济与实体经济深度融合的重要表现。

第一，制造业数字化发展现状。

重庆正在推动制造业向“智造业”转型，将信息化与制造业深度融合，具体表现在以下几个方面：

一是推动智能工厂和智能车间建设。首先是普及数字化装备。重点针对汽车、电子、消费品等行业开展数字化装备普及工程，推动企业应用智能搬运机器人等仓储、物流设备提升自动化水平。其次是加强信息管理系统集成应用。重点推动离散型制造企业和流程型制造企业开展信息管理系统集成应用。建设认定一批数字化车间和智能工厂，引导重点企业加快内网改造升级，打造10个“5G+工业互联网”典型应用场景。同时，加快“5G+智能制造”示范引领，推动创建10个创新示范智能工厂。2020年新实施1297个智能化改造项目，三年累计达2780个；新建成28个智能工厂和182个数字化车间，三年累计分别达67个和359个。示范项目实施后，生产效率平均提升70.2%，运营成本平均降低26.9%，产品不良率平均降低44.7%，单位生产能耗平均降低20.5%。

二是建设工业互联网平台。结合重庆产业实际，按照“一平台一方案”思路，培育了宗申忽米网、阿里飞象等十大示范平台。健全市区联动支持、激励平台发展的培育机制，积极打造工业互联网赋能高地。吉利工业互联网全国总部、树根互联“一带一路”工业互联网总部等一批总部项目相继落户重庆。引导支持重点企业带动产业链上下游协同发展，以建平台、用平台为抓手，加快发展数字化、网络化、智能化的新模式。累计建设393个数字化运营、网络化协同、个性化定制、服务化转型(远程运维、产品服务)等试点示范项目。

三是工业互联网标识解析体系加快建设。截至2020年，重庆市工业互联网加快形成，工业互联网标识解析国家顶级节点(重庆)服务西部六省市，接入二级节点16个，接入企业803家，标识注册总量达1.04亿，解析总量达7280万次。加快建设医疗器械、汽车、冶金等11个二级节点。忽米工业互联网成为中西部地区首个国家级“双跨”平台，全国15个

“双跨”平台中已有11个布局重庆。中冶赛迪、工业大数据创新中心两家企业包揽第二届中国工业互联网大赛一等奖。全市“上云上平台”企业数达7.1万户[①]。

第二，农业数字化发展现实状况。

重庆农业对数字化发展需求旺盛，全市1500多亿元农业增加值亟须数字经济赋能，2019年第一产业数字经济增加值63.61亿元，比2018年增加8.48亿元，增速16.03%，但农业数字经济融合深度只有4.2%。重庆农业数字化呈现出以下几个发展特征[②]：

一是农村新型基础设施逐步完善。截至2020年6月，全市8015个行政村中，光纤通达率和4G无线网络覆盖率达100%，基本实现“村村通宽带、户户有信号”。涪陵、江津、梁平等部分区县已率先启动农村5G网络基站建设。

二是重要数据支撑系统逐步构建。建成“2+1+2”架构体系“三农”大数据服务平台，归集整合数据资源目录853个、数据项5874个、数据8642万条，建成畜牧业资源、监管执法资源、农经资源、农药追溯监管平台、政务服务资源、自然资源、农产品市场价格等11个资源库。引导区县推动单品大数据建设，国家级重庆（荣昌）生猪大数据中心已挂牌成立，建成生猪数字“大脑”、生猪数据“云仓”、生猪产业“数谷”和全国首个“生猪数字监管平台”，实现8.5万头生猪养殖、贩运、屠宰“一网式”实时监管。潼南区建成“汇达柠檬企业数据中心”，发布了中国柠檬指数2.0，建成旭田植物工厂、枳壳绿色生产示范基地、物恒蔬菜大棚物联网智能喷灌系统和柠檬良种无病毒三级繁育体系。巫山县上线“巫山数字果园”，24个乡镇基础数据采集线上化。涪陵区建成“榨菜大数据平台”，新增榨菜加工数字化生产线14条，改造营运现代化生产设备100余套。建成农村土地承包经营权信息应用平台和“粮食生产功能区和重要农产品生产保护区”划定管理信息子系统，构建了区域性花椒、柑橘、茶叶等农业产业数字化地图。建设农产品质量安全溯源体系，已发展农产品质量安全追溯点4100多个，3200多家农业企业注册上线，初步实现市、县、乡三级垂直化监管。“巴渝·醉美乡村网”定期收集、整理和发布全市乡村旅游数据信息，实现城乡旅游信息资源有效对接。建成“马铃薯晚疫病物联网预警系统”。建成动监“110”指挥调度平台，实现重大动物疫情可视化远程指挥及应急处置。

三是智慧农业新技术生产应用持续推广。截至2020年，全市建成农业生产智能化示范基地370个。蛋鸡饲养和食用菌、豆芽生产等智能化关键技术环节取得突破，基本形成工厂化生产。水肥一体智能灌溉、环境监测、自动饲喂等智慧农业生产技术得到应用推

①资料来源：重庆市经信委《关于梳理评估重庆市以大数据智能化为引领的创新驱动发展战略行动计划进展情况的函》。

② 资料来源：重庆市农业农村委员会《重庆数字经济与农业融合发展调研报告》，2020年。

广，示范区域灌溉水利用率提高到95%，减肥减药亩均10%以上，节本增效成效明显。丘陵山区中小型无人驾驶拖拉机、果园无人对靶施药装备、遥控水稻直播机等智能化农业机械已成功研发，温室作业、智能养殖、果园巡检等人工智能设备已发挥作用。全市共有农业无人机200余台，飞播、植保作业面积突破40万亩，"重庆飞防"队伍快速成长，经营业务已拓展到云南、四川、新疆等多个省份。智慧农业新模式不断涌现。渝北区规划建设"1+8+18"智慧农业框架体系，辐射企业和合作社20多家，涉及养猪、养兔、渔业、蓝莓种植、食用菌种植和中药材种植等多个产业。梁平区以数谷农场为带动，规划建设万亩智慧果蔬基地。江津区积极推进集成农业科技、农业创新、农业创业和农业创意的"4+X"智慧农业示范园区建设。奉节县引进阿里巴巴打造数字农场，大力推动智慧果园建设。黔江区建成测土配方施肥指导系统，实现测土配方施肥120万亩，技术覆盖率达90.2%。

四是农产品电商规模增长迅速。已建成区县电商公共服务中心27个、服务站点6179个、电子商务仓储物流配送中心28个、电商集聚区63个，乡镇和行政村快递覆盖率分别达到100%和86%，覆盖城乡电商服务网络初步建成。引导"巴味渝珍""村村旺"等本地农产品电商平台快速发展，借助消费大数据，分析网销现状和趋势，倒逼生产端从品种、品质和包装等方面促进农产品提档升级。加强与阿里巴巴集团盒马鲜生开展战略合作，推进重庆品牌农产品入驻盒马鲜生平台，在石柱打造了全国首个"水上盒马村"。与京东集团合作，通过"自营+POP"的方式培育壮大网销品牌，在京东平台培育农产品品牌89个。借助"6·18"、丰收节、"双11"、年货节等，联合天猫、京东、苏宁等大型电商平台和市内"巴味渝珍"电商平台，持续开展重庆品牌农产品网销行动。借助手机"新农具"，联合抖音、快手、京东、拼多多等平台引导区县开展网络直播带货。开展"线上线下""市内市外"双驱推动农产品电商发展，线上举办"三峡柑橘国际交易会（网上）"，线下对接广州江南市场等大型农产品批发市场及沃尔玛、永辉等超市。

五是乡村新业态不断涌现。新型农业生产社会化服务方面，潼南区10余家农机专业合作社组建了农用无人机联合社，利用大疆MG-1P农业植保无人机开展植保社会化作业服务。农产品流通方面，奉节县构建以微信、天猫、淘宝、京东为代表的奉节脐橙网上销售体系，建成淘宝店2700多家，京东店45家，天猫店20家，微商10000人以上，2020年累计网络销售脐橙5.53万吨、销售收入6.52亿元。信息服务方面，利用12316"三农"服务热线，精准开展专家服务、农业信息对接、农产品市场行情服务，群众咨询满意率超过95%。

六是信息进村入户全覆盖。坚持政府主导、企业主体、农民主人的原则，按照"六有"建站标准建设益农信息社，落地公益、便民、电商、培训四类服务，全面整合农村现有服务资源，完善"买、卖、推、缴、代、取"六大功能，实现农户不出村就可享受便捷、高效的信息服务。截至2020年6月，已建成益农信息社9000多个，基本实现行政村全覆盖，累计开展线下集中活动1000余场，提供公益便民服务超过600余万人次，电商成交额累计达5亿元，培训人员4万人次。

第三，服务业数字化发展现状。

重庆市在打造国家先进制造业中心的同时，也注重服务业的数字化升级。2020年，重庆市政府办公厅发布《重庆市人民政府办公厅关于加快线上业态线上服务线上管理发展的意见》，积极培育出服务业的新模式、新业态，在教育、医疗、金融、交通物流、批发零售等服务业领域积极发展线上服务、线上管理，与线下服务业深度融合。

一是"宅生活服务模式"。顺应"宅生活"方式兴起的需求，支持"线上超市""网上餐厅""线上家政""直播荐货""网红带货"等生活服务企业，为消费者提供"见屏如面"的生活服务体验。例如，重庆知名餐饮品牌乡村基，发展线上外卖小程序，疫情期间就实现了外卖业务20%的增长。重庆全域旅游服务暨数据联动中心（长江索道景区游客中心）于2020年9月29日成立，集旅游形象展示、旅游资源推广、文化交流分享、文创产品展销、旅游咨询服务、智慧旅游服务等于一体，大力推进智慧旅游建设，打造旅游产业互联网与消费互联网融合发展的新生态体系。

二是"在线医疗"服务模式。覆盖医疗服务全流程的线上线下新模式，积极推广基于5G技术的远程会诊、远程手术、远程超声、远程监护等远程医疗应用。重庆市公共卫生医疗救治中心、重医附属永川医院、万州三峡医院、黔江中心医院等4家医院全部开通5G网络，接入5G远程会诊系统，充分利用5G高带宽、低时延特性，助力远程会诊，让诊疗更加高效便捷。2020年全市新增智慧医院19家、升级5家，其中重医附属儿童医院、重医附属大学城医院升级为"智慧医院"最高等级五级。渝北区就通过政府购买服务的方式，组建了区级居家养老服务中心，打造了"互联网智慧养老云平台"。

三是"在线教育"服务模式。搭建起"渝教云"公共服务体系，逐步将市教委机关及直属单位信息系统迁移至"数字重庆"云平台。到2022年，重庆市将基本建成与教育现代化目标相适应的"人人皆学、处处能学、时时可学"的智慧教育服务体系，实现"渝教云"公共服务平台全面普及。

四是交通出行线上服务体验。重庆地铁上线乘车码，重庆市民及游客只需打开"乘车码"微信小程序，就能在重庆地铁所有站点，刷码过闸，便捷乘车，地铁、公交、索道均可刷乘车码乘坐。重庆是全国范围内乘车码覆盖交通场景最多的城市。

五是就业社保线上服务水平。建设智能就业服务平台，2020年，重庆市人力资源和社会保障局举办了2021年"就在山城·渝创渝新"就业创业在线预约送岗位送政策送服务活动。活动应用线上渠道,通过“就业创业一点通”微信小程序,推动政策宣传、求职创业服务众所周知、行之有效。

六是商务活动线上服务能力。“智慧国博”等智能化会展场馆建设稳步推进,2020年“线上智博会”“线上西洽会”等展会顺利展开,线上招商能力和效果显著提升。

2021年4月20日,重庆等四省市①获批开展服务业扩大开放综合试点。近年来,重庆利用数字技术,围绕重点打造以“国际购物名城”“国际美食名城”“国际会展名城”“国际文化名城”“国际旅游名城”等为主要内容的“国际消费中心城市”。即使经历了新冠疫情冲击,服务业依然取得了傲人的成绩,2020年实现增加值13207.25亿元,同比增长2.9%。2021年第一季度,全市服务业加速恢复发展。最新数据显示,一季度全市第三产业增加值同比增长15.5%。1—2月,全市规模以上服务业企业实现营业收入721.04亿元,同比增长47%。

(3)重庆治理数字化发展现状

治理数字化是数字经济发展的重要内容。调查发现,重庆治理数字化发展的现实状况主要是:

第一,治理数字化制度不断完善。重庆市在数据治理上采用标准先行、问题导向、急用先行、持续滚动的方式。重庆市大数据应用发展管理局的法规治理处负责标准制定,出台了《重庆市大数据标准化建设实施方案》,主要针对智慧城市建设。重庆市又出台《重庆市政务数据资源管理暂行办法》《重庆市公共数据开放管理暂行办法》,这两份文件从不同角度对数据收集、管理、开放、共享等行为做出明确界定,为重庆数据治理打开了新的局面,初步形成有章可循、有据可依、责任明晰的态势。《重庆市数据条例》也于2022年施行。

第二,多个数据共享平台建成投用。重庆根据实际情况,在数据共享上实行一年一步,从政务数据共享到公共数据共享逐步小范围推进。全市已有18个区县建立了大数据局,主要负责大数据治理、相关标准制定、应用推广、大数据与产业融合等事务。通过财政投资,各个政府部门也建立起自己的信息中心,政务数据上云率已达到90%以上。截至2020年,已经实现了3433类市级政务数据共享,944.4亿条政务数据调用量。建成全市一体化网上政务服务平台——“渝快办”,“渝快办”用户已突破1200万人,市级行政许可事项网上可办事项超过95%,实际网上办理率达到89%。在产业融合领域,上线了“渝快融”平台,汇聚全市26个市级部门及单位的105类、4200万余条涉企数据,截至2021年,已累计注册用户超26万余家,申请31万笔,提供融资325亿元。为尽快实现公共及商务数据的汇聚、共享等目标,2020年全市“上云上平台”企业数达7.1万户。成立数据库,可以向

① 中国政府网:《国务院关于同意在天津、上海、海南、重庆开展服务业扩大开放综合试点的批复》。

金融企业提供相关数据。重庆市大数据应用发展管理局联手移动、联通、电信三大运营商与新加坡展开合作，建立了中新（重庆）国际互联网数据专用通道，并于2019年9月开通。该通道具有高速率、大带宽、低时延的特点。截至2020年12月，已有约50家企业签约使用。

第三，积极打造城市“智能中枢”治理。2020年8月22日，重庆市新型智慧城市运行管理中心建成并投用，该系统可以实现政务数据汇集、分析和城市运行监测、预警等功能。中心还打造了“渝快办”、生态环境、卫生健康、精准扶贫、中新（重庆）国际互联网数据专用通道、5G规模组网、公安情报、城市交通、智慧气象、视频调度等17个应用场景。为城市治理数字化提供平台，实现城市运行“一网统管”、政务事项“一网通办”、应急管理“一网调度”、基层治理“一网治理”等目标。

第四，加快推进“数字乡村”治理。荣昌区在2021年4月22日已投用了数字乡村综合管理平台，这是现代化乡村治理数字化的开端。该平台可以实现辖区居民信息管理、网格管理、路面巡查、政务宣传、民意调查、政策发布、新闻咨询等七大功能。

2.2.2 重庆数字经济发展：规模状况

近年来，重庆数字经济发展速度和水平得到显著提高，如表2-2所示。

表2-2 不同口径的重庆数字经济发展规模及增速

年份	重庆市统计局统计口径			中国信通院统计口径				差值
	绝对值（亿元）	增速（%）	占地区生产总值的比重（%）	绝对值（亿元）	增速（%）	占地区生产总值的比重（%）	全国数字经济占GDP比重（%）	占地区生产总值的比重（%）
2017	—	—	—	—	—	31.17	32.9	—
2018	4360	13.7	21.4	>5000	>15	>35	34.8	>13.6
2019	5250	15.9	22.2	—	>19	>35	36.2	>12.8
2020	6387	18.3	25.5	—	>15	>38	38.6	>12.5

资料来源：重庆统计局及中国信通院。

根据中国信通院的统计[①]，首先，从总量来看，2020年重庆数字经济规模超过5000亿元，位于全国第十四位，然而前十三位的省市数字经济规模均超万亿元。其次，从增速来看，2020年我国数字经济增长速度为9.7%，为GDP名义增速3.2%的三倍多，而重庆2020年数字经济增长速度为15%左右，位列全国前三名，为GDP名义增速5.9%的2.5倍左右。重庆数字经济发展潜力较大。最后，从占比来看，2018年和2019年重庆数字经济占GDP

① 中国信通院发布的《中国数字经济发展白皮书（2021年）》。

比重均超过30%,2018年全国平均水平为34.8%,2019年全国平均水平为36.2%。2020年重庆市数字经济占GDP比重接近40%,超过全国平均水平(38.6%),位于全国第九位,但较2019年的第八位有所下降。

根据重庆市统计局发布的数据,2018年重庆智能产业销售收入增长19.2%,数字经济增加值为4360亿元,占GDP比重达到21.4%。2019年增长到5250亿元,同比增长15.9%;到2020年,重庆市数字经济增加值达到6387亿元,同比增长18.3%,在地区生产总值中占比25.5%,发展势头强劲,增速较快。

根据2020年赛迪顾问的估算[①],2020年中国数字经济发展指数平均值为29.6,位居第一的广东省为69.3,重庆排名第十四位,为28.8,低于平均水平,高于中位数26.3。目前重庆数字经济虽然与头部省市差距较大,但已经跨越起步阶段,进入快速发展阶段,发展势头强劲。

从基础设施指标来看,重庆传统数字基础设施位于第三梯队,居于全国第二十位,低于平均值,但第二、三梯队之间各省市差距较小。重庆的新型数字基础设施位于第二梯队末尾,居于全国第十五位,高于平均值。重庆在新型数字基础设施上的发力,使重庆在该指标上与头部省份差距相对较小,为重庆数字经济发展打下良好基础。

在数字产业化指标上,全国平均值为24.6,各省市差距较大(最高值为广东省的96.4,最低值为西藏的1.7),仅有11省位于平均值以上,重庆位于第十四位,为19.1。在产业规模指标上,重庆位于第二梯队,较为靠前,为第十二位,这得益于重庆良好的制造业基础。在产业主体指标上,重庆位于第三梯队,缺乏较为强劲的数字经济企业,尤其是缺乏总部企业,数字产业聚集度有待提升。

在产业数字化指标上,重庆高于全国平均水平,为31.2,但仅仅高出0.1,位于全国第十三位。重庆的工业与信息化融合指标、农业数字化指标、服务业数字化指标都处于第二梯队,较为靠前,这归功于重庆积极推进制造业智能化、数字化转型,打造数字乡村,智慧农业等。

在治理数字化指标上,重庆为35.8,高于全国平均水平32.4,为第十二位,与头部省份差距相对其他指标较小。重庆政务新媒体指标位于第一梯队,排名第五位。政务网上服务及政务数据治理指标位于第二梯队末尾,但是随着重庆智慧城市建设的不断推进,该排名会稳步上升。

总体而言,重庆数字经济发展水平与京津冀、长三角、珠三角等地区差距较大,与周边的湖南、湖北、四川相比,目前也没有较为明显的优势,但是重庆仍然具有较强的发展势头,找准定位,实现弯道超车仍是十分必要的。

---

① 赛迪顾问股份有限公司发布的《2020中国数字经济发展指数(DEDI)》。

2.3 重庆数字经济发展中企业反映的问题与政策需求:调查结果分析

2020年12月至2021年2月,课题组分别赴重庆市大数据应用发展管理局、重庆市统计局、重庆市经信委、重庆市发展改革委、重庆市农业农村委等市局机关和两江新区、重庆经开区、高新区、九龙坡区、沙坪坝区、渝北区、北碚区、永川区、合川区、江津区等区县对数字经济发展情况及存在的困难和问题进行了访谈和问卷调查,调查样本企业336家。在336家样本企业中,有212家企业属于数字技术企业,124家企业属于实体企业,分别占比为63.10%和36.90%。现将企业反映的困难、问题和政策需求报告如下:

2.3.1 数字经济发展中企业反映的困难和问题

(1)数字经济发展中数字技术企业面临的困难和问题排序

重庆建设数字经济创新发展试验区面临的困难和问题,也是企业发展绕不开的瓶颈。如表2-3所示,在212家样本数字技术企业数据技术研发与推广应用中,企业反映的首要困难是,数据资产缺乏交易平台和配套服务体系,数据要素缺乏应用推广场景、用户少,各有72家企业选择,分别占33.96%。其次是数据要素资产发展程度低、数据要素清洗整合困难,分别有68家企业选择,占比为32.08%;最后是数据要素价值开发手段缺乏,大数据治理与产权保护措施跟不上,数字资产缺乏抵押能力、融资困难,基础设施建设跟不上等,反映的企业分别有48、48、40和32家。这些问题和困难主要涉及数字产品销售难、数据要素价值开发难、数字技术创新经营融资难等。

表2-3 212家数字技术企业反映的困难和问题统计

问题类型	选 项	选择企业(家)	占样本企业总数比重(%)	累计占比(%)
企业数字技术研发和推广应用中的困难	数字要素资产发展程度低	68	32.08	32.08
	数据要素清洗整合困难	68	32.08	64.16
	数据要素缺乏应用推广场景、用户少	72	33.96	98.12
	数据要素价值开发手段缺乏	48	22.64	120.76
	数字资产缺乏抵押能力、融资困难	40	18.87	139.63
	大数据治理与产权保护措施跟不上	48	22.64	162.27
	数字资产缺乏交易平台和配套服务体系	72	33.96	196.23
	基础设施建设跟不上	32	15.09	211.33

续表

问题类型	选 项	选择企业（家）	占样本企业总数比重（%）	累计占比（%）
企业发展中的问题	资金投入不足、研发成本较高	76	35.85	35.85
	技术创新能力不足、整体竞争力不足	36	16.98	52.83
	高级技术类和复合型人才缺口较大	152	71.70	124.53
	其他问题	8	3.77	128.30
相对传统经济而言，数字经济的优势	信息流动障碍减少	124	58.49	58.49
	资源利用效率提高	168	79.25	137.74
	供需匹配更精准	144	67.92	205.66
	促进产品与服务个性化	20	9.43	215.09
	业务时空限制不断削弱	120	56.60	271.70

资料来源：课题组调查问卷统计所得。

在数字技术企业发展中也面临着人才严重匮乏的问题，接近3/4的企业认为人才的匮乏主要是结构性的，体现为高级技术人员及复合型人才匮乏，对于企业的长远发展不利。其次是资金投入不足及研发成本较高、技术创新能力及整体竞争力不足，分别有76家和36家企业选择，占样本企业总数的35.85%和16.98%。可见，数字技术企业发展中面临的最大问题是人才短缺，其次是资金投入不足，研发成本较高。

相对传统经济而言，从数字技术企业对数字经济的优势认同来看，企业选择的选项由高到低排序依次为资源利用效率提高、供需匹配更精准、信息流动障碍减少、业务时空限制不断削弱，选择的企业分别有168家、144家、124家、120家，占比分别为79.25%、67.92%、58.49%、56.60%，也有少部分企业认为数字经济发展会带来产品及服务的个性化。这表明数字技术企业对行业前景充满信心。

（2）实体企业数字化转型面临的困难和问题排序

在对124家样本实体企业数字化转型的调查中发现（如表2-4），企业认为数字化发展会产生的影响，由高到低排序依次是：冲击传统经营模式，冲击业务的传统运作模式，改变与客户的互动模式，突破业务时间与地域限制，改变业务信息获取方式，改变营销方式、推广速度受到挑战，冲击传统营利模式，选择的企业分别为68家、60家、56家、52家、32家、28家和24家，占比分别为54.84%、48.39%、45.16%、41.94%、25.81%、22.58%和19.35%。由此可见，数字经济发展对实体企业的影响主要集中在业务运作模式、经营模式和时空限制、信息获取与营销方式等方面。

表2-4 124家实体企业反映的机遇、挑战和问题统计

问题类型	选 项	选择企业（家）	占样本企业总数比重（%）	累计占比（%）
您认为数字化发展对企业产生了哪些影响	冲击业务的传统运作模式	60	48.39	48.39
	冲击传统营利模式	24	19.35	67.74
	突破业务时间与地域限制	52	41.94	109.68
	冲击传统经营模式	68	54.84	164.52
	改变与客户的互动模式	56	45.16	209.68
	改变营销方式、推广速度受到挑战	28	22.58	232.26
	改变业务信息获取方式	32	25.81	258.06
您认为数字化转型为贵公司带来了哪些好处	资源配置效率提高	80	64.52	64.52
	产品、服务、过程数字化，运行效率提高	92	74.19	138.71
	内部经营成本降低	72	58.06	196.77
	生产流程由人工化向智能化转型	76	61.29	258.06
	交易成本降低	28	22.58	280.65
	对客户偏好能够精准预测	20	16.13	296.77
	打破客户壁垒，经营范围扩大	24	19.35	316.13
	上下游企业互联互通增强	40	32.26	348.39
贵公司数字化转型面临的主要问题	没钱转：转型资金欠缺	40	32.26	32.26
	成本高：收益无法覆盖成本	52	41.94	74.19
	没人转：数字化人才短缺	60	48.39	122.58
	基础弱：原有数字化水平较低	52	41.94	164.52
	不愿转：企业对数字化认知不足	4	3.23	167.74
	企业业务部门协作性和转型动力不足	12	9.68	177.42
	政策支持力度不够或支持方向有偏差	16	12.90	190.32
	转型服务平台偏少，服务能力和针对性不够	16	12.90	203.23

资料来源：课题组调查问卷统计所得。

在数字化转型可以为企业带来的好处上，由高到低排序依次为：产品、服务、过程数字化，运行效率提高；资源配置效率提高；生产流程由人工化向智能化转型；内部经营成本降低；上下游企业互联互通增强；交易成本降低；打破客户壁垒，经营范围扩大；对客户偏好

能够精准预测。选择的企业依次为92家、80家、76家、72家、40家、28家、24家和20家，占比依次为74.19%、64.52%、61.29%、58.06%、32.26%、22.58%、19.35%和16.13%。由此可见，大多数实体企业认同数字化转型带来的益处，尤其是在运行效率及资源配置效率上，这也体现出企业对数字化转型的良好期待。

从反映的问题来看，由高到低排序依次为——没人转：数字化人才短缺；成本高：收益无法覆盖成本；基础弱：原有数字化水平较低；没钱转：转型资金欠缺；政策支持力度不够或支持方向有偏差；转型服务平台偏少，服务能力和针对性不够；企业业务部门协作性和转型动力不足；不愿转：企业对数字化认知不足。选择的企业依次为60家、52家、52家、40家、16家、16家、12家和4家，占比依次为48.39%、41.94%、41.94%、32.26%、12.90%、12.90%、9.68%和3.23%。由此可见，实体企业数字化转型的意愿很强烈，面临的主要问题是缺人才、成本高、基础弱、缺资金。

同时，调查还发现，中小企业在产品销路不稳定、没有行业内头部企业带动的情况下，存在严重的"不敢转"心态，容易陷入"转快死、不转等死"的尴尬境地。要摆脱这一困局，关键是要解决其产品的销路问题，培育完整的产业生态链，通过头部企业带动中小企业数字化转型。相比中小企业，大型企业由于产品市场销路稳定，资本实力雄厚，转型成本负担能力较强，因此有积极主动转型的意愿，例如长安集团、西南药业、江小白等大型企业，早已主动布局和实施数字化转型战略。

2.3.2 重庆数字经济发展中企业对政策需求排序

（1）数字技术企业的政策需求

从表2-5反映的调查结果发现，在重庆数字经济创新发展中，212家样本数字技术企业的政策需求由高到低排序依次是：设立专项资金支持，对有关数字经济项目进行专门奖励；出台电力优惠政策；财政设立技术成果转化引导基金，鼓励数字技术实用化；出台相关人才政策，引进和培育高级复合型人才；完善相关法律体系，加强数据产权保护，构造良好数字生态；营业场所租金补贴，降低企业成本；对落户重庆的数字技术企业进行奖励；对数字技术企业研发的融资需求进行财政补贴。选择以上政策需求的企业分别为144家、124家、100家、96家、84家、84家、84家、16家，占比分别为67.92%、58.49%、47.17%、45.28%、39.62%、39.62%、39.62%、7.55%。可见，数字技术企业的政策需求主要集中在财政政策、电力政策、人才政策、金融政策、规制政策等领域。

表2-5 样本企业对数字经济创新发展的政策需求统计

企业类型	政策需求选项	选择企业（家）	占样本企业总数比重（%）	累计占比（%）
数字技术企业政策需求（N=212）	对落户重庆的数字技术企业进行奖励	84	39.62	39.62
	设立专项资金支持，对有关数字经济项目进行专门奖励	144	67.92	107.55
	营业场所租金补贴，降低企业成本	84	39.62	147.17
	完善相关法律体系，加强数据产权保护，构造良好数字生态	84	39.62	186.79
	财政设立技术成果转化引导基金，鼓励数字技术实用化	100	47.17	233.96
	对数字技术企业研发的融资需求进行财政补贴	16	7.55	241.51
	出台相关人才政策，引进和培育高级复合型人才	96	45.28	286.79
	出台电力优惠政策	124	58.49	345.28
实体企业数字化转型政策需求（N=124）	市级财政设计企业数字化转型专项资金、税收优惠、财政补贴	120	96.77	96.77
	在数字人才培养、使用、引进、配置等方面采取有效激励措施	108	87.10	183.87
	构建数字安全监管体系，制定数字隐私保护法律规范，保障企业数字产权	64	51.61	235.48
	实施竞争性法规监管	48	38.71	274.19
	全面铺设高效硬件和软件基础设施	48	38.71	312.90
	为企业数字化转型提供充足的数据来源	52	41.94	354.84

资料来源：课题组调查问卷统计所得。

（2）实体企业数字化转型的政策需求

表2-5显示，124家样本实体企业在数字化转型中，对政策需求由高到低排序为：市级财政设立企业数字化转型专项资金、税收优惠、财政补贴；在数字人才培养、使用、引进、配置等方面采取有效激励措施；构建数字安全监管体系，制定数字隐私保护法律规范，保障企业数字产权；为企业数字化转型提供充足的数据来源；实施竞争性法规监管（例如广泛性竞争政策，避免数字鸿沟带来市场扭曲；制定平台竞争法律规范；实施数字经济监管）；全面铺设高效硬件和软件基础设施。选择的企业分别为120家、108家、64家、52家、48家、48家，占比分别为96.77%、87.10%、51.61%、41.94%、38.71%、38.71%。可见，实体企业数字化转型的政策需求仍然主要集中在财税政策、人才政策、数据治理政策、规制政策等领域。

2.4 重庆数字经济创新发展的短板分析

为了促进重庆数字经济的稳定发展，立足于企业角度以及重庆经济发展的长远利益角度，课题组对重庆数字经济发展的短板进行了系统性的分类分析。

2.4.1 数字经济创新发展的基础设施较薄弱

数字基础设施是推动数字经济创新发展的物质技术基础，但重庆数字经济创新发展的基础设施总体较为薄弱，主要表现在以下几个方面：

(1)国际信息通道尚未完全打通，国际信息枢纽地位尚未形成

虽然重庆正在逐步走向国际化，国际物流通道基本打通，对外开放程度进一步加大，但在数字经济发展上，国际信息通道尚未完全打通，国际信息枢纽地位尚未形成。例如，2019年，中新(重庆)国际互联网数据专用通道开通，该通道有超低的网络时延，建设初衷是加强海内外企业交流，促进重庆数字经济发展国际化进程，但是在调研中，课题组发现该通道利用率不高，仅签约50家企业，在这50家企业中，绝大多数企业并没有使用，应用场景较少，仅有政府间会议及海扶医疗。除此之外，在加强国际交流方面，重庆举办了亚太零售商大会、中新双边合作机制会议，以及包括智博会、西洽会、中新金融峰会等在内的多个国际性会议及展会，其主要目的是促进文化交流及经济合作，但影响力较弱、规模偏小、层次不高，在打通国际信息通道、建设国际信息枢纽地位上的作用微乎其微。总体来说，在国际信息通道建设中，存在重庆企业参与数量不足、参与度不够、参与层次不高等问题，距离打造重庆国际信息枢纽还有差距。

(2)基础设施互联互通水平、集约化程度等制约创新发展

在数字经济发展中，想要使大数据、人工智能、云计算等科技加速与产业深度融合的进程，就必须加强新型基础设施的建设，以此支撑数字经济技术创新及数字经济新业态发展。在传统数字基础设施建设上各省(区、市)差异不大，但就新型数字基础设施建设而言，全国各省(区、市)差距较大，重庆位于第三梯队末尾，排名第十九[①](如图2-11)。重庆建设国家数字经济创新发展试验区所需基础设施建设不足，主要体现在数字产品运用转化困难、产业园区配套设施不足、企业用电成本高等方面。

---

① 资料来源：中国电子信息产业发展研究院发布的《2019年中国数字经济发展指数》。

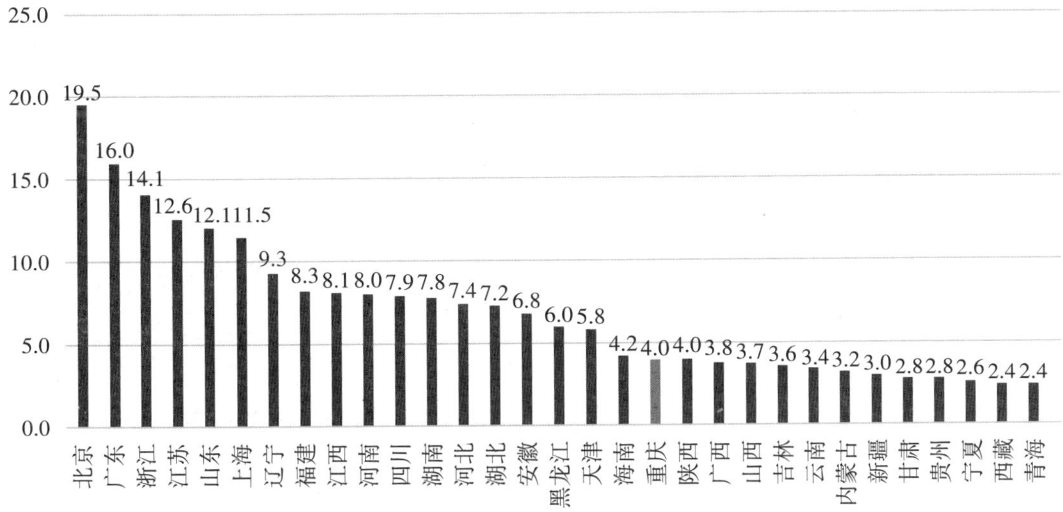

图2-11 全国各省（区、市）新型数字基础设施指数

资料来源：中国电子信息产业发展研究院。

第一，数字产品运用转化困难。在走访调查中，我们发现虽然重庆启动了西部（重庆）科技城、合川网络安全产业城等项目，引进高新技术企业及鼓励企业间合作，但未在高新技术企业及传统企业间建立起一个完善的创新、试验、交易平台，配套服务体系自然无法建立，数字产品在运用上难以落地，在产业融合上存在较大壁垒，且融合方式单一、粗放，高新技术企业的技术难以符合运用场景，传统企业转型缺乏针对性的技术支撑，产业间也不能够抱团推进。

第二，产业园区配套设施不足。课题组发放的调查问卷显示，在数字技术企业中，47.17%的企业代表表示5G、工业互联网、物联网等信息通信网络升级方面有待完善，64.15%的企业表示5G、工业互联网、物联网、消费互联网等城乡全覆盖方面有待完善，81.13%的企业表示金融科技基础设施方面有待完善，也包括货币支付清算体系、绿色金融标准化等金融新基建（如图2-12）。这与课题组的走访结果一致，我们发现，重要的工业园区及高新技术试验区5G网络铺设不足，尤其是农业产业园区，5G建设互联互通水平不够，覆盖面较小，较为分散，集约化程度不高。这制约了相关企业在5G运用及相关技术上的试验及创新，降低企业发展速度及竞争力。在提及为何不申请建设或者建设5G基站时，大多数企业均提及5G基站带来的高耗电量，转用5G基站后的维护成本过高，收益并未显现。除了新基建，在数字经济发展中，我们还发现部分地区虽被划定为工业园区或者其他类型的试验基地，但基础设施建设较为落后，公交规划未抵达、人员流通不便、物流不通畅、园区生活配套不足。工业互联网及物联网只有规模以上企业能够使用，成本过高，并不能做到大规模应用。

第三，企业用电成本高。在商业用电问题上，无论是高科技企业还是传统企业均认为重庆的商业用电的电价过高，就西南地区而言，成都与贵阳的电价为0.32元/度，而重庆水土高新技术产业园的电价达到0.5元/度，大学城地区为0.74元/度，有些地区甚至高达0.8元/度。对于部分数字技术企业而言，用电成本过高，尤其是IDC（互联网数据中心）等重大基础设施的用电成本过高。所以绝大多数企业对于电价是否能够优惠高度关注，并希望通过政策设计降低企业的用电成本。

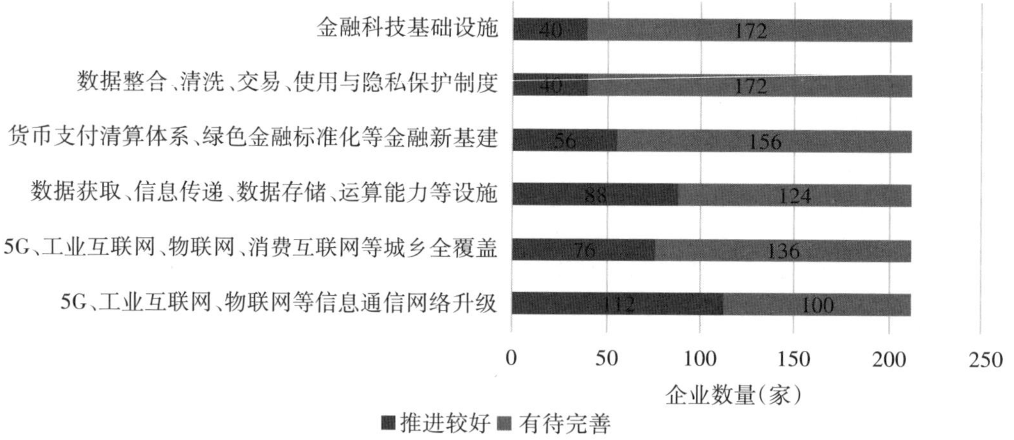

图2-12 企业数字经济发展中新基建发展完善度

资料来源：课题组调查问卷统计所得。

2.4.2 数字经济创新发展的要素培育滞后

（1）政企数据互通共享机制不健全与信息孤岛现象突出

在启用“渝快办”“渝快政”等办理政务之后，重庆积累了大量的政务数据、公共数据、商务数据，这是重庆发展数字经济的优势，但就数据应用现状来说，问题十分突出，政企数据互通机制不健全，成体系的数据相关的法律文件及使用规范还未出台，无论是企业获取或者使用某些政府数据及公共数据，还是政府获取或者使用企业数据，均处于获取途径较少、获取困难的状态。政府及企业考虑到法律风险及对数据产权的保护，不会轻易将数据对外开放，即使在对外开放一些被认为可以分享且会产生极大社会效益的数据时，也是有条件的，因为在实践中企业对政务数据保密意识不强的情况是存在的，企业使用政务数据时一般实行申请制度或者批准制度，数据开放程度很低。政务数据还有一个十分明显的特征，市级区级数据流动通道虽然已经建立，但区县级数据少，数据残缺严重。除此之外，政府与政府间、政府与企业间、企业与企业间也存在不同程度的数据孤岛。以政府与政府间的数据孤岛举例，我们在调研过程中发现，各个政府部门均有自己的数据库，一些部门出于政务需要，还会建立自己的数据中心，这些数据库及数据中心没有统一标准，自成体系，自产自用，不对外开放。不但部门有数据孤岛，甚至业务间都涉及数据孤岛。这些数据库及数据中心均是财政投资，造成了资源浪费，在一些关键数据调动、使用、分享上又增加了一层壁垒。

(2)数字经济创新人才短缺，人才培养引进体系不健全

课题组的问卷统计结果显示，336家企业中，有6.25%选择了非常满意，18.75%选择了满意，53.27%选择了一般，15.47%选择了不满意，6.25%选择了非常不满意(如图2-13)，非常满意、满意、一般、不满意、非常不满意分别为5分、4分、3分、2分和1分，人才储备满意度平均得分3.03分，为最低分。人才是创新的基础，人才储备是突破数字经济发展瓶颈的关键要素，在人才问题上重庆存在四方面的问题：

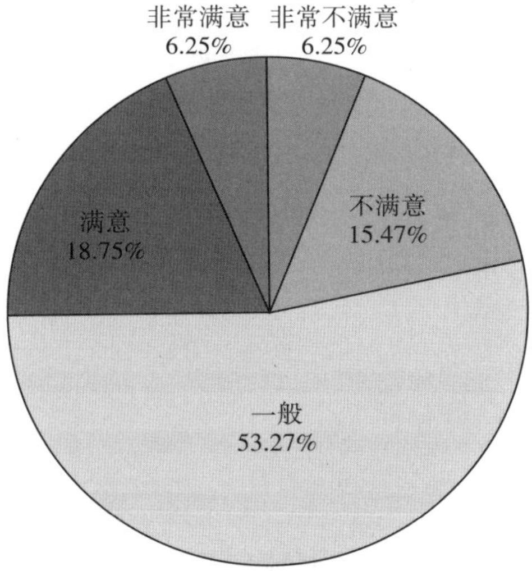

图2-13 企业对人才储备的满意度

资料来源：课题组调查问卷统计所得。

第一，数字经济创新人才短缺。人才基础薄弱，高端人才与沿海比，差距较大。一些传统企业进行数字化转型时，企业内部并没有数字技术型人才，只能将转型业务外包给技术型企业，并在未来的发展中高度依赖其提供的技术，这对于不少企业来说增大了其经营风险。除了在数量方面不足外，在人才类型上，"数字技术+"的复合型人才更是奇缺，既懂计算机，又有相关专业知识的人才难以招聘到，不少企业只能选择"自己培养，自己成长"，这样做耗时长、成本高、风险大。

第二，人才培养引进体系不健全。招不来人、留不住人问题突出。一些企业认为，虽

然他们对学历要求并不高，只需要普通的技术工人及一线工人，但是员工流动性非常大，这造成了企业的普通工人的用工成本也很高。主要问题就出在人才的培养及引进体系上政策定位太高。在人才引进上，许多政策以学历作为必不可少的条件，主要针对博士、理论型人才，而忽略技术型、应用型高端人才的引进。在人才培养上，许多高校输出的高学历人才均为理论型人才。在一定程度上，这样的体系会造成供需不匹配，因为企业需要的是技术型人才、应用型人才。

第三，人才优惠政策有待落实。在引进人才及留下人才之间需要建立起相应的人才接收机制，否则留不住高规格人才，但重庆在人才接收及安置工作上落后于杭州等城市，如工作及生活配套设施、子女教育、医疗、社保等福利不配套，政策缺失。由于多方面吸引力的不足，本地高校培养的人才留下来的比例也较小，不到30%。

第四，行政系统专业管理人才稀缺。在政府层面，市级、区县大数据局人员组成中，懂大数据规律的人才太少，专业素质和技能不高，专业人才队伍匮乏。例如，北碚区网络安全人才稀缺，整个北碚区相关人才只有1人，这必然会导致大数据工作服务能力不足。江津、渝北等区大数据局工作人员同样存在对大数据管理不专业的问题。

总之，人才的缺乏已经严重制约传统企业数字化转型，在数字化转型面临的困难中，排位第一的就是“没人转”（如图2-14），即数字化人才短缺，这也直接造成了企业内部数字化基础弱成为转型困难的第二大原因。

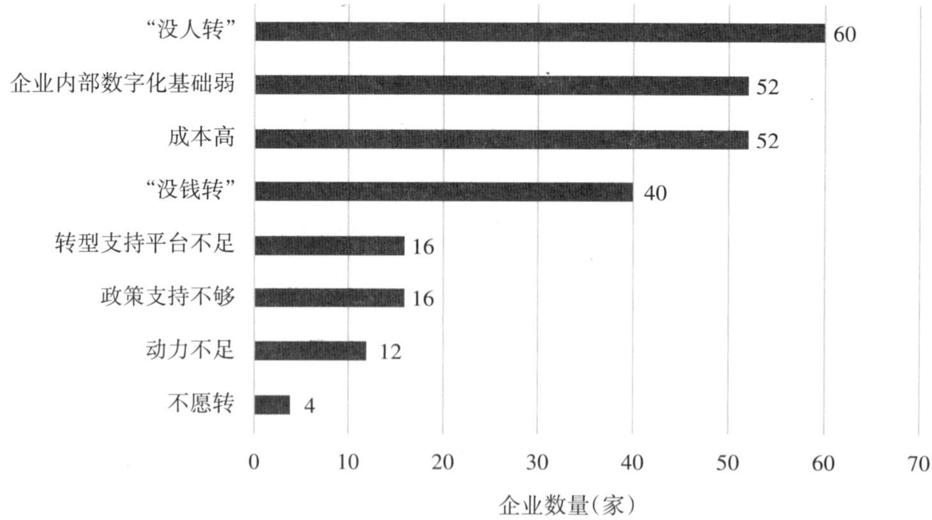

图2-14 非数字技术企业转型面临的困难排行榜

资料来源：课题组调查问卷统计所得。

(3)数字资产产权界定、评估、交易机制缺失

重庆具备较为良好的数据要素产业化的基础，前文也提到重庆为了规范数据要素的使用出台过一些管理条例。这些条例为促进数据要素产业化做出了努力，成效也十分显著，至少在现行法律体系内保证了目前市场数据要素的流动不至于无章可循，不至于与现行法律相悖。但重庆建设数字经济创新试验区以及智慧城市，仅有这些管理条例是远远不够的，尤其是在未来，随着数据要素的快速积累，新业态的不断涌现，一些条例甚至会阻碍创新。调研时就有不少企业强调希望有数据的确权、定价、交易规则的制度设计。数据确权滞后，是导致目前社会化数据交易流通困难以及数据交易中心无法建立及有效运转的主要原因。除此之外，推动数据标准建设，包括数据统计、数据清洗、数据开放、数据整合等标准建设都滞后。治标治本的措施就是解决数字资产产权界定、评估的问题以及建立起科学交易机制。明确产权是交易的基础，评估数字资产的价值是交易的前提，建立起合理的交易机制才能使数字资产自由流动，从而为数字经济注入活力。但目前数字资产产权界定、评估的问题以及建立交易机制问题在全国范围内均是难题，重庆需要积极探索，在该问题上提出自己的一套方法，为该问题的解决贡献重庆力量。

(4)数据要素平台企业应用转化能力和场景开发不足

重庆发展数字经济的优势之一就是数据要素较为丰富，但是这种优势并没有被充分开发，很重要的一个原因就是数据要素平台企业应用转化能力及场景开发不足。这种不足首先体现为数字技术产品本地化应用不足，其次是服务于本地实体经济改造能力不足。目前，数字经济赋能传统产业、产业数字化及智慧城市推进得如火如荼，这需要平台企业有较强的应用开发能力，同时适应不同的场景。尤其是建设智慧城市，对数据要素平台企业提出了极高的要求。重庆推行企业“上云上平台”，不仅是为了降低企业经营成本，也是为了提高企业的生产效率，这是一个良好的开端。政府对企业的人工智能技术应用于公益性事业、打通产品流通环节、开发本地应用场景没有具体的支持、普及和推广政策也是一个现实的问题。但总的来说，平台经济要继续发展不能仅仅依赖政府推进、项目推进，也必须让市场发挥决定性作用。只有增强平台企业的应用转化及场景开发能力，才能解决目前面临的诸多痛点，例如应用的兼容性差、扩容能力不足、协同能力差等问题。

2.4.3 数字经济创新发展的内生动力不足

(1)全国性的大数据总部企业主体缺乏

重庆近年来积极招商引资及培育本土企业，尤其是大数据企业，集聚大数据智能化企业7000余家，数字经济增加值占地区生产总值比重达到25%左右[①]，这些企业无疑加快了

① 资料来源：《重庆市人民政府工作报告》，2021年1月21日。

产业数字化及数字产业化的脚步，但无论是招商引资企业，还是本土企业，业务辐射范围集中于重庆及西南地区，没有具有全国影响力的龙头企业及全国性的大数据总部企业。企业存量不足，产业生态圈不理想，数字产业基础薄弱，总体上缺乏核心竞争力。单从大数据企业来看，2021年的《重点城市大数据发展指数报告》显示，重庆大数据企业760家，在50强城市中排名第十一位，与北京（3700家）、上海（1797家）、杭州（1182家）相比，仍有很大的差距，需要进一步扩大企业存量。又如，阿里巴巴、滴滴、腾讯等，设立在重庆的总部均为重庆总部或者西南总部。重庆本土的大数据企业例如南华中天、忽米网等虽然在重庆颇具影响力，但在全国范围内影响力不足。软件全国100强，重庆只有中冶赛迪一家，并且中冶赛迪在重庆生物产业规模小，供应链不完整，存在外包服务需求，但软件外包服务资源少。在解决吸引全国性大数据总部企业落户重庆的问题和解决本土企业总部在未来走出重庆走向全国还是继续扎根重庆这个问题上，重庆还有很长的路需要走。

（2）核心技术受限于人，原发性创新能力不足

核心技术受限于人，原发性创新能力不足，是长期以来重庆作为西部制造重镇的痛点。例如，重庆的汽车产业是典型的“大而不强”，目前生产的均是中低端车型，无论是传统汽车还是新能源汽车，核心零部件依赖进口。在“芯屏器核网”的全产业链打造上，“核（核心零部件）”是突破重点。在智慧农业发展上，生产环节农业物联网技术、大数据技术，销售环节互联网技术、溯源信息技术，在实际操作中智能化水平低，以监控作为主要内容，仅有部分地区会使用互联网技术和物联网技术，农业中大数据技术使用较少。总体来讲，并没有原发性的创新技术出现。除此之外，重庆的智能产业和智能制造研发领域的研发能力不足，主要体现在缺乏研发机构、核心研发成果及人才，导致原发性创新能力不足的问题。创新能力差距可以直观地从专利数量观察到，2020年重庆专利申请4650件，相比北京、上海、深圳、南京、广州、杭州等专利年申请量超万件的城市仍有不小的差距。2020年重庆专利授权量2321件，相比北京（22173件）、深圳（16754件）差距也比较明显。

（3）创新平台建设滞后，支撑数字产业创新发展动力不足

2016年重庆出台了《重庆市人民政府办公厅关于加快构建大众创业万众创新支撑平台的实施意见》，提出到2020年形成一批布局合理、各具特色、在全国具有影响力的四众①平台。在数字经济领域建设了西永微电园、西南大学（重庆）产业技术研究院、重庆仙桃国际大数据谷等产业创新平台。这些平台均成立年限较短，建设历史不长，平台建设存在诸多问题。第一，一些创新园区空置率较高，企业入驻较少。第二，产业创新平台成果转化率较低，入驻孵化的主要是相对成熟的项目，可能会忽略一些针对性较强、亟待解决的“高

① 众创、众包、众扶、众筹（以下统称四众）支撑平台。

精尖”技术。第三，“产学研”体系还未建立，产、学、研这三者在不少产业创新平台割裂较为严重。第四，平台与平台间合作机制不畅通，科技资源要素流动率及共享率较低，交流平台没有搭建起来，尤其是区县级数字经济创新发展联盟应该广泛建立起来，如永川成立的大数据产业联盟以及普惠政策平台，是可以推广的。第五，技术研发在未转化成成果前，企业需要大量投入，资金流转周期较长，平台内企业融资难问题依然存在。这些问题，在未来产业创新平台的发展中是必然需要解决的，这样才足以支撑数字产业创新发展。第六，企业在数字技术如何转换成知识产权专利问题上存在较大困惑，这需要政府加强指导。

(4)中小企业数字化转型共性服务平台偏少，服务能力和针对性不够

由于传统企业多，重庆产业数字化任务繁重。随着数字经济的发展，重庆的大中小企业均面临转型问题，重庆也鼓励企业积极转型。我们在调研中发现，传统企业转型意愿是十分强烈的，95.23%的企业愿意进行数字化转型，但在被问到是否已经进行了数字化转型时，69.11%企业的答案是否定的(大部分持肯定态度的企业运用的数字化技术的技术含量较低，尤其是农业企业，使用的技术多为监控、智能测温测湿、无人机农药喷洒等)。在持否定答案的企业中，80.89%的企业是中小企业。中小企业对进行数字化转型的心态是十分矛盾的，大企业可以依托规模优势、资金优势选择与相关数字技术企业合作、建立自己的研发团队或子公司，虽然成本较高，但是现金流充足，未来的收益也是可以覆盖成本的。对于中小企业，进行数字化转型、成立子公司不现实，建立研发团队成本较高，最优选项是依托数字化转型服务平台，但是在重庆并没有专门的为中小企业服务的共性服务平台。一些数字技术企业会为中小企业提供数字化转型服务，但其提供的技术与解决方案可能只适合某一类公司，甚至是某一类业务，对于其他类型的企业可能就缺乏针对性，不能大规模推广。中小企业本就业务规模不大，数字化转型投入巨大，需要人、财、设备的重新匹配，改造成本高，这种局面下数字化转型的收益大概率无法覆盖成本，或者企业根本无力承担数字化转型带来的资金压力，“不会转、不敢转、不能转”。而数字经济的发展态势，又让企业陷入“转型找死、不转等死”的两难困境。在这样的局面下，市级财政支持实体企业数字化转型的投入太少，区县对存量企业的数字化转型基本没有扶持政策，数字经济发展的具体规划和政策也十分模糊，未厘清重点发展领域，无法为企业提供有针对性的服务。

(5)新业态培育不足，新动能未得到有效释放

重庆建设智慧城市对重庆数字经济新业态提出了较高的要求，建设智慧城市需要数字经济与生产生活高度融合。但是，重庆数字经济新业态不足以支撑重庆建设智慧城市。

由于依托的技术难易程度、终端的可获得程度及投入成本不同，数字经济新业态在各个领域发展水平参差不齐。在生活领域中，在线教育、线上办公、直播、电子商务、微商等数字经济新业态发展较好，推进较快。由于疫情冲击，重庆还在不断地涌现新业态，这些新业态多集中在消费领域以及服务业领域。互联网医疗、产业平台化发展、传统企业数字化转型、工业互联网等的发展十分缓慢，甚至在这些方面并未形成完善的新业态。在生产效率提高上，数字经济带来的新动能并未完全释放，不利于产业数字化发展。重庆是制造业重镇，必须让工业搭上数字经济的快车，加快工业领域及一些高端技术领域的数字经济新业态形成，为数字经济发展打下稳固根基。

2.4.4 数字经济创新发展的体制机制不顺畅

(1)数字经济资格认证体系不健全

在数字经济发展过程中，会出现许多有全新价值的中小企业，但是由于缺乏政府层面的资质认定，其价值并不被社会广泛认可，在推进业务时，会遇到许多阻碍。第一，重庆没有建立互联网企业认证中心，对互联网企业、软资产数字技术企业认可度低，与传统企业不同，互联网企业固定资产投入少，人力投入多，主要进行技术创新，和传统企业区别较大。例如申报政府项目及进行报账的规律就不符合软资产企业的规律，在项目考核或者报账时，政府出于谨慎考虑，会要求企业将资金购置大量固定资产，部分互联网企业为获取政府支持会购入IDC，这些IDC会成为企业负担，因为大部分互联网企业都依赖云储存，自己投入IDC是不划算的，这使政策初衷与实际效果背道而驰。第二，未推广电子签章认证，对于企业来说，电子签章有不需要面对面、提供认证服务、极速签发、安全可靠性高的优点，为企业投融资及业务办理提高了效率。但目前没有，需要尽快推广。第三，没有平台经济的认证机构以及高新技术企业资质认证单位。很多数字经济企业的业务是产业互联网服务，重庆没有相关政策专门支持这类平台经济的发展，也没有认证机构进行专业资质认证。平台经济企业很难被定性为高新技术企业，也得不到同等的优惠政策支持。

(2)数字经济新业态(网络直播等)监管体系不健全

对于数字规则、数据安全、网络安全、消费者个人隐私权益保护、平台经济领域反垄断指南，没有形成法律体系，在数字经济新业态的监管体系方面存在很大漏洞。数字经济新业态监管体系的不健全体现在以下三个方面：第一，数字经济新业态出现时，一般是在现行规章制度内加强监管，这样的监管往往存在滞后性，监管会变成限制，限制数字经济新业态的发展，限制其迸发出新的经济活力。第二，由于第一种情况的日益加剧，监管者意识到监管不是限制发展，所以强调以良法善治促进数字经济新业态，希望在包容审慎中找到监管的平衡点，但是由于数字经济新业态日新月异，监管盲区不断涌现，并且是跨行业、行业交叉，甚至是创造出一个全新的行业。目前在数字经济内部并没有一套成体系的标准，那么对于数字经济新业态的监管依照什么标准是一个难题，数字经济新业态相关的法律及规章制度也较为分散。第三，相较于传统经济业态，对于数字经济新业态的监管不但存在制度鸿沟，还存在着技术鸿沟，这无疑加大了违规的隐蔽性及监管难度。总之，对于数字经济新业态的监管，由于还没有健全的监管体系，监管部门的心态是十分矛盾的。

(3)统筹协调、统计监测、决策支撑机制不完善

从国家级层面出发，并没有专门的大数据职能机构，主要由工业和信息化部管理。数字经济发展的统筹规划职责分散在国家发展和改革委员会、国家互联网信息办公室、工业和信息化部等部门。

从省级层面出发，数字经济主要由发展改革委统筹协调，市经信委负责智能制造、产业数字化，市大数据局负责智慧城市、数字产业化(含软件产业、数据产业)，市农委负责智慧农业与数字乡村。这四个部门的业务有着千丝万缕的联系，彼此间也有合作，数字经济项目多为合作项目。由于部门之间的深度合作与交流并不多，所以存在着数据孤岛及业务孤岛现象。市大数据局、市经信委、市农委在数字经济发展规划上涉及九个部门，在资金安排及行动步调上并没有统筹一致。

从区县级层面出发，数字经济一直缺乏科学的、具有前瞻性的规划，区县间也并没有错位发展，数字经济同质化现象突出。职能部门的职责划分不明显，绝大多数区县级部门没有独立的信息化部门，工作机制不健全。例如，教委没有专门的机构管理智慧教育板块，江津、永川的大数据局至今没从发展改革委独立出来。从项目层面出发，出台的政策的实际效果往往与政策初衷相悖。例如，增值税地方返还以鼓励企业创新，但是返还比例太低，贵州返还比例大约50%，重庆返还比例只有17.5%。支持政策太少，主要是引导性资金支持不足，支持面不广。在一些支持项目中，项目的验收资产标准与考核投资比例不符合企业的实际情况，使不少企业望而却步。

(4)数据要素跨境流通及治理规则不健全

数据要素治理是一个基于技术及法理的全球难题。数据要素要实现跨境流通，就必须解决数据治理中出现的问题，例如数据分级分类、数据产权界定、数据评估及交易标准、数据资产目录等，这些问题得不到解决，要素在重庆境内也很难实现流通。跨境流通不单需要解决数据治理的问题，还需要省际合作、国际合作，统一跨境流通的标准，制定与各方利益不相冲突的法律及法规。中国在数字经济国际合作及要素跨境流通标准制定等方面必然会扮演十分重要的角色，重庆需要拿出一套自己的解决方案，为数据要素跨境流通作出贡献及取得话语权。

(5)数字经济金融支持机制及上市企业培育机制不健全

数字化转型的人力、设备、资金等投入是巨大的,企业十分需要完善的金融支持,但重庆的金融服务环境较差,企业发展的资金约束较大。

第一,融资难普遍存在,风险投资不足。尤其是农业企业长期面临融资难题。农业资产缺乏产权界定及认证证书,土地经营权缺乏抵押融资能力,在一定程度上使农业企业抵押融资能力不足,金融机构又普遍不认可农业资产抵押融资,从资金层面制约了农业智能化转型。产业数字化及数字产业化在发展期间均会面临大量的资金需求,加上重庆风险投资较少,金融排斥及上市融资难是普遍的。在融资环境上,7% 的企业选择了非常满意,13% 的企业选择了满意,65% 的企业选择了一般,15% 的企业选择了不满意与非常不满意。

第二,上市公司培育机制缺乏,上市辅导成本高,接受辅导的企业数量较少,2019—2020 年接受辅导的企业只有 7 家,位列几大城市末尾(如图 2-15)。重庆及中西部的企业均对市场敏感度不高,上市意愿不强,上市公司较少,重庆地区在沪深上市公司数量排名第十三,远低于第七的成都(如图 2-16)。并且重庆没有新经济领域的科创板上市公司,而成都有 80 多家,佛山有 60 多家。

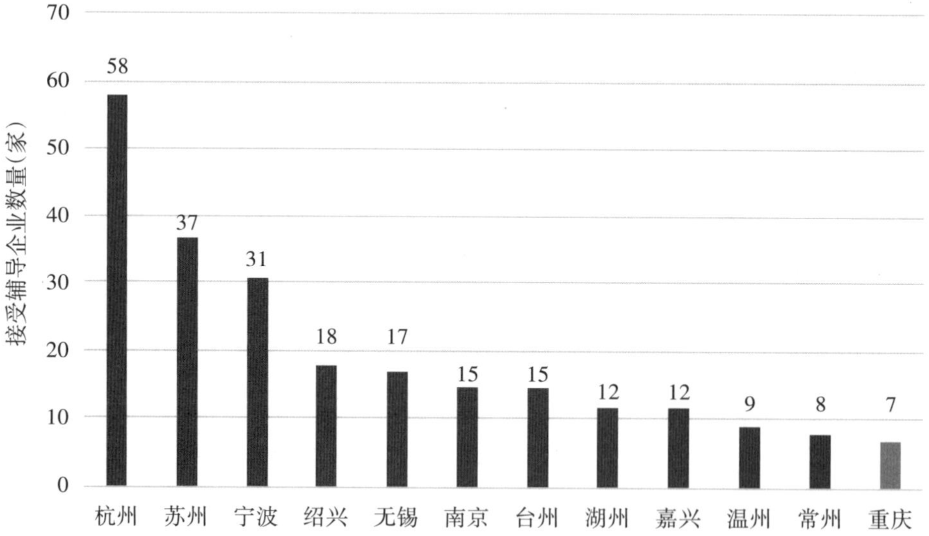

图 2-15 2019-01-01 至 2020-09-16 证监局公示接受辅导总结企业数量

资料来源:西南证券。

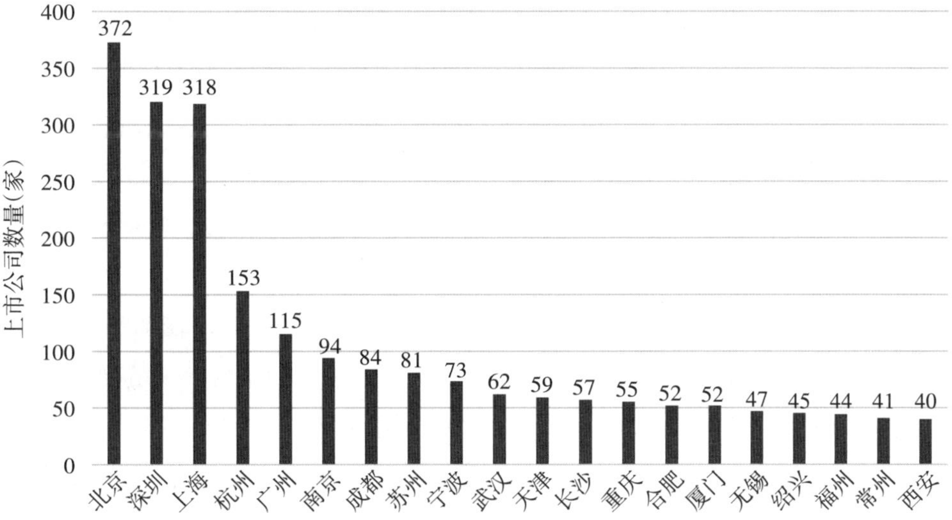

图2-16 各地区在沪深上市公司数量情况

资料来源：西南证券。

总的来说，重庆在鼓励数字经济创新发展的机制体制上障碍颇多，除了上述问题之外，农业企业还面临用地问题，发展智慧农业以及新型农业经营主体对建设用地需求较高，经营性用地只能用集体建设用地，农业设施一旦改变用途，农业企业可能会面临政府的严查，从用地层面制约了农业智能化转型。这些问题都需要从制度层面设计一套合理的方案对其加以解决。

2.4.5 数字经济创新发展的国际国内合作不足

(1)成渝两地在数字经济创新领域的合作力度不够

成渝两地在数字经济创新领域合作力度不够。第一，行政上的割裂使成渝两地数字经济产品、人才、资金不能自由流动，并且在数字经济规划、建设等问题上不断出现重合、重复、重构的问题。这抑制了成渝两地在数字经济上的分工合作，削弱了规模效益，不利于成渝两地协同发展及成渝地区双城经济圈的建设。第二，成渝两地产业结构相似，重合度高，工业同构指数达到0.83(1为完全相同)，战略定位也难免趋同，尤其是数字经济的兴起，重庆与成都势均力敌，均希望在数字经济时代有所建树，成为西部经济发展的火车头，没有建立起权责清晰、利益划分明确的合作机制，在空间发展战略上缺乏对接，在具体产业和高端平台的建设上更是竞争激烈。从《重庆两江新区经济社会发展"十二五"规划》以及《成都高新区推进"三次创业"支持战略性新兴产业企业加快发展的若干政策》两个文件来看，双方"立足省(市)内发展"意图明显。第三，由于成渝经济圈内人口达到百万级的大城市较少，中小城市较多，而劳动力、资金等要素均向大城市聚集，成渝两地过度膨胀，却并没有带动成渝经济圈内的中小城市发展，在一定程度上通过虹吸效应还抢占了中小城市的生存空间。中小城市发展基础薄弱，在数字经济建设上相对滞后，合作能力有限。

(2)长江经济带绿色发展中数字化合作程度不高

在推进长江经济带绿色发展中，重庆与四川、云南、贵州签署了《关于建立长江上游地区省际协商合作机制的协议》，旨在建立上游地区省际协商合作联席会机制，推进生态、基础设施等领域一体化发展；与四川签署了《关于加强两省市合作共筑成渝城市群工作备忘录》，旨在强化成渝城市群一体化建设。由此可见，重庆与周边省市在加强区域协调与区域合作上意愿较强。但由于长江经济带覆盖了我国11个省，这11个省东西跨度大，内部经济发展处于不平衡不充分的状态，长期以来的经济差距使长江经济带城市难以统筹发展，尤其是在各种标准均不成熟的数字经济领域。数字经济合作要面临本来就存在的难题，例如区位差异、资源禀赋差异、基础设施差距、经济实力差距以及行政壁垒等，这些现实问题使长江经济带传统要素流动困难，数字要素流动的难度可想而知。除此之外，数字经济发展也面临新的难题，重庆处于长江中上游，数字经济发展目标是建设智慧城市和发展智能制造，推进数字经济与实体经济高度融合，持续推进工业化与城镇化，而长江中上游的城市大多数都是这个定位，彼此间竞争大于合作，甚至会出现利益冲突，发展呈条块状。而长江下游的数字经济正在逐步形成高增值、高技术、高集约的知识经济。长江下游的城市与重庆处于不同的发展阶段，合作面不大，相互促进作用有限。以上的差异使长江经济带建立健全长江流域全智慧型基建应用生态链的难度加大，但它是决定长江经济带成为世界级经济带的关键。

(3)重庆在"数字丝绸之路"国际合作中的引领带动能力不强

"数字丝绸之路"旨在加强"一带一路"合作伙伴在前沿领域的合作，推动大数据、云计算、智慧城市的建设。重庆是"一带一路"与长江经济带的重要连接点，又是数字经济创新试验区，在"数字丝绸之路"上应该大有作为，成为参与国际竞争与合作的重要窗口。但是重庆在"数字丝绸之路"国际合作中的引领带动能力不强，原因是多方面的：第一，重庆自身数字经济发展并不充分[①]，虽然数字经济发展在西南地区处于较高水平，但低于全国平均水平，位于第三梯队(如图2-17)。发展存在诸多尚未解决的问题，尤其是在产业数字化转型上，重庆传统企业较多，转型任务重，正处于数字经济的探索阶段，其实力并不足以让重庆数字经济具有辐射周边国家的重大影响力。第二，一些"丝绸之路"共建国家新型基础设施建设较为落后、数字金融发展缓慢，这影响着重庆与这些国家的合作效率。在数字经济合作时，重庆面临与共建国家数字治理规则和监管水平存在差异的问题，沿线区域

① 资料来源：中国电子信息产业发展研究院发布的《2019年中国数字经济发展指数》。

数字规则尚未建立和统一。第三,双方均面临的问题便是缺乏既懂技术又懂语言,还能够对外交流合作的复合型人才。除了以上三点,重庆在“数字丝绸之路”国际合作中还面临诸多障碍,成为带动引领者还有很长的路要走。

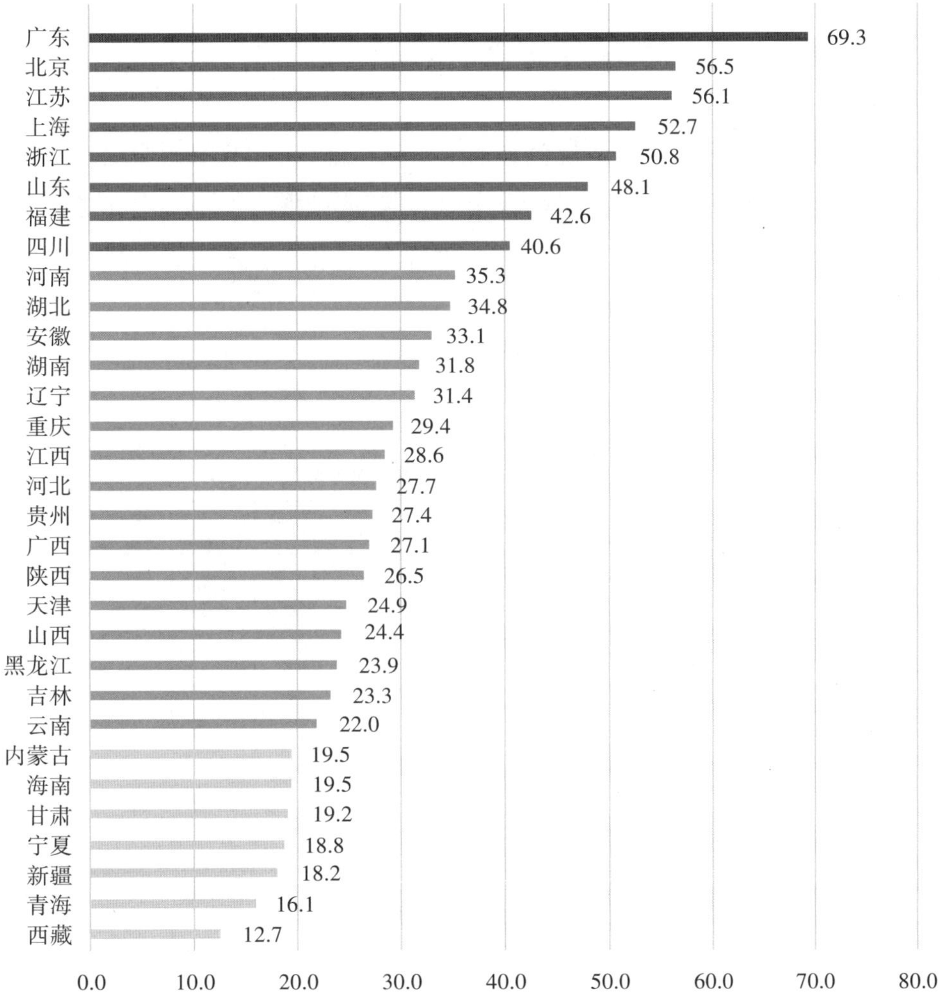

图2-17 2019年全国各省(区、市)数字经济发展指数

资料来源:中国电子信息产业发展研究院。

2.5 重庆数字经济创新发展的目标

2.5.1 2025年短期目标

到2025年，建成高质量发展、高品质生活的智慧城市，成为具有全国影响力的重要经济中心、科技创新中心、改革开放新高地、高品质生活宜居地。

(1)量化目标

计划到2025年，重庆数字经济规模进入全国城市前六强，数字产业化增加值争取达到5000亿元，尤其是在物联网、大数据、数字内容、智能硬件方面争取实现增加值增长率保持在18%以上，产业数字融合率达到30%，产业数字化增加值争取达到10000亿元，数字经济增加值达到15000亿元，数字经济增加值年均增长率达到22%以上，数字经济占地区生产总值的比重达到45%以上，数字经济发展综合水平继续位于全国第一方阵(如表2-6)[①]。

表2-6 2025年重庆数字经济发展的量化目标

类别	指标	2020年	2025年
数字经济总量	数字经济增加值(亿元)	6387	15000
	数字经济占地区生产总值的比重(%)	25.5	45
	数字经济增加值年均增长率(%)	18.3	22
数字产业化	数字产业化增加值(亿元)		5000
	规模以上电子信息制造业主营业务收入(亿元)		
	软件和信息服务业主营业务收入(亿元)		
产业数字化	产业数字化增加值(亿元)		10000

(2)质性目标

第一，统筹推进信息、融合、创新基础设施建设，全智慧型基建应用生态链健全。

第二，壮大现代产业体系，着力推动经济体系优化升级。“芯屏器核网”全产业链、“云联数算用”全要素群、“住业游乐购”全场景集优化完善。

第三，促进智能产业、智能制造、智能化应用协同发展，集中力量建设“智造重镇”“智慧名城”，推动数字经济和实体经济深度融合，数字产业化走向成熟，产业数字化基本成型。

①《重庆市数字经济“十四五”发展规划(2021—2025年)》所确定的数字经济增加值为1万亿元，本课题确定的目标高于该规划，依据在于本研究使用的是数字经济大统计口径，涵盖数字产业化、产业数字化、数字治理化等内容。

第四，数字经济新业态助力乡村发展，丰富乡村业态，一批国家数字乡村初步建成。

第五，加快财政与金融的融合，创新金融科技，建立起现代金融体系和全国第三极资本市场，成为西部地区辐射范围广、带动能力强的西部金融中心。

第六，在西南地区数字经济发展中发挥支撑作用，推动成渝地区建成实力雄厚、特色鲜明、具有国际影响力的数字经济增长极。

第七，提高开放水平，加快建设内陆开放高地，共建“数字丝绸之路”，成为沿线重要的数字经济引领力量。

2.5.2 2035年中期目标①

到2035年，数字要素全面激活，数字经济、数字社会、数字政府基本建设完成，成为生产方式、生活方式、治理方式全面数字化的智慧城市。

第一，数字经济优势形成，在数字技术创新上，掌握核心技术，尤其是芯片、智能操作系统、通用系统处理器、云计算系统、软件核心技术等方面。形成全新的创新格局，数字创新领域知识产权保护的相关法律体系健全，鼓励企业积极参与数字经济创新。在数字产业化方面，培育出规模较大的大数据、网络安全、人工智能等数字产业，提升核心电子元器件产业水平。构建起基于5G的应用场景，促进共享经济、平台经济壮大。在产业数字化方面，基本完成转型，企业完成“上云”，在一些制造业领域建成具有国际水准的工业互联网平台及数字化转型中心。构建智慧农业，推动农业生产及销售的全过程数字化赋能改造。

第二，数字社会建设完成。为市民及游客提供智慧便捷的公共服务，鼓励社会力量参与，尤其是在医疗、养老、教育、就业等方面，要与数字化深度融合，加强应用开发，扩大智慧社会辐射范围，尤其是农村地区。建设智慧城市，统一规划智慧型公共基础设施，构建出完善的智慧城市管理运行平台及城市数据大脑。建设数字乡村，构建面向农业农村的综合信息服务体系，建立涉农信息普惠服务机制，推动乡村管理服务数字化。

第三，数字政府建设完成。公共数据开放共享，建立起公共数据资源库，数据跨行业、跨部门、跨地区流动，打破数据孤岛。政务信息化共建共用，建设标准统一的政务云平台及数据中心，提升部门协作能力。政务流程数字化、智能化，提升服务能力及决策科学性，全面提升政府处理问题的效率及能力。

第四，数字生态运行良好。数据要素市场规则健全，完善数据分级分类尤其是数据的产权、安全、流通的制度及规范，交易机制、数据市场的运行机制等。完成涉及国家安全及隐私保护等方面的基础立法。政策环境规范有序，构建起与数字经济发展相匹配的政策体系及统计决策标准。加强网络安全保护，推动构建网络空间命运共同体。

① 参考《中华人民共和国国民经济和社会发展第十四个五年规划和2035年远景目标纲要》。

2.6 重庆数字经济创新发展的总体框架

要实现重庆数字经济发展的中长期目标，需要从数字产业化、产业数字化、治理数字化三大领域科学谋划，重点培育相关项目及其产业生态体系。根据现有发展基础和未来发展趋势进行综合研判，重庆市数字经济创新发展的总体框架应涵盖数字产业化、产业数字化、治理数字化三大领域，其具体发展重点如表2-7所示。

表2-7 重庆数字经济创新发展的总体框架

<table>
<tr><th>产业领域</th><th>产业类型</th><th>产业亚类</th><th>重点发展的具体业态</th></tr>
<tr><td rowspan="7">数字产业化</td><td rowspan="3">大数据产业
（数据价值开发）</td><td>数据资源化</td><td>大数据公司和数据处理中心（主要业务：数据采集、数据标注、数据清洗、时序数据库管理、数据存储、数据挖掘与分析）</td></tr>
<tr><td>数据资产化</td><td>大数据应用发展管理局（主要业务：数据确权、数据价值开发、数据要素市场建设、数据保护）</td></tr>
<tr><td>数据资本化</td><td>大数据交易市场及服务中介（主要业务：数据定价、数据交易、数据要素证券化）</td></tr>
<tr><td>数字设备制造</td><td></td><td>工业机器人制造，特殊作业机器人制造，光纤制造，光缆制造，计算机、通信和其他电子设备制造业，计算机和办公设备维修，家用电子产品修理</td></tr>
<tr><td>数字信息传输</td><td></td><td>电信、广播电视传输服务、卫星传输服务</td></tr>
<tr><td rowspan="2">数字技术服务</td><td>软件和信息技术服务</td><td>软件开发、集成电路设计、信息系统集成和物联网技术服务、软件与信息运行维护服务、信息处理和存储支持服务、信息技术咨询服务、数字内容服务、其他信息技术服务</td></tr>
<tr><td>互联网服务</td><td>互联网接入及相关服务、互联网信息服务、互联网平台、互联网安全服务、互联网数据服务、其他互联网服务</td></tr>
<tr><td rowspan="3">产业数字化</td><td>农业数字化</td><td></td><td>智慧农业、现代农业产业园、农业供应链数字化、农产品电子商务</td></tr>
<tr><td>工业数字化</td><td>智能制造</td><td>智能车间、智能工厂、工业互联网、汽车自动化与智能化</td></tr>
<tr><td>服务业数字化</td><td></td><td>智慧政务、智慧教育、智慧医疗、智慧社保、智慧民政、智慧社区、智慧城市、智能家居、智能金融、数字文创、数字乡村、营商环境数字化</td></tr>
<tr><td>治理数字化</td><td>城乡治理数字化</td><td></td><td>城市大数据平台、智能化政务审批系统、智慧城市信用体系、公安治理数字化、市政管理数字化、生态环保数字化、应急和自然资源管理数字化、智能化监督决策系统</td></tr>
</table>

资料来源与说明：根据重庆现有产业基础和未来发展需要整理。

2.7 本章小结

本章对重庆数字经济发展创新的优势和短板进行了分析,同时也对重庆发展数字经济的目标进行了展望。重庆发展数字经济有中西部地区唯一直辖市、国家重要中心城市等体制优势,“一带一路”建设及长江经济带重要连接点的地理区位优势,交通、物流、贸易畅通,积极参与国内外合作与竞争。除此之外,重庆有广阔的消费市场以及发达的旅游业,第三产业占GDP比重不断上升,制造业正在向“重庆智造”发展,产业基础雄厚,这些都有助于重庆发展智慧城市。国家数字经济创新发展试验区的挂牌也使重庆拥有先行先试的政策优势。但是,也应该认识到重庆在数字经济发展上与东南沿海地区存在着较大差距及诸多问题。一些问题是重庆需要克服的地区性问题,如金融约束较大、竞争力不足、机制体制不顺畅、创新平台建设不完善等;一些问题是需要国家顶层设计解决的问题,如数字产权如何科学界定、数字经济统计标准如何科学制定、数字经济领域的法律法规制定准则等。

发展数字经济是西部欠发达地区完成经济弯道超车的机会,机遇与挑战并存。重庆发展数字经济的战略定位并不是模仿发达地区所走的数字经济道路,也不是挑战其已经形成的数字经济优势,而是需要走一条“特色道路”。重庆要充分认识到自身的制造业优势,促进制造向“智造”转型;也要认识到数字经济企业发展的核心要素需要从土地、补贴、政策,转变为数据、场景、市场等新的要素,向沿海发达地区学习,加强新的要素构建。同时,也要认识到东南沿海地区在数字经济发展上具备先发优势,以及发展阶段不同带来的合作鸿沟,应该与西南地区五省份展开紧密的分工合作,尤其是成渝地区双城经济圈的建设,双方均应立足于数字经济发展的大局,求同存异,合作共赢,尤其是加强政府间的沟通。在对外开放上,重庆应立足于自身制造业基础,摆脱物理空间区位限制,利用平台企业形成更大规模的制造业集群,不断突破制造业中的“高精尖”技术,用高质量、高附加值的产品抢占国际市场,尤其是与“一带一路”共建国家建立紧密合作关系,提高重庆的国际地位。

第3章　重庆数字经济创新发展的重点领域

在前文系统梳理了重庆数字经济创新发展的优势、现状和短板之后，需要立足于未来发展目标，明确重庆数字经济创新发展的重点领域。结合国内外数字经济发展态势和重庆实际，本章将依次梳理重庆未来数字产业化、产业数字化和治理数字化的重点领域，为后续重点示范区布局发展、体制机制与政策优化确定“靶向”、立好“靶心”。

3.1 重庆数字产业化创新发展的重点领域

前文分析表明，数字产业化是发展数字经济的重要内容，是产业数字化和治理数字化的基础，是推动经济高质量发展的重要驱动力，是当前和今后一个时期各地区产业竞争和经济角逐的主战场。当前，重庆市正面临产业转型升级的历史性窗口期和战略性机遇期，处于经济社会发展的新旧动能转换的关键期，加快推进数字产业化，拥抱经济发展“新蓝海”，将为重庆构建现代化经济体系、推动经济高质量发展提供新支撑、增添新动能。重庆要推动数字产业化发展，应围绕以下重点领域展开：

3.1.1 加快推动数据要素的资产化与价值化

(1)推动数据要素资产化

在信息化基础上积累的大数据都是基于互联网基础设施的产物，而在这个基础设施之上的信息化是由不同经营主体投入包括归属在其名下的资金、设备、劳动力和技术等多种生产要素所产生的成果，这些数据要素由不同的主体所拥有，沉淀于服务器之中，处于杂乱无序的状态，是未经加工、筛选、脱敏而不可使用的数据资源，最终形成了规模、属性不同的数据孤岛。同时,在互联网环境下会天然形成数据分配不公的情况,大数据主要集中在政府部门、大型互联网技术枢纽企业,以及提供各类社会服务的企事业单位信息化主机当中。

在数字经济创新发展的过程中,可以直接挖掘生产生活价值的数据要素集聚是基础。原始数据不可用,需要对原始的海量数据进行脱敏清洗、整合、确权,实现数字要素资产化,才能交易与使用,这需要加快发展大数据托管、清洗、整合与转化运用平台,推动建设数据平台企业集聚区和示范区。

基于重庆数字经济创新发展的客观需要,应积极发展相应的大数据聚合平台机构,对全社会的大数据进行属性梳理、合理汇聚、产权界定,并实行分类管理。极端重要的涉密数据资源由政府统一保护和管理;一部分由全民共创、应当共享的公益性数据要素应向全社会公开,供全社会免费开发使用;此外的大部分数据则是由不同主体根据其商业需求汇聚、生产、创造的数据要素,应通过市场化平台实现托管、清洗、整合,并通过政府确权,将数据从元数据依次转化为结构化数据、可视化数据,形成数据资产。鼓励数字资产管理平台通过"互联网+"模式提供数据测试评估、数据开放、研发工具、成果转移转化、投融资对接、创业孵化等服务。

(2)推动数据要素价值化

2020年3月30日颁布的《中共中央 国务院关于构建更加完善的要素市场化配置体制机制的意见》中提出了深化土地、劳动力、资本、技术和数据要素市场化配置改革,还特别强调引导培育大数据交易市场,依法合规开展数据交易。数据要素的核心就是数据产权确权与交易,最终实现数据要素的价值化,因此数据要素产权交易市场应当是数据要素价值化的重要载体。

促进数据要素价值化,重庆需要加快建立健全数据交易机制和定价机制,引导培育数据要素交易市场。数据交易的基础是数据标准化。2021年1月,重庆启动了《重庆市大数据标准化建设实施方案(2020—2022年)》(下称《方案》)。《方案》提出,到2022年,重庆将参与国家大数据共享开放标准、数据安全标准研制3项以上,参与示范应用5项以上,推动研制大数据标准规范20项以上。重庆成为国内首个出台大数据标准化工作方案的省市。该《方案》围绕推动全市数据资源"聚通用",以数据资源管理、新型智慧城市建设为重点,提出建立完善涵盖基础数据、行业应用等多层面的大数据标准体系。该《方案》还围绕推进城市大数据资源中心标准体系建设、完善数字重庆云平台标准体系、完善智慧城市综合服务平台标准体系等10个方面,提出了21项重点任务。在数据标准化的基础上,数据交易是数据要素价值化的主要手段,应进一步明晰数据产权确权管理机构及数据产权交易制度。

国内部分地区已经尝试建立数据交易平台体系，如2014年建成的贵阳大数据交易所和2016年建成的上海大数据交易中心等。上述交易机构从数据要素的特征出发，在笼统的大数据资产的交易品种、模式和规则等方面做出了有益的探索。在此基础上，重庆可尝试从基于产权属性的角度设计数据交易规则，尤其要重视涉及国有数据产权、公共资源的管理原则，数据产权交易应当遵守产权确权、产权登记、产权价值评估、公开挂牌、进场交易等方面的规定，持续有效地推动数据要素的价值化。

(3)推动数字技术协同创新

数据要素要依赖于数字技术才能转化为现实生产力。数字技术是支撑数字经济发展的基础性技术，关乎数字经济发展的安全性、稳定性、持久性。在数字经济发展过程中，合并大数据和机器学习有利于组织提高数据价值，并扩展大数据应用程序的分析能力。而提高大数据应用程序的性能，能够进一步增加数据的商业价值。为了提高这种性能，需要提高计算能力和运行效率，并减少计算资源需求和数据存储成本。另外，从数字科技中也能感受到发展的高速度，现在又到了数字技术本身的发展阶段，摩尔定律已经接近极限，计算芯片的物理极限是1纳米，然后就需要新的计算架构，底层的基础计算颠覆性技术，包括材料、器件等都处在革命性窗口期。而在其背后，支撑的已不是冯·诺伊曼架构下的体系，还有以电子为载体的计算技术，需要在基础领域有颠覆性的创新和革命性的突破，进入数字经济算力算法，特别是算力这种革命性爆发的窗口期。

为了深入挖掘数据要素的价值，重庆应加强新一代信息技术创新，促进新一代移动通信、智能终端等数字技术研发和产业化运用，这就需要深化数字科技领域的产学研合作，引进一批高质量的数字技术协同研发平台，强化数字技术人才的培育体系，完善数字科技产业化发展的政策体系，更好地发挥科研院所在基础研究领域中的作用，为数字经济创新发展提供技术基础，加快完善数字技术校企协同创新机制，促进数字技术广泛推广使用。

3.1.2 加快发展数字设备制造业

在数字设备制造方面，重庆已逐渐形成“芯屏器核网”产业架构，在现有基础上，应坚持以大数据智能化创新引领驱动发展为主线，围绕打造“芯屏器核网”产业生态圈，加速产业配套链、要素供应链、产品价值链、技术创新链“四链融合”，完善集成电路、新型显示、机电等核心链条的产业结构和配套服务。

(1)持续发挥电子信息产业优势

电子信息产业是战略性、基础性、先导性产业，也是创新最活跃、带动性最强、渗透范围最广的产业，是全球主要国家竞争的战略领域。重庆是国内发展大规模集成电路最早的城市之一，我国第一块大规模集成电路就出自重庆。近年来重庆着力补链、建链、强链，电子信息产业营业收入突破7000亿元。2020年重庆签下了一批集成电路制造、工艺平台、新一代显示技术等领域的重大项目，包括华润微电子12英寸功率半导体晶圆制造项目、CUMEC（联合微电子中心）项目、京东方第六代AMOLED柔性面板项目。目前，重庆已形成包含计算机整机及配套、手机整机及配套、集成电路、新型显示等在内的电子信息产业体系，这已成为重庆主要的支柱产业之一。

下一步，重庆应立足于现有优势，顺势而上，推动电子信息产业向更高水平、更大规模发展，加快培育以世界级电子信息产业集群和具有全球竞争力的一流企业为支撑的电子信息产业生态圈，打造具有全面影响力的电子信息产业“生态群落”。首先，着力补齐行业基础研发能力、电子材料等方面的短板，持续提升集成电路设计、制造、封装、测试水平，强化基础核心原材料配套；进一步优化、稳定、补齐产业链和供应链，延伸产业链条，加快建设新一代信息技术产业集群，促进电子信息产业集群化、集约式、良性健康和可持续发展。其次，加快建设国家重要功率半导体产业基地，培育高端功率半导体芯片和存储芯片等项目，抓好联合微电子中心、英特尔FPGA中国创新中心等项目。再次，稳定现有智能终端产量，引进一批品牌手机生产项目，发展智能音箱、智能穿戴等新产品，进一步巩固世界级智能终端生产基地，积极发展壮大液晶面板产业，加快京东方第六代AMOLED柔性面板项目建设，实现“屏”业提档升级。最后，坚持软件和硬件并重，产业配套链、要素供应链、产品价值链、技术创新链“四链融合”，围绕核心技术需求，着力打造多方参与、多平台合作、产学研结合、技术转移和成果转化的产业链创新机制，开展跨区域的研发、制造、服务、消费等全方面合作。

（2）培育发展工业（智能）机器人产业

工业（智能）机器人产业的发展是衡量一个国家或地区制造业水平和科技水平的重要标志。培育发展工业（智能）机器人产业是重塑制造业竞争优势的重要工具和手段，同时也是加快工业转型升级的必要途径。因此，作为“制造重镇”，重庆更应该积极推动工业（智能）机器人产业的发展，这对于重庆制造业提档升级、建设“智造重镇”将是新的契机。

培育发展工业（智能）机器人产业应聚焦以下几个方面：一是加强关键共性技术攻关，制定智能机器人关键共性技术攻关清单，重点聚焦智能机器人操作系统、中间件应用平台、云平台、智能传感器、测试与可靠性验证等领域；二是打造高水平机器人技术创新平台和创新服务综合体，部署建设机器人创新中心等，加强“产学研”合作；三是大力推动产业集群化和集成应用，重点支持一批机器人产业链协同创新产业化项目，力争在高性能工业机器人控制器、减速器、伺服电机等领域取得重大突破，打造一批标志性拳头产品，同时依托产业联盟、行业协会等资源，打造对接平台，组织对接活动，引导机器人本体企业联合产业链上下游企业、应用企业、金融保险机构等；四是建设工业机器人和特殊作业机器人特色示范基地，推进机器人产业园等特色平台建设，带动多区域协同发展；五是谋划布局机器人交易平台与市场，提供机器人交易评估、场景展示、工程设计、维修保养等综合服务，支持建设机器人再制造服务平台，提供二手机器人交易评估、拆解维修、再应用等服务。

(3)加快培育和发展数控机床产业

面对世界经济格局和机床市场需求结构的升级转变态势，在“十四五”期间，政府要对机床工具产业企业加大创新产业政策支持力度，相关企业自身也应加强基础技术创新研究、提升产品品质与性能，以及转型升级等工作，并在政府产业政策支持下，构建上下游产业新型供需关系，满足用户个性化、定制化需求，从过去单一产品销售导向转变为以向用户提供成套系统解决方案和专业服务为主的市场导向。

为了更好地满足国内外用户企业个性化、定制化、专业化的服务需求，在“十四五”期间，重庆数控机床的发展应立足于以下几点：一是加强数控机床企业创新平台建设能力，提升产品性能，突破关键核心技术，以解决技术卡脖子问题；二是加强信息化建设，不仅要实现制造过程自动化，还需具备数据通信接口，将其有效融入智能化车间运行过程；三是利用新一代数字控制技术、多通道协同控制技术、AI视觉技术，采用高速高精度自动化部件，利用复合加工技术和自动化集成技术，将工艺流程中两序或多序加工进行集成；四是构建基于大数据的专家工艺决策库，为用户提供工艺决策和实时数据优化的交互软件，以及基于工业互联网和大数据的远程通信、故障诊断、软件升级功能和服务。

(4)创新发展工业物联网①

物联网是新一代信息技术的代表和发展数字经济的重要支撑，促进物联网与工业深度融合，创新发展工业物联网，将为重庆经济高质量发展注入强劲动能。重庆可依托两江新区、重庆经开区、永川区，加强物联网硬件制造、系统集成和运营服务，建设国家物联网产业示范基地。依托合川互联网产业园，做大做强互联网产业集群，深化互联网产业的研发、科普教育和技术推广运用，提高产业附加值。

在此过程中，一是要坚持创新驱动，突破核心技术。打造产业联盟、创新中心、重点实验室等融合创新载体，着力创新关键核心技术，补齐物联网技术短板。持续推进国家制造业创新中心建设，加快构建开放、协同、高效的共性技术研发平台。二是要完善物联网基础设施，推动规模应用。加快5G研发和商用步伐，积极推广5G商用新场景，加强人工智能、工业互联网、车联网等新型基础设施建设，围绕智慧交通、智能制造和工业互联网的重要行业和关键领域，积极运用北斗卫星导航技术，大力推广物联网新技术、新产品、新模式

①渝府办发〔2018〕129号《重庆市人民政府办公厅关于印发重庆市推进工业互联网发展若干政策的通知》。

和新业态，大力推动物联网在重点领域的规模化应用。三是夯实安全基础，提升保障水平。加快关键信息基础设施保护、大数据安全管理等重点领域专项立法，推进物联网关键安全技术研发和产业化，提升关键设施、重要数据、信息等安全防护水平。四是强化资金、技术、人才等政策支持，优化发展环境。五是加快联“网”产业发展，促进万物互联。

3.1.3 加快数字技术服务产业发展

(1)促进软件和信息服务业高质量发展

重庆市政府办公厅2020年4月发布了《重庆市促进软件和信息服务业高质量发展行动计划(2020—2022年)》，梳理了重庆软件和信息服务业发展的重点方向和领域，具体如下：一是工业软件方面，立足良好的工业基础和制造业优势，大力发展高端工业软件和工业互联网，重点支持研发设计类、生产调度和过程控制类、业务管理类等工业软件产品和解决方案研发应用，着力将重庆打造成为全国重要的工业软件企业聚集高地；二是高端行业应用软件方面，大力发展政府服务、民生服务、金融服务、电子商务、信息消费等行业应用软件和促进智慧城市一体化，推动行业应用软件向服务化、平台化转型，加大行业信息资源深度挖掘和利用，加强大数据、人工智能、区块链等新一代信息技术在行业应用软件中的融合应用；三是自主基础软件方面，布局发展操作系统、云操作系统、数据库、中间件、嵌入式软件等系统软件和基础软件，推动基于自主技术和产品体系的产品研发、测试验证、应用推广；四是新兴软件方面，着眼发展趋势和技术前沿，大力发展大数据、云计算、人工智能、区块链等新一代信息技术领域软件产品和小程序、快应用等轻量化移动互联网平台，支持平台型产业、平台型企业发展，加快培育平台经济等新业态新模式；五是信息技术服务方面，重点发展微服务、智能服务等服务模式，加快发展面向移动智能终端、智能网联汽车等平台的位置服务、数字内容服务、新型高清视频通信网络服务以及智能应用、虚拟现实等在线运营服务，加快培育面向电子商务、金融科技等领域的技术服务平台和探索相关问题的解决方案。

(2)加快发展网络安全产业

大数据是数字经济时代最重要的生产资源之一，数据安全则是数字经济创新发展的重要保障。数据安全产业的布局和发展应着力于全面监测政务服务平台、重要信息基础设施平台与业务系统的安全性能，确保数字经济发展的安全性、稳定性和持久性，全面提升全市大数据与网络安全的防护水平与应急处置能力，全面提升城市安全防护水平，构建城市网络安全综合防御体系。

重庆应基于现有的网络安全产业基础，加快建设数据安全产业示范区，培育与引进大数据安全龙头企业，逐渐形成融软件、硬件、应用服务于一体的产业聚集区；加快推进以数据安全为底板的新基建，创新突破区块链等技术难点，运用云安全、安全态势感知、数据全生命周期管理等先进理念和技术，加快拓展数据安全应用场景，逐渐形成数据安全产业生态，为重庆高质高效推进国家数字经济创新发展试验区建设提供坚实保障。

(3)培育发展区块链等新兴产业

区块链去中心化的分布式储存带来公开与透明。在贸易、消费等领域，区块链实现了高度可溯源性，正成为数字经济时代的基础设施，在经济社会发展中占有重要地位。2017年11月，重庆市经信委发布《关于加快区块链产业培育及创新应用的意见》。在实践过程中，重庆渝中区立足优势，抢抓机遇，在全市率先举旗发展区块链产业，全力建设集聚平台、丰富应用场景、优化产业生态，区块链产业集群集聚发展的良好态势已初步形成，成效初显。由金窝窝牵头，重庆大学、重庆邮电大学等16家单位共同起草的《基于区块链的电子商务价值行为认定规范》和《基于区块链的电子商务价值行为数据存证规范》两项地方标准于2020年3月1日起正式实施。

通过强基地、招企业、引机构、出政策、建联盟、办论坛、优生态等多举措，重庆市数字经济区块链产业园形成了较好的产业集聚效应，综合竞争力已进入国内第一梯队，产业发展和技术创新脉络愈加清晰。下一步，重庆应充分利用现有区块链先发优势，扩展园区规模、强化龙头集聚、完善产业链条，加快建设集"平台建设、资金汇集、人才培养、技术攻关、业态富集、应用落地"等功能于一体的国家级区块链数字经济产业示范园区。

3.2 产业数字化创新发展的重点领域

产业数字化将通过数据要素、数字技术再造实体企业质量效率新优势，促进实体产业提质增效，重塑产业分工协作新格局，加速新旧动能转换，孕育新业态新模式。产业数字化是重庆数字经济发展的核心，其重点领域包括以下几个方面：

3.2.1 积极推进工业领域数字化

重庆推动工业数字化主要包括信息化支撑工业化的"两化融合"、汽车自动化、工业互联网、智能工厂、智能制造研发与转化平台等产业生态。

(1)积极推动5G+工业互联网

工业互联网平台能够架起基于海量数据采集汇聚分析的服务体系，支撑制造资源弹性供给和高效配置，其中5G技术及基站是重要的基础设施。重庆市应高度重视利用大数据、人工智能、云计算、5G、区块链等先进技术，积极推动5G+工业互联网的广泛运用。作为我国六大工业基地之一的重庆拥有全部31个制造业大类行业门类,具有丰富的工业互联网应用场景。这对工业互联网企业有着极强的吸引力,引进外来巨头如树根互联技术有限公司、阿里巴巴、腾讯、华为、浪潮等互联网巨头,深度参与重庆工业互联网建设。重庆本地也涌现出一批工业互联网平台,比如重庆建工建材物流公司搭建的公鱼互联网云平台,成为国内混凝土领域首个国家级工业互联网示范项目;宗申集团孵化的忽米网平台,通过整合全行业资源,推动企业跨领域、跨区域协同,助力重庆制造企业实现智能化转型升级。

重庆在推动5G+工业互联网过程中,应着力于以下几个方向:一是建设工业互联网标识解析体系。建设工业互联网标识解析国家顶级节点(重庆)或二级节点或企业节点的相关平台系统及配套设施,并接入重庆顶级节点。二是加快企业内网改造升级。应用5G等新型网络技术、智能网关、边缘计算设备改造升级工业企业、生产性服务企业,打造5G+工业互联网新应用场景。三是加快发展工业互联网平台企业,促进集成信息系统建设和云平台发展,实现企业智能化管理运营、上下游网络化协同、规模化个性定制、产品(设备)远程运维或全生命周期管理,以及制造+服务等新模式。四是开发工业App,针对工业领域应用需求,开发部署基于工业互联网平台的工业微服务组件及App。五是加强工业互联网基础能力建设,建设工业互联网创新中心、开放实验室、测试床、安全态势感知、研发中心(研究院)、智能超算中心、数据中心、实训基地、展示体验中心等项目。六是支持工业互联网企业对接重庆优势产业集群,共同建设产业集群或区域工业互联网试点示范基地(平台),以工业互联网赋能产业集群或区域整体发展。

(2)推进汽车产业数字化转型

近年来全球制造行业都受到了智能制造战略的影响,而其中汽车制造行业是接触智能制造比较深入的产业,汽车产业的数字化转型已形成不可逆转的趋势。汽车产业是重庆的支柱产业,2018年开始出现下滑趋势,但是新能源和智能网联汽车产量稳步增长。汽车全行业数字化转型正持续激发汽车融合产业实现高增长、新跨越,加速向电动化、智能化、网联化、共享化方向推进,刻不容缓。

汽车产业数字化转型,首先是生产过程的数字化,例如建设数字车间,将数控设备与工艺设计系统、生产组织系统和其他管理系统的信息进行集成,形成综合信息流自动化的集成制造系统,从整体上改善生产的组织与管理,提高制造系统的柔性和数字化设备的效率。例如建设智能工厂,整合物理资产、运营资产和人力成本,推动制造、维护、库存跟踪,通过数字孪生实现运营数字化以及整个制造网络中的其他类型活动数字化。其次是汽车产品的数字化赋能,即加快发展新能源汽车、智能网联汽车和自动驾驶汽车,积极推动其推广应用，进一步完善智能网联汽车道路测试相关制度，率先打造集技术研发、道路测试、示范运行、赛事举办等于一体的智能网联汽车试验示范基地。同时，需要增强客户数字化体验。随着汽车行业的竞争的不断加剧和数字化转型趋势的日益明显，仅仅凭好的产品很难保证客户的忠诚度，各公司必须寻求一种全面的交通服务，以一种独特而愉快的方式将客户从A转移到B，否则他们可能会选择公共交通。同时，应扩展“车载”服务（尤其是增强汽车与智能手机或其他连接设备之间的连接），并在用户体验方面达到高标准（在线销售，在线支付，使用汽车期间和之后的保养、诊断、维修和置换等定制体验）。

（3）推动装备制造业数字化转型

随着新一轮科技革命和产业变革潮涌，积极促进新一代信息技术和制造业深度融合，大力发展先进制造和智能制造，实现数字化转型，是重型装备制造业面临的重要课题。但由于传统的离散装备制造业存在智能制造标准、软件、网络、信息安全基础薄弱，系统解决方案供给能力不足，数字化、网络化、智能化发展不平衡等问题，装备制造业的数字化、智能化转型环境更为复杂、形势更为严峻、任务更加艰巨。装备制造是重庆支柱产业之一，在转型升级中压力和机遇并存，已形成风电装备、轨道交通、数控机床、机器人等多个特色装备制造产业基地，在龙头企业带动下，重庆装备制造业产业链条不断完善，特别是风电装备、轨道交通、环保装备等多个产业形成了“整机+配套+系统集成”产业集群，因此，具有推动装备制造业数字化转型天然优势和必要性。目前重庆装备制造的数字化发展初见成效，智能化生产线、智能机器人、数字化车间投入使用后，相关企业生产成本显著降低，产能显著提升。

下一步，促进装备制造业数字化转型应着力于以下几个方面：一是集中攻坚一批“卡脖子”技术，在装备制造的关键核心部件、智能装备和智能工业软件等方面获得重大突破，实现以智能化引领关键核心技术创新，着力引领装备制造产业加快发展；二是积极抓住国家推动成渝地区双城经济圈建设的重大契机，推动现有装备产品向智能化、成套化和系统化转型升级，积极引进培育高端装备产品，重点发展智能制造、智能机器人、轨道交通、航空航天、能源、节能环保等装备，推动现有的“整机+配套+系统集成”产业集群形成高端装备制造业产业集群；三是以信息流汇聚技术流、资金流、人才流，以开放姿态和全球视野集聚创新资源，借势借智借力提升技术创新能力，大力推进网络协同设计、智能制造，开启信息化、智能化和数据化的新时代，不断提高国际竞争力。

（4）推动新材料工业数字化转型

新材料产业是战略性新兴产业的重要组成部分，融入了当代众多学科先进成果的新材料产业是支撑国民经济发展的基础产业，也是发展高技术产业的物质基础。经多年建设，重庆形成了以特种功能材料、高端金属结构材料、新型无机非金属材料、高性能纤维及复合材料和前沿新材料等为代表的新材料产业集群，是重庆产业数字化转型的重要对象。新材料产业的数字化转型除了需要降低成本、提升效率、智能管控等外，有一个重要的问题待解决，就是如何实现产品的可追溯，因此必须重点推进工业互联网标识解析在行业内的落地应用。

工业互联网标识解析在新材料工业中的应用，至少具有几个方面的作用。首先是基于标识解析的产品追溯。产品追溯是指产品在生产、质检、仓储、运输到销售服务的全生命周期过程中，利用标识解析技术记录和查询产品状态、属性、位置等信息的过程，其目的是全方位掌握产品的数据，促进企业内部各系统之间、企业之间、企业和供应商之间、企业和客户之间信息数据的互联互通，实现企业资源优化配置和信息透明共享，提高产品质量和企业的核心竞争力。其次是可以在B2B、B2C电商平台中集成应用标识解析。依托标识解析，可以将B2B2C工业互联网电商平台与ERP系统、MES系统及物联网平台集成，实现订单商品的全生命周期管理和质量溯源，实时监控商品状态，由此提升平台数据接入能力，从而突破新材料产业链企业遇到的资源瓶颈和信息瓶颈，使各方面角色能够充分共享信息，提升协同作业效率、保障业务安全，实现“需求-标识-交付-追溯”链条，使订单商品的全生命周期追溯成为现实。最后是基于标识解析的化工设备管理。新材料的生产系统通常由数千个单独的化工设备或部件组成，在产业链全球分布的大背景下，设备的每一个部件及其生命周期的各个阶段都有可能分布在不同的区域，不同区域间对产品的编码体系并没有统一，基于标识的应用表现形式、访问方式也没有统一，这就导致在同一个工厂内存在着多种不同编码的设备，而在同一家企业的不同工厂之间，也存在着异构标识体系的互操作问题，信息集成难度大，形成一个个信息孤岛，因此基于标识解析的化工设备管理在解决企业面临的痛点上意义重大。

3.2.2 加快推动服务业数字化进程

(1)引进国际级消费娱乐服务企业

重庆市作为西部唯一的直辖市，不仅需要发挥传统制造业优势，推动智能制造发展，更需要推动服务业转型升级，向国际化服务业方向发展，提升服务业发展的量级和能级，打造“国际级消费旅游文化名城”。建议重庆积极引进美国“环球影城主题乐园”，与上海、香港“迪士尼主题乐园”错位发展，配套引进主题乐园全产业链企业，快速提高重庆消费的国际化水平，补充江北国际机场和未来重庆第二国际机场的客源。加快世界500强商业企业的引进，在两江新区、大学城、高新区科学城等地打造中西文化交融、风貌新颖、风格独特、汇聚世界知名品牌的消费旅游小镇和购物名镇。

(2)引进和培育高端消费互联网龙头企业

消费互联网企业是零售、旅游、餐饮、电子商务、物流机器人等生活服务数字化的重要载体,有利于提高居民生活便利度和工作效率。一方面要引进发展成熟的大型消费互联网企业,通过专业分工、服务外包、订单生产、共享平台等形式,带动重庆市内中小微企业进入产业链或配套体系,实现互联网龙头企业上下游配套体系就地连接;另一方面,要壮大本土特色线上平台,培育支撑数字经济创新发展的本地服务类龙头企业。

在引进和培育互联网龙头企业时,一是应出台支持平台经济健康发展的专门政策,引导其在渝设立全国性总部、区域运营中心、结算中心及研发中心等,支持企业实施平台化发展战略;二是积极挖掘和推广互联网产业应用场景,做好"互联网+",以推动互联网在现代生产生活中的广泛运用,鼓励互联网企业把基础研究和产业生态的应用紧密结合起来,形成互联网与实体企业的高度融合与良性循环;三是将培育与引进互联网企业放到同等重要的位置,且注重发挥两者的互补性功能,引进的互联网龙头企业应该与重庆现有的产业体系相匹配,能够促进重庆大数据产业优化升级,或者能够带动某一领域内上下游产业的发展。而培育互联网龙头企业时尤其应该重视尚未发展成熟的工业互联网领域,同时应该着眼于快速发展的精耕于一些细分领域的互联网企业,如互联网医疗、互联网教育、互联网家政等,加强定向培养,为其发展提供不低于引进企业的同等优惠政策。

(3)加快推动金融产业数字化智能化发展

支持金融机构加大科技创新力度,加强大数据、人工智能、云计算、区块链等技术运用。鼓励金融机构基于互联网和大数据等技术手段,开展网上业务办理、电子支付、投融资、风控评估等业务,实现传统金融业务转型升级。鼓励金融机构丰富完善金融产品和业务模式,发展适应平台经济相关企业融资需求的金融产品和服务。打造"渝快融"品牌,构建融资及供应链大数据服务平台体系。支持要素交易场所依托互联网开展结算服务。鼓励电商企业依法建设对接金融服务体系。依法加强涉及金融领域的互联网平台准入管理。

鼓励金融机构对接"一带一路"等重大倡议需求,加快发展国际结算和物流金融市场,加快金融服务创新,通过技术性嵌入(大数据、物联网、区块链等)提高业务经营效率,推动产融结合,实现金融产业生态角色丰富化;加快建设面向全国中小微企业融资的线上股权交易系统,力争建成全国第三板资本市场;引导民间资本参股,积极培育引进新型金融科技公司,加强资格审查,明确金融科技企业认定边界,制定金融科技产业名录,拟定金融科技生态评价指标体系,充分评估金融科技新技术与金融业务融合的潜在风险。强化金融新技术应用保障机制,明确新技术应用的运行监控和风险应急处置策略,防范潜在金融风险。鼓励金融行业重构金融业务线上线下运营机制,利用大数据对客户进行分类管理,运用线上网络社交媒体与客户沟通,并量身定制金融产品。优化线下物理网点规模和分布,利用智能化机器为客户提供优质服务体验,将客户满意度与绩效考核挂钩;加强智能化金融产品与知识的宣传,培育有效需求;督促金融机构完善内部监管机制,围绕事前事中事后监管并重目标,建立操作流程更完备、标准范围更全面、实施力度更适宜的内部监察体系;建立金融科技国际合作交流机制,发挥江北嘴金融中心交流平台功能,成立重庆国际金融科技论坛,支持成立国际金融科技合作平台,举办国际金融科技创业比赛,积极参与创制金融科技领域国际标准和行业规范。

(4)加快发展网红旅游城市数字文旅服务

重庆是著名的山城、江城,也是网红旅游打卡城市,夜间经济十强城市之一。云计算、大数据、5G相关技术的运用,对智慧文旅又提出了很高的要求。建议加快构建集中全市旅游资源的线上服务平台——渝游通,给游客提供吃住行游购娱各个环节的资讯、咨询服务信息。将数字展览推广应用于更多的景点,创新云旅游体验,开发线上三维地图和全实景游览功能,利用动漫、VR(虚拟现实技术)、AR(增强现实技术)等新形式,更新丰富网络文化资源,提供全息影像超清全景展示和"沉浸式"的旅游体验。开发全域游客流量监测系统,自动分析出全域实时游客流量情况,引导游客及时调整旅游行程,确保景区旅游空间的舒适度。

遴选一批高端旅游"代言人",除了传统的本地明星形象代言外,还可聘请其他领域专业人士进行文旅价值发掘和创造,通过影视、音乐、小说、诗歌等创作形式,提升重庆知名度和形象,开发创造更多的旅游价值;培养一批重庆文旅服务新媒体职业"引路人",通过旅游体验发掘重庆各个景区最美的形象、最优化的出行方案和赏玩方式,通过精美短视频、旅游攻略等在各个平台进行宣介。

3.2.3 加快推进农业数字化发展

(1)强化农业科技创新

习近平总书记强调:"农业现代化,关键是农业科技现代化。"实践也证明,科技创新是推进农业农村现代化的根本动力。但目前重庆农业现代化水平仍然不高,农业科技支撑能力仍然不强。要深入实施创新驱动发展战略,加强农业科研院所等科技创新平台建设,充分发挥农业龙头企业创新主体作用,促进产学研用深度融合,加快农业科技创新成果的转化应用,使更多农业科研成果转化为现实生产力。

具体而言,可以通过"智慧农业、数字乡村"建设工程,开发便于农民操作和使用的数字化技术产品,集中开展示范性田间现场培训,并为数字化技术在农业领域的应用给予政策补贴，进一步促进山地智慧农业的现代化发展；可以通过优化农业科技信息服务，充分发挥现代农业产业园、农村电商产业园、星创天地和科技专家大院等创新平台的功能；推动产学研用深度合作，依托西南大学和重庆农科院，组建跨专业、跨学科、跨领域的智慧农业技术创新团队，推动农业装备智能化、农业机器人等关键技术攻关、研究和创新。

(2)示范发展智慧农业

当前，智慧农业正呈现巨大的发展潜力和广阔的应用前景，应当抓住新一轮科技革命、产业变革的重大机遇期，加快推动智慧农业建设，盘活数据资源，使信息技术与农业生产管理、经营服务、市场流通等环节实现有效融合。例如将农业AI与农机、农艺结合，采用计算机技术模拟人类大脑的神经网络，促进农业生产监测、问题诊断等，可应用于农业栽培、智慧渔业、农产品质量安全等方面。

立足于重庆的具体情况，应围绕粮猪菜保供产业和山地特色高效农业开展智慧农业技术攻关和智能化先行试点，制定一批智慧农业应用标准规范，推广一批农业智能化关键技术和成套设备，规范一批产业数据采集方式，共享一批生产管理服务软件，建设一批智慧农业生产示范基地，推广一批节本增效山地特色智慧农业应用模式，探索可复制的农业全产业链数字化改造模式。总之，要做深做透从田间地头到农批农贸再到终端销售的农产品产销全供应链，沉淀创新模式和能力，形成一个成本与效率优秀的行业样板，以此进行复用和拓展。

(3)推动互联网+农业深度融合发展

推动互联网+农业深度融合发展，可以精准对接产销需求，强化监测预警，准确研判，及时出台相关政策措施，合理引导市场预期。一是积极发展农业电子商务，畅通农产品循环体系。实施“互联网+”农产品出村进城工程，深化电子商务进农村综合示范。支持供销合作社、邮政快递企业等延伸乡村物流服务网络。培育和壮大农村电子商务市场主体，加快建设线上线下融合、覆盖全程、综合配套、安全高效、便捷实惠的现代农村商品流通和服务网络。加速推进农产品标准化、品牌化、规模化发展，引导优势特色产业与农产品电子商务融合发展，建设网销农产品集中产区和产业带，推动“三品一标”“一村一品”等农产品网上销售。二是推动互联网与特色农业深度融合。利用数字化手段支撑培育和发展农村新业态，加速推动第一、二、三产业融合发展，鼓励支持创意农业、观光农业、都市农业等新业态，促进游憩休闲、健康养生、创意民宿发展，规范有序发展乡村共享经济。实现乡村旅游信息聚合，开展“巴渝醉美乡村”精品线路四季推荐活动。加快农业社会化服务产业的发展，鼓励涉农企业、集体经济组织、农民专业合作社积极参加农业生产全程社会化服务，提供农业生产托管和生产性服务。

(4)大力培育适应农业数字化发展的新型职业农民

应对农村数字经济挑战，需要培养造就爱农业、懂技术、善经营的职业农民，加大对涉农专业的扶持力度，围绕新农村建设，为乡村振兴源源不断培养有“三农”情怀和家国情怀，下得去、留得住的人才。

一方面，可实施“互联网+小农户”计划，政府、企业等多个主体为农民提供在线培训服务。充分发挥驻村工作队、大学生村官、科技特派员等主体作用，开展信息化人才下乡活动，完善基层农技推广体系，加强基层科技服务人才队伍建设。另一方面，完善对农民合作社和家庭农场等主体的平台资源、营销渠道、金融信贷、人才培训等政策支持，切实提升其技术和经营管理水平，发挥其引领带动作用。另外，可以通过集中教育培训、户外教学观摩、技能培训等形式，积极探索通过政府购买服务、产学研合作等方式对本地农业经营主体定期开展生产技能、服务技能、市场营销等培训。同时，加快建设智能化教育培训管理系统，推进职业农民培育线上线下融合发展。鼓励西南大学开办“智慧农业”新本科专业，加强智慧农业专门人才培养。

3.3 高效推动社会治理数字化发展

基于数据、面向数据和经由数据的数字治理正在成为全球数字化转型的最强劲引擎，为各类治理难题提供了新思路、新方法、新手段。对于中国这样的超大规模国家来说，治国理政面临更复杂的治理场景、更多的治理层级、更多样的治理任务，利用数字与智能技术提高治理效率、破解治理瓶颈、化解治理困局，对于当代中国尤为必要。重庆作为国家首批数字经济创新发展试验区，理应在这方面做出有效的探索，总结有益的经验。立足重庆实际，可以采取以下推进思路：

3.3.1 积极推动智慧政务服务升级

(1)强化政务数据整合开放共享服务

构建科学有效的政务数据治理体系，加快建设城市大数据资源中心，完善人口信息、法人单位信息、自然资源和空间地理信息、宏观经济基础信息四大基础数据库，建立健全政务数据资源共享系统和开放系统。建设智慧城市综合服务平台，构建大数据、人工智能、区块链、物联网等开放应用平台。加强政府部门与平台数据共享，畅通政企数据双向流通机制，促进政务数据和社会数据融合，推动数据资源政用、商用、民用。积极推进大数据整合管理、开发应用及运行维护，实现数据共建共享，为政府数字化转型增添砝码。

(2)加强数字诚信体系建设

围绕“政务诚信、商务诚信、社会诚信、司法公信”四个领域,结合数字化,重点关注群众关心的食品药品、生态环境、工程质量、安全生产等诚信缺失问题,推进信用信息共享、共用、公开,并对失信主体实施联合惩戒,营造“一处失信、处处受限”的诚信氛围。全面推进政府数字化转型,推广“渝快办”线上政务服务系统,进一步实现掌上办、网上办,加快公共数据整合归集和共享应用,打造城市大脑,为“最多跑一次”和领导决策提供数据支撑。

3.3.2 加快智慧城乡融合创新发展

2021年2月8日,《国家发展改革委办公厅关于国家城乡融合发展试验区实施方案的复函》①同意包括四川成都西部片区、重庆西部片区等在内的11个试验区方案。其中,重庆的荣昌、潼南、大足、合川、铜梁、永川、璧山、江津、巴南9个区是国家级的城乡融合发展“试验田”,应以此为平台和契机,推动重庆智慧城乡融合创新发展。

(1)统筹推动数字乡村与智慧城市一体化设计

推动重庆市城乡数字化、智慧化融合发展,缩小城乡发展差距,扫除城乡要素自由流动障碍,统筹一体化规划设计是关键。在交通、通信、学校、医疗、养老、信息、电力、能源、社会服务等方面,按照城乡需求异同性,进行一体化规划设计。乡村数字化建设需要基于区位因素,通过中心镇数字化打造以辐射乡村,提升农村城镇化智慧化水平,旨在吸附市场资源、教育资源、医疗资源、娱乐资源向乡镇聚集,以帮助乡村获取更多的市场信息和生产资源。尽可能通过发展特色效益产业,吸引乡村青壮年返乡就业,扭转乡村与大城市的脱节式发展现状。不论是交通、水利、信息工程、基础设施等硬件设施建设规划,还是教学条件、医疗条件等建设规划,均应参照城市发展数字化标准,统筹城乡空间分布,在基本公共服务供给和生产发展条件数字化改造方面尽可能缩小乡村与大城市之间的差距。

(2)推动数字乡村与智慧城市协同建设

坚持全市“一盘棋”,统筹发展数字乡村与建设智慧城市,通过数字乡村与智慧城市同步实施、融合创新,促进城乡生产、生活、生态空间的数字化、网络化、智能化发展。在农业农村领域,积极推动技术融合、业务融合、数据融合,努力实现跨层级、跨地域、跨系统、跨部门、跨业务的协同管理和服务,加快形成共建共享、互联互通、各具特色的数字城乡融合发展格局。同时,依托城市智能中枢,打造“渝益农”数字农业农村服务平台,建设农业农村大数据中心,促进农业农村数据资源的整合应用和开放共享,形成跨部门、跨区域、跨行业的农业农村数据汇聚枢纽,加速乡村数据资源“聚通用”,推动大数据智能化赋能乡村各领域业务应用。

① 发改办规划〔2021〕135号《国家发展改革委办公厅关于国家城乡融合发展试验区实施方案的复函》。

鼓励有条件的小城镇规划先行，因地制宜发展“互联网+”特色主导产业，打造感知体验、智慧应用、要素集聚、融合创新的“互联网+”产业生态圈，辐射和带动乡村创业创新。引导集聚提升类村庄（乡村振兴重点）全面深化网络信息技术应用，培育乡村产业新业态。引导城郊融合类村庄发展数字经济，不断满足城乡居民消费需求。

(3)积极推进城乡要素的调配与流动

由城乡二元经济体制附加的政策杠杆促使乡村出现“迁出热潮”，造成农村资本、劳动力、土地等要素的大量非农化，不利于农村生产力的创新发展和生产关系的变革，进而阻滞城乡共融、共促发展，智慧城乡融合创新发展为解决这一问题提供了可能。

数字技术驱动城乡地域性特征逐渐淡化，整体性色彩凸显。无边界的信息聚合使分散、游离的个体连成紧密的一体，城乡俨然构成相互作用、相互促进的社会统一体，传统的具有明显城市中心论或排乡性的政策制度正在被数字驱动下的新型城乡关系政策制度所取代。面向数字时代的农村彰显出巨大的经济价值，农风、农景、农味不仅成为农村独有的产业、产品与产值，亦成为城乡融合发展的关键触点，城乡交互点的挖掘有助于矫正只突出城市中心地位或辐射作用的政策视角，形成乡村特色要素与城市优势要素共发展共为中心的政策体系。开放性、发散性的基础要素流动是推动数字城乡优势互补，社会数字经济长足发展的基础条件。应通过建立城乡自由流通的要素市场，培育壮大乡村特色高效产业，建设美丽宜居的乡村，改善乡村基本公共服务，吸引资本和人才等基础要素向乡村回流。在此过程中，应聚焦基础要素的精细、精准、高效、长效调配，以提高乡村要素配置的效益和效率。

(4)创新城乡融合发展的协同智慧治理机制

城乡治理牵涉农村社会与城市社会的诸多方面，城乡规则的巨大差异使城市和农村社会治理差别较大，构成了中国现阶段整个社会治理的两大空间区域。作为智能社会两个独具特色的面板，数字乡村与智慧城市的协同治理、整合性治理已成为提高国家治理现代化水平的应有之义。整体性的城乡协同智慧治理有助于改变城乡治理的“断层”现象，维护乡村数字主权，推动城乡数据共享，提高基层治理水平。

随着以实现乡村振兴为抓手的数字乡村建设工程的推进，乡村治理经技术赋能迈向智能化、数字化与互联化，乡村治理的触角得以延展与深入。一方面，面向新技术革命的乡村治理，更多表现出治理自主性与创造性空前提高，如基于智慧云终端形成了农村党务、政务、财务的信息公开和村民意见数字表达机制。另一方面，借助智能通信、万物互联的技术手段，不仅能分别搭建基于乡情、城情的治理云平台，还能基于社会发展现实构建平行的城乡之间的对话端口，塑造新型的城乡治理关系。

重庆要创新城乡融合发展的协同智慧治理机制,需要建立城乡政府之间社会治理沟通协调机制,在城乡规划、公共服务供给、产业连接、社会管理、治理数字化融合等领域进行有效的沟通、协调和建设,形成城乡高效合作共治的数字化治理新局面。

3.4 本章小结

数字经济是第四次工业革命的最重要特征,已成为推动重庆经济提质增效、产业转型升级、消费持续回暖的新动能、“新蓝海”。“十四五”期间,立足于雄厚的制造业基础和良好的数字经济发展格局,发展工业互联网、加快制造业数字化转型升级,应当成为重庆数字经济创新发展的重中之重,这也需要优化完善“芯屏器核网”全产业链、加快建设“云联数算用”全要素群,力争将重庆的工业互联网打造成行业标杆。同时,要注重智能产业、智能制造、智能化应用的协同发展,深化拓展“住业游乐购”全场景集,加快促进智慧农业、智慧城乡融合发展,协同推进高标准“智造重镇”和国际化“智慧名城”建设。

第4章　重庆数字经济创新发展的重点区域

本章将对重庆数字经济创新发展区域布局进行研究，尤其对重点区域的数字经济发展情况、扶持政策进行梳理比较。首先对重点示范区两江新区、高新区、重庆经开区数字经济发展情况进行梳理，而后对其他样本区县进行考察，对各地区数字经济发展优势进行判断，并对各重点区域未来数字经济发展思路给出建议，旨在为重庆重点区域数字经济差异化错位发展提供决策参考，也便于对重庆市数字经济创新发展的区域差异进行理性评估。

4.1 两江新区数字经济创新发展

4.1.1 两江新区数字经济创新发展的现实基础

两江新区是国家级高新区。推动数字经济创新发展既是重庆市委市政府赋予两江新区的历史使命，也是促进其产业转型升级的必经之路。其数字经济发展具有坚实的基础：

(1)有良好的新型基础设施

截至2020年底，两江新区累计开通5G基站3041个，两江国际数据港建成机柜2.3万个，达到支撑30万台服务器的能力。在工业互联网方面，智能装备工业互联网联合创新中心组建，浪潮云江工业互联网QID码成功发布，工业互联网国家顶级解析节点(重庆)标识注册量突破1亿大关，接入山外山等二级节点16个、企业800余家，为两江新区数字经济创新发展奠定了良好的公共基础条件。

(2)数字产业集聚度较高

两江新区集聚了大量的电子产品制造业与软件信息服务业。其中电子产业逐步迈向了价值链中高端,2020年实现总产值大约1700亿元。2020年两江半导体产业园(重庆芯中心)的15家入驻企业集中签约,京东方智慧创新中心等一批重大项目动土开工,京东方六代线、联创电子三期等一批建设项目加快建设,诚瑞光学等重大项目投产。两江数字经济产业园新注册数字经济企业700家,累计达到5600家,吸纳10万创业大军。两江软件园争创中国软件名园,建成产业楼宇900万平方米、运营面积630万平方米,汇集企业超过2500家、从业人员达8万人,在数字产业化领域初步形成了自身的优势。

(3)汽车产业数字化稳步推进

两江新区以汽车整车行业为主导,推动整车企业向高端化、智能化、绿色化方向转型,带动智能网联汽车增长1.1倍,2020年汽车产业产值突破1400亿元。佛吉亚歌乐电子重庆研发总部、吉利高端新能源整车(重庆)生产基地、三一西南智能制造项目等一大批标志性引领性项目落户,达索系统智能制造创新中心投入运营,长安汽车、渝江压铸等一批5G融合创新应用示范工程加快建设,国家车联网先导区建设方案即将获批。新区累计完成智能化改造项目201个、智能制造项目评测121个,建成数字化车间44个、智能工厂14个。

(4)数字经济发展总体水平

整体而言,两江新区2020年1—11月,直管区数字经济增加值达到427亿元,增长33.4%,占全市数字经济增加值的近1/3,无疑是重庆数字经济发展的龙头地区。

4.1.2 两江新区数字经济创新发展的比较优势

两江新区作为国家级开发开放新区,是内陆地区先行先试的政策高地,具有一定的区位优势、政策优势与环境优势。

(1)区位优势突出

在物流方面,两江新区具有水陆空立体交通网络,辖区范围内有国际航空枢纽江北国际机场、内陆唯一“空港+水港”保税港区重庆保税港区、长江上游金融中心核心区江北嘴CBD、中西部最大会展中心重庆国博中心、长江上游枢纽港及区域性铁路枢纽等。已开通汽车物流滚装运输,国际汽车城生产的汽车可直接送达沿长江城市。

(2)政策优势明显

两江新区自成立以来,国家赋予了多项国家级项目的试点试验,包括中新(重庆)互联互通项目、国家双创示范基地、国家服贸试点、国家自主创新区域以及自由贸易区的核心区等。作为内陆最早获批的国家级开发开放新区,两江新区也具有中新(重庆)互联互通项目核心区和中国(重庆)自由贸易试验区核心区的叠加优势。这些国家战略的部署为两江新区开发开放建设加码。一方面,两江新区的建设为中新(重庆)互联互通项目和自贸区核心区建设奠定了基础。另一方面,中新(重庆)互联互通项目和自贸区建设也是对两江新区形成开放新格局的战略提升。此外,中新(重庆)互联互通项目的实施对两江新区推进自贸区建设也有重要的作用。

两江新区支持数字经济创新发展的政策主要有3+1数字经济产业政策,包括:《关于大力发展数字经济加快建设智慧之城的实施意见》《关于加快新型基础设施建设的实施意见》《支持工业互联网加快发展十条政策》《重庆市人民政府办公厅关于加快线上业态线上服务线上管理发展的实施意见》。其政策特点如表4-1所示。

表4-1 两江新区数字经济创新发展扶持政策的特点

政策名称	政策要点
人才政策	①对新引进企业前五年引进的高技术人才以薪金所得进行补贴 ②对知名校企注册技术研究院最高给予1000万元补贴 ③在人才待遇环境方面给予配套设施优惠
金融政策	①对区内科技型中小企业提供知识产权质押贷款融资,对提供担保或保险的金融机构给予部分坏账补偿 ②对新设金融机构总部给予直接经费支持
补贴政策	①对企业、机构创新结果在区内产业化进行直接补贴 ②对重点科技型企业按对地方经济贡献进行奖励
税收政策	减至15%的税率征收企业所得税

(3)营商环境优势显著

在营商环境上,两江新区具有重庆市级审批管理权限,两江新区管委会主任由重庆市委常委、副市长担任,实现了“两江事情两江办”。同时,推动行政审批、大部制等改革,出台了多项投资便利化、贸易便利化措施,着力为企业提供省时、省力、省心的政务环境,构建了与国际接轨的营商环境,为数字经济创新发展提供了良好的条件。

4.1.3 两江新区数字经济创新发展的重点任务

依托两江数字经济产业园,电子产品制造业与软件信息服务业是两江新区数字经济创新发展的重点领域,其数字经济创新发展的重点任务应有以下几个方面:

(1)集中发展重庆大数据产业,建成数字价值开发企业的龙头集聚区

鉴于数据价值开发具有极高的敏感性、公益性和高成本性,与数据存储和运算处理、数据价值转化和数据要素市场交易等有关的大数据产业园均应布置在两江新区,依托水土打造专门的大数据产业生态园,使之成为全市数据要素价值开发企业的龙头集聚区。

(2)形成数字产业化集聚发展模式的探索区

两江新区作为国家级经济开发区,数字经济已成为该区经济发展的重头戏。站在重庆全局的角度,两江新区应积极成为重庆数字经济创新发展的“窗口”,将探索数字产业集聚发展模式作为重要的试验内容抓好抓实,进一步升级改造两江数字经济产业园区,扩大园区面积,改善园区配套基础设施和经营环境,立足电子产品制造业与软件信息服务业两大产业,继续引进培育“显示屏、半导体、软件开发与服务”等的龙头企业,优化数字技术企业集聚模式,健全产业生态链,形成可复制性强的数字产业化集聚发展模式。

(3)成为优秀数字经济创新资源吸引示范区

由于两江具有独特的区位优势、政策优势和营商环境优势,应依托两江数字经济企业,加大高端人才培养引进力度,将全国优秀的数字经济创新机构和人才引进到两江新区,使其成为重庆数字技术研发示范区,促进两江软件园成为中国软件名园。

(4)建成重庆汽车产业数字化创新试验区

两江新区集聚了长安等汽车品牌,工业经济是两江传统产业的基石,推动重庆智能制造看两江,两江新区应将工业互联网、智能车间、智能工厂作为产业数字化的重点内容加以推进,建成汽车产业数字化创新试验区,为其他区县智能制造提供示范样板。

(5)建成智慧物流创新示范区

两江不仅有空港,还有寸滩物流保税港区、中新互联互通和自贸区等优越的物流条件,应加快升级物流数字化体系,建成全市首屈一指的智慧物流港口贸易通道,提高通航通关能力,形成全国一流的智慧物流生态体系,为打通经济双循环做出应有贡献。

(6)建成重庆金融科技创新及运用中心

重庆要建成西部金融中心和中国内陆国际金融中心,两江新区可凭借其政策洼地和开放高地试验区的优势,依托现有金融发展基础,积极探索培育金融科技创新要素,在货物通关与跨境贸易结算、金融服务支持实体经济中积极孵化金融科技运用场景,向国务院争取建设中国第四极资本市场——渝交所,深度促进金融数字化、智能化发展,成为重庆智能金融发展的重点示范区,形成重庆金融科技创新及运用中心。

4.1.4 两江新区数字经济创新发展的举措建议

两江新区作为重庆市数字经济发展的核心区域,具有展示窗口的特征,要实现上述“六大功能定位”,建议采取以下三方面的措施:

(1)加快数字产业的集聚升级和示范带动

在数字产业化发展中,两江新区应进一步健全数字产业链,进行“芯屏器核网”全产业链覆盖发展,增加数字经济所需要的要素集聚量级,重构数据价值化生态体系和市场体系，提升以数据要素为中心的“云联数算用”大数据产业全要素群，加快线上业态、线上服务、线上管理发展，围绕人工智能、5G、工业互联网等新基建培育新产业、新业态、新模式，努力使两江数字经济产业园成为全国有影响力的数字经济产业集聚区。

（2）打造先进制造业样板区

推进汽车智能制造，建设汽车智能制造创新走廊，打造先进制造业样板区。抓好智能制造，紧扣汽车等优势产业领域，实施制造业数字化转型行动、“上云用数赋智”行动，抓住软件定义汽车趋势，推动软件和“硬核”技术并驾齐驱，推动汽车产业向高端化、智能化、新能源化方向转型。抢抓人工智能、工业互联网、区块链等新一代信息技术和数字经济的发展趋势，推动数字经济与实体经济深度融合，推动电子信息等先进制造业向数字化、网络化、智能化发展，依托两江新区鱼复、水土、龙兴等产业园区打造智能产业集聚区和智能制造创新走廊，推动制造业产业模式和企业形态依托大数据智能化创新实现根本性转变，打造具有国际竞争力的先进制造业产业集群。

（3）推进数字经济发展窗口建设

积极推进国际智慧名城两江新区作为重庆市数字经济发展窗口区域，还需要在引进国际级消费服务企业、加快智能化场景运用等方面发力。建议加快引进环球影城主题公园项目落地两江新区，打造2~3家富有国际特色的特大型城市综合体购物中心，做靓重庆智慧之城，推动礼嘉、悦来智慧湾区联动打造“智慧园”城市功能名片，加快建设宜居宜业宜乐宜游宜商全方位场景应用，优化完善“吃住乐购游”全场景集聚，深度挖掘大数据智能化的商用、政用、民用价值，推动城市治理创新，彰显重庆“智造重镇、智慧名城”的独特魅力。

（4）加快金融科技创新及应用中心建设

以西部金融中心和重庆（中国）内陆国际金融中心建设为契机，遵循国际金融中心建设的基本规律，出台各种招商引才优惠政策，积极引进海内外金融科技创新要素，依托渝新欧、中新互联互通和陆海贸易新通道，大力发展跨境贸易结算；以江北嘴金融中心为核心，以两江互联网金融发展为基础，继续巩固发展金融机构和金融业态，培育中国第四极资本市场，加强金融科技创新运用，促进金融产业数字化和智能化转型发展，助推重庆国际金融中心建设。

4.2 重庆高新区(科学城)数字经济创新发展

4.2.1 重庆高新区(科学城)数字经济创新发展的现实基础

重庆高新区肩负着西部(重庆)科学城核心区建设的艰巨任务,在推动数字经济创新发展方面也有较为坚实的产业基础:

(1)新型基础设施条件较好

在数字化新型基础设施方面,高新区已完成1411个5G基站建设,完成通信系统专项规划(2021—2035年),西永微电园接入中新(重庆)国际互联网数据专用通道。移动西永数据中心一期1000个机柜已投用,电信白市驿数据中心纳入规划,与重庆大学共建的超算中心加快推进,2021年底加速落地。

(2)数字产业集群特色彰显

在数字产业方面,高新区已形成以智能终端和集成电路为主导的数字产业体系。智能终端产业聚集了广达、英业达、富士康三大笔记本电脑生产企业及多家配套企业,产业链较完整,形成了千亿级笔记本电脑制造产业集群,2020年智能终端产业实现产值2170亿元,同比增长9.2%,占全市比重51%;集成电路产业聚集了华润微电子、中电科、SK海力士等一批芯片制造及封测企业,2020年集成电路产业产值165.5亿元,增长24.6%,占全市比重70%。

(3)产业数字化发展基础好

在产业数字化方面,2019年以来累计推动102家企业开展智能化改造,其中达丰"笔记本电脑生产智能工厂"等5个智能化工厂、台晶电子"微型石英晶振数字化车间"等11个数字化车间获得市级认定。方正高密等19家企业26个项目入选市级工业互联网试点示范项目名单。中科芯亿达智能化低功耗电驱系列芯片连续两年入围重庆市重大新产品。建成真测科技、赛宝工业2个市级军民融合信息平台。英业达获评重庆市智能制造标杆企业,隆鑫发动机等2家企业获评重庆市制造业龙头企业。

4.2.2 重庆高新区(科学城)数字经济创新发展的比较优势

重庆高新区作为西部(重庆)科学城建设的核心区域,将在政策配套、城市区位、创新资源、先行先试等方面凸显比较优势。

(1)区位优势明显

地理区位方面,高新区有较大的外缘影响力。目前,已与成都天府新区、成都高新区等区域建立了联系合作机制,将在推进成渝地区数字经济协同创新发展方面发挥重要作用,在跨区域数字化协同发展中发挥引领示范作用。作为渝新欧及陆海贸易新通道的起点，叠加自由贸易区、综合保税区、铁路口岸等功能区，为高新区联动“一带一路”共建国家开展数字经济交流合作创造了便利条件，可以扩大重庆市在深化数字经济国际合作中的影响力。

（2）人才和创新资源优势突出

在创新资源方面，高新区聚焦科学主题“铸魂”，围绕关键产业核心技术及前沿基础研究，加快布局建设一流新型研发机构、研究型大学、大科学装置、国家实验室等高水平科技创新机构，集聚全球高端人才、资本、科技服务机构等创新要素资源。目前，中国科学院重庆科学中心、北京大学大数据研究院、重庆大学产业技术研究院等科研机构落地高新区，各类教学、研发、创新、成果转化资源集聚，腹地拥有大学城丰富的人才资源，将加快数字化技术、模式、业态的创新和应用。

（3）享有先行先试的政策优势

在政策配套方面，高新区多领域配套政策力度大，面向人才、创新、产业、金融四个领域，制定了“金凤凰”40条政策体系，全方位多维度支撑产业、企业、人才发展。对产业生态协同融合发展、企业上云上平台、数字车间、智能工厂、5G应用创新、软件服务本地化应用、工业检测及设计等数字化转型都有明确的政策支持，支持力度基本上是全市最优，政策红利的释放使得高新区对于数字化产业具有较大的吸引力，有利于提升高新区数字经济产业的集聚度。

如表4-2所示，高新区数字经济创新发展政策主要以直接经费支持、直接奖励、财政补贴的形式为主，有力度大、范围广的特点。对新一代信息技术产业、先进制造业、大健康产业和高技术服务业进行全产业链扶持，处于市内区县政策支持强度之最，尤其在金融支持政策上，为数字经济企业提供资金来源，对解决创业企业融资难问题有重要的促进作用。

表4-2 重庆高新区数字经济创新发展扶持政策特点

政策名称	政策支持要点
人才政策	①对人才载体建设给予直接经费支持 ②对人才创新活动给予经费与奖励 ③对人才待遇环境方面给予奖金与配套设施优惠
金融政策	①对新设金融机构总部给予直接经费支持 ②鼓励创投风投机构设立基金 ③就创投风投基金对区内高新技术企业的投资进行风险贴现
补贴政策	①对企业、机构创新行为进行直接补贴 ②对支持行业文旅项目多方面进行直接财政补贴 ③对数字技术改造升级给予直接财政补贴
税收政策	减至15%的税率征收企业所得税

4.2.3 重庆高新区（科学城）数字经济创新发展的重点任务

重庆高新区基于国家自主创新区域、先进制造业和现代服务业融合发展试点区，以及重庆市信息技术创新应用产业基地、重庆市级软件产业园等已有的基础，其数字经济创新发展的重点任务应有以下几个方面：

（1）建成数字经济创新资源富集支撑区

重庆高新区集中在大学城片区，分布有重庆大学、重庆师范大学等数十所高校，具有得天独厚的数字经济创新资源优势。2021年6–7月，重庆市人民政府又相继与国内多家985高校如中国人民大学、中国农业大学、上海交通大学、西安交通大学等签订战略合作协议，吸引这些大学将部分创新资源和大科学装置布局在重庆高新区，以促进西部（重庆）科学城建设。以西部（重庆）科学城建设为契机，重庆高新区必将成为重庆数字经济创新资源富集支撑区，为其他区域数字经济发展提供技术力量支撑。

（2）成为数字技术研发创新集聚带动区

作为西部（重庆）科学城的核心地带，高新区高级技术人才的集聚和大科学装置的建设，必将在各项政策和资金的推动下，着力推进数字技术创新，最终成为重庆数字经济创新发展的技术孵化基地。其研发的技术产品不仅可以为高新区数字经济创新发展提供技术储备与服务，而且可以辐射带动全市乃至西部地区。

（3）形成笔记本电脑与集成电路产业集聚发展区

高新区的数字产业以笔记本电脑产业、集成电路产业为主，并且形成了特色支柱产业。其中，笔记本电脑产业已形成以广达、英业达、富士康为龙头的成熟产业链，以华润微电子、联合微电子、SK海力士为龙头的集成电路产业产值占全市的80%。高新区应着力探索两大产业集聚和创新发展模式，持续优化产业生态体系，做强产业链价值链，实现世界知名的笔记本电脑与集成电路产业集聚发展品牌区。

（4）建成汽摩生物产业数字化示范带动区

高新区实体制造产业主要是汽摩产业、生物医药产业。其中，以鑫源、隆鑫、长安跨越为龙头的汽摩产业，以中国医药、植恩药业为龙头的生物医药产业，围绕龙头企业集聚了一大批产业链上下游配套企业。2020年，规模以上工业产值突破2300亿元。高新区应依托自身数字经济创新优势，积极推动实体产业数字化、智能化升级，持续发展高技术服务业和大健康产业，将高新区建成全市汽摩生物产业数字化示范带动区。

4.2.4 重庆高新区（科学城）数字经济创新发展的举措建议

立足重庆高新区的各种优势、资源禀赋特征和功能定位，高新区数字经济创新发展应采取以下政策措施：

(1)优化笔记本电脑和集成电路产业生态集聚群

重庆市高新区的笔记本电脑和集成电路产业产值占全市的80%,具有特质性优势。集成电路产业是新时期国家重点扶持产业,具有巨大的市场需求与良好的发展前景。高新区应进一步巩固笔记本电脑和集成电路产业发展,健全产业链,尤其要重点发展产业链上游集成电路芯片设计,引进集成电路晶圆代工企业,提升集成电路产业高附加环节企业浓度,增加集成电路产业根植性与辐射带动力,在市内领头发展的基础上,立足西部,辐射全国。

(2)健全汽摩、医药、健康产业数字化发展生态体系

在实体产业方面,高新区应着力加强汽摩、医药、健康、高技术服务业发展,将数字经济赋能这些产业作为发展的基石,运用工业互联网解析体系升级汽摩医药产业,加强智能车间、智能工厂建设。依托区内优质的医疗资源,加强政策激励和招商引资,加快发展大健康产业,升级高技术服务业,形成健全的汽摩、医药、健康产业生态体系,实现高新区实体经济提质增效。

(3)深化西部(重庆)科学城建设,吸引和留住优秀人才

高新区不仅要抓住西部(重庆)科学城建设的契机,优化布局高等教育资源和大科学装置,成为全市科研创新和高端人才培养的中心,而且应鼓励当地高校对接企业数字经济发展对人才的现实需求,调整专业结构,加大力度培养数字经济专门人才,有条件的高校甚至可以为大型企业定向培养专门人才,解决数字经济创新人才供应不足的问题。同时,鼓励和引导企业到当地高校加大人才需求宣传和引进力度,改善人才使用的环境条件和薪酬待遇,提高企业对高端人才的吸引力。政府应完善相应的高端人才引进与落户政策,为其住房、小孩教育、医疗、养老等社会福利保障和生活条件改善提供更多优惠便利,建立健全数字经济高端人才评价体系,促进高端人才留在本地,服务于本地企业。

4.3 重庆经开区数字经济创新发展

4.3.1 重庆经开区数字经济创新发展的现实基础

重庆经济技术开发区是重庆数字经济创新发展的第三大重点区域,已聚集数字经济企业(机构)570家,其中企业123家,数字经济发展基础较好,主要表现在以下几个方面:

(1)新型基础设施不断完善

近年来,重庆经开区积极鼓励和推动IPv6的发展应用,不断完善全区高速、移动、安全、泛在的新一代信息基础设施,实现全域光网有效覆盖和无线网络广域覆盖,光纤到户端口占比达100%,固定宽带家庭普及率达90%以上,平均接入速率达50 Mbit/s,移动用户宽带普及率达90%以上,主要公共区域免费Wi-Fi全覆盖。

(2)数字产业化发展基础好

重庆经开区数字经济涉及行业较为齐全,聚集态势初步显现。以智能终端、人工智能和物联网为主导的电子信息业已初具规模。重庆经开区是国家移动通信高新技术产业化基地和国家新型工业化电子信息(物联网)产业示范基地,拥有中国信息通信研究院西部分院、工信部重庆赛迪研究院、工信部智能终端软件测评中心、交通运输部通信信息中心西部分中心、北斗运营及产品入网检测中心、软件和集成电路促进中心等国家级平台。全区集聚手机整机生产企业14家,关键零部件配套企业87家,2019年手机出货量突破3100万台,智能手机占比超过90%,维沃、百立丰、华森心时代位列全国品牌手机前十强。按照全市数字经济"12+1"产业领域进行分类界定,全区除智能超算、智能机器人暂无统计数据外,其他领域均有涉足。截至2020年10月底数据显示,全区数字经济营业收入498.7亿元,其中工业类:智能硬件占比67.48%、汽车电子占比4.05%、智能制造装备占比2.51%;服务类:物联网占比14.58%、软件服务占比3.97%、集成电路占1.63%、大数据占比1.45%;数字内容、人工智能占比均不足1%。可见,重庆经开区数字经济产业主要是电子信息物联网和智能硬件产业。

(3)产业数字化稳步推进

智能家电产业规模逐步扩大,依托美的制冷、美的通用等智能家电企业,引进培育核心零部件配套企业30余家。装备制造产业加快转型升级,积极引导和鼓励传统制造向智能制造加快转型升级。目前已形成智能家用空调、中央空调为主的制冷设备,以数控机床、通用机械、电气设备等为主的机电装备,和以汽车、船舶、仪器仪表、专用设备等其他行业为辅助的高端装备制造产业体系。

4.3.2 重庆经开区数字经济创新发展的比较优势

重庆经开区数字经济创新发展具有明显的优势,主要表现在以下几个方面:

(1)地理区位优势

重庆经开区位于主城半小时核心经济圈内,所在区域——江南新城是南岸区行政中心所在地,是与城市副中心定位功能相似的区域性商业、商贸经济中心,是重庆市东部新城核心,承担带动东部新城发展的功能。城市配套完善,引入了重庆市东南医院、重医附二院江南医院两所三等甲级医院，以及重庆市11中、珊瑚中学、珊瑚小学、龙门浩职业中学、南坪实验幼儿园等名校，医疗教育配套设施完善。

（2）物流便捷优势

在交通物流方面，重庆经开区位于重庆主城九区"黄金三角"地带，是从"长江黄金水道"下游进入主城的门户，辖区东港港区是重庆市规划的7个国家级物流枢纽平台之一，是主城区沿江布局的4个枢纽港区中唯一布局在江南的港口。区内重庆高铁东站（目前已确定有渝湘高铁、沿江高铁、渝西高铁、渝万高铁、渝贵高铁等线路通过）、枢纽东环线（客、货两运）建成后，将融入重庆铁路枢纽网，形成公路、铁路、水运共存的综合立体交通体系，实现铁、公、水联运，保障企业运作高时效，物流集散无延滞。境内重庆内环、外环高速与成渝、沪渝、兰渝、渝湛、渝遂、渝湘等多条高速公路干线连接，距重庆火车站12千米、朝天门码头13千米、东港集装箱码头15千米、江北国际机场31千米，车程均在20分钟之内，交通物流便捷。

（3）人力资源优势

在人才供给方面，区内有10余所国家级、部级科研机构，5所高等院校和多所中等职业技术学校，可以为企业提供各类人才和科技支撑。全区大力实施产业人才支持计划，加大智能产业人才引进力度，现已引进培育相关产业人才10000人以上、领军人才10人以上。

4.3.3 重庆经开区数字经济创新发展的重点任务

重庆经开区是全市唯一的国家级经开区，同时享受西部大开发、自贸区和中新（重庆）互联互通项目的政策叠加，是全市实现"两地""两高"目标的重要对外开放平台，是重庆乃至西部地区重要的经济发展引擎。为了实现三大经济开发区错位发展，重庆经开区数字经济创新发展的重点任务应有以下几个方面：

（1）建成重庆电子信息产业创新发展高地

重庆经开区数字产业化发展是以大数据、人工智能、智能终端、物联网、云计算等五大电子信息产业为特色的。重庆经开区引进的维沃、百立丰、华森心时代位列全国品牌手机前十强。依托中国移动物联网公司，10余所国家级、部（省）级科研机构，6个国家级技术平台，以及中国信息通信研究院西部分院、赛迪工业和信息化研究院西部分院、交通运输部通信信息中心西部分中心、智能终端软件测评中心、软件和集成电路促进中心、北斗运营中心及北斗产品入网检测中心的创新发展，完全可以将重庆经开区建成国家新型工业化电子信息（物联网）产业示范基地、国家移动通信高新技术产业化基地、国家高技术产业基地和国家首批智慧城市试点城区。同时，应努力将中国智谷（重庆）科技园打造成为全国知名、西部一流的国际化产业基地，基本建成西部一流的大数据智能化应用区域和数字经济先行区域。

(2)建成重庆装备制造产业数字化示范基地

重庆经开区传统工业领域分布有数十家装备制造企业，加快传统制造向智能制造转型升级，形成以智能家用空调、中央空调为主的制冷设备，以数控机床、通用机械、电气设备等为主的机电装备，以汽车、船舶、仪器仪表、专用设备等其他行业为辅助的高端装备制造产业体系，通过工业互联网、智能车间、智能工厂的改造，提高产业附加值，促进装备制造高质量发展，从而在全市形成装备制造产业数字化发展样板区。

(3)建成现代服务业数字化发展先行示范基地

现代服务业是重庆经开区的三大支柱产业之一。应对接重庆建成国际购物名城、国际消费名城、国际旅游名城的目标，重构现代服务业产业生态体系，探索构建现代服务业园区集聚发展模式，引入数字化智能化技术，改造现代服务业，使其成为全市现代服务业数字化发展先行示范基地。

(4)建成重庆电子信息产业技术研发与人才培养高地

重庆经开区可以依托境内的几所大学诸如重庆邮电大学、重庆交通大学、重庆工商大学等，加大电子信息技术研究投入，加强电子信息技术的创新研发和人才培养，成为西部地区有影响力的电子信息人才培养摇篮，为全市相关产业培养和输送高质量人才。

4.3.4 重庆经开区数字经济创新发展的举措建议

基于重庆经开区的现有产业基础，结合其他重点区县的发展格局，建议采取以下措施推进数字经济创新发展：

(1)促进电子信息产业提档升级

重庆经开区作为重庆数字经济产业发展的核心区域，具有较好的数字产业化发展基础，但现有优势产业与市内其他区域具有一定的同质性。智能硬件产业，尤其是智能手机产业具有一定的特质性优势，且产业链较为完整，不仅在移动通信领域有研发技术机构，在手机整机生产领域、关键零部件配套领域都有了一定的发展程度。因此，重庆经开区可以立足电子信息产业，以国家移动通信高新技术产业基地为主阵地，在集中聚焦和做大做强电子信息产业基础上，进一步巩固智能终端产业优势地位，增加产业聚集程度，引进更多移动通信企业，同时横向扩展行业构成，着力推动与智能手机高度相关的智能家居、智能穿戴等产业发展。

(2)推进装备智造和智能服务,提升实体经济发展能级

重庆经开区拥有实力较为雄厚的装备制造产业和现代服务业,建议在现有发展基础之上,选择制冷、机电、仪器仪表等支柱性产业,培育孵化配套企业,健全完整的产业链生态体系,培育好龙头企业,引入供应链金融,通过龙头企业解决中小企业的产品销售难、融资难等问题,依托龙头企业的数字化改造和试验示范,带动中小企业的智能化改造,消除中小企业"转型升级"的后顾之忧。通过财税优惠等激励政策,积极支持服务业智能化改造升级,打造全国知名的商圈,助推重庆国际购物和消费名城建设。

(3)加快数字经济创新要素和人才集聚

人才是数字经济创新发展的根本。重庆经开区需要发挥自身拥有几所高校的资源禀赋优势,引导高校加强专业调整、人才培养,促进校企合作,为本地企业定制化培养人才,引导企业加强人力资本培训,培养和引进数字经济高质量人才,改善高级技能人才的社会福利保障政策,吸引和留住数字经济创新人才在重庆经开区安家落户。加快引进数字经济高端创新机构,建立数字经济创新联盟,推进数字经济资源共享,改善数字经济创新发展的投融资环境。

4.4 其他样本区县数字经济产业布局和重点发展思路①

4.4.1 九龙坡区数字经济产业布局和重点发展思路

(1)九龙坡区数字经济产业布局与重点任务

九龙坡区拥有较好的数字经济发展环境与良好的数字产业基础,坐拥重庆互联网软件园、石桥铺IT数码商圈、二郎科技孵化园、启迪科技园、集成电路产业园等优秀数字经济产业园区,拥有3个A类等级的科技企业孵化器。全区规模以上数字经济工业企业88家,规模以上数字经济服务业企业110家。2019年实现数字经济增加值106.91亿元,2020年1–9月数字经济增加值为89.8亿元。集聚了梅安森、亚德、南华中天、凯泽科技等200多家优质企业,成功引进启迪数据云集团全国总部、重庆大数据人工智能创新中心、兵科院西南分院、航天信息西南研发中心等重点企业,软件和信息技术服务业年营业收入超过100亿元。抽样分析发现,在129家抽样企业中,软件服务业97家,年销售收入63.4亿元,占比82.02%;物联网产业12家,年销售收入6.5亿元,占比8.41%;大数据、人工智能产业

①调查样本北碚区与沙坪坝区由于产业数据统计上分别与两江新区、高新区有所重合,为保证报告的逻辑性,故不在此部分详细介绍。

17家，年销售收入4.1亿元，占比5.30%；集成电路产业3家，年销售收入3.3亿元，占比4.27%。

基于上述数字产业结构，九龙坡数字经济产业发展的重点任务，应是把培育和发展软件服务业作为特色支柱产业抓好抓实，形成全市软件服务产业创新发展新高地，并推动数字经济与实体经济融合发展。

(2)九龙坡区数字经济创新发展思路

立足现有资源禀赋和产业发展基础，九龙坡可以采取以下措施促进数字经济创新发展：

一是促进软件服务业集聚发展。软件服务业在九龙坡区涉及领域广、聚集度高，产业基础好；与软件服务业关联较大的大数据产业也有一定的产业基础。应加强软件服务业产业园区配套设施建设，继续引进和培育配套企业，完善软件服务业生态集群体系。对有一定规模的企业进行上市辅导，鼓励规模以上企业进入资本市场融资，对于规模以下企业给予一定的财政扶持。在大力发展软件服务业的同时，鼓励相关大数据、人工智能产业错位发展，避免与其他区县形成同质化竞争。

二是积极为数字技术企业拓展本地市场。可运用九龙坡区良好的数字技术企业基础，积极开展专业展会，以论坛、联合路演等形式，以节约比较成本、高效率的优点吸引本地客源，帮助企业推介数字技术产品，加强本地应用场景的开发，提高数字产品本地消化比率。同时定期开展商会活动，加强区内数字技术企业交流，增加九龙坡区在重庆市场上的整体影响力。

三是加强数字经济产学研一体化发展。鼓励市内高校与辖区内企业合作成立新型数字学院或平台，尝试搭建软件服务产业研究智库。还可以举办软件开发设计博览会和相关比赛，推动高校、企业、科研机构等在软件开发方面的交流和共享，促进成果转化。

4.4.2 渝北区数字经济产业布局和重点发展思路

(1)渝北区数字经济产业发展基础与重点任务

渝北区在数字产业化与产业数字化方面都有较好的基础与未来发展规划，目前的支柱产业为汽摩产业。渝北区在培育新的增长极方面，计划聚力打造千亿级智能终端产业集群和千亿级软件信息服务业集群等五个千亿级产业集群，依托前沿科技城、空港工业园打造千亿级智能终端产业集群，打造产业链完整生态；重点培育发展机器人、智能穿戴、智能手环、VR设备、3D打印等智能终端、智能装备项目，汇聚“芯屏器核网”智能终端全产业链。2020年智能终端产值增长38.6%，拥有OPPO、传音、深科技、中光电等龙头企业，智能终端全产业链初步形成。

基于现有产业发展基础，为了避免与两江新区产业雷同，渝北数字产业化发展的重点任务应是建成重庆智能终端产业和软件信息服务业的发展高地，并推动数字经济与实体经济融合发展。

(2)渝北区数字经济创新发展思路

立足渝北区的地理区位优势和优良的物流生态体系，可以从以下几个方面促进数字经济创新发展：

一是做大做强软件信息服务业。以仙桃数据谷为基础，培育引进龙头企业，发挥龙头企业辐射作用，聚集带动中小软件服务类企业发展，补齐产业链短板，进一步提升软件信息服务产业的实力。建立软件产业平台，引入供应链金融机制，着力支持相关企业上市，加强园区配套设施建设。在软件与信息服务业发展过程中，寻找特质性发展方向，与市内其他相关产业区域进行良性竞争与交流互动。

二是促进智能终端产业高质量发展。打造智能终端产业集群，加快前沿科技城、空港工业园智能终端产业建设，大力推动招商引资和项目落地建设。探索汽摩、电子信息、装备制造等支柱和特色产业集群的工业互联网平台建设和运营模式，加快工业数字化转型，深化数字技术融合应用，加快数字技术与制造业深度融合。将空港工业园区打造成机器人、智能穿戴、智能手环、VR设备、3D打印等智能终端项目示范园区。

三是加快汽摩产业智能化升级。引导汽摩产业加强智能化改造，积极支持汽摩企业建设智能化车间和智能化工厂，运用智能数字技术进行产业升级，提升整车制造与汽摩零件制造行业生产率，加强新产品技术研发力度，提高汽摩产品的核心竞争力。

4.4.3 永川区数字经济产业布局和重点发展思路

(1)永川区数字经济产业发展基础与重点任务

永川区从呼叫中心聚集园区出发，打造大数据产业园，以重庆云谷为载体和主战场打造四大数字经济平台。一是打造自动驾驶产业生态平台，以龙头企业百度为中心，建设百度西部自动驾驶开放测试基地，并与重庆高新区、双桥区智能网联汽车测试基地协同发展，有序推出“快速公路、高速公路”等全国稀有测试场景，加快推动自动驾驶在“出租、公交、环卫、快递、货运物流”等领域的商业化应用，在未来将形成以智能驾驶技术为引领的智能化产业体系。二是打造数字内容创新平台。依托爱奇艺、人大文化科技园、达瓦等龙头企业，以数字影棚为特色，以影视产业创新服务中心为基础，建设市级重点数字内容制作基地、西南地区影视产业集聚区、国家级文化创意产业园、国家文化和科技融合示范基地。三是打造西南大数据处理平台。聚集人和集团、爱奇艺、字节跳动、B站等数据处理项目，同时引进披云网络与中国移动建设服务器，为大数据产业提供支持。四是打造高端研发平台。注重发展生物技术产业,培育壮大西南大学生物技术产业研究院。同时,高度重视实体产业数字化,积极打造以长城汽车智能化车间为代表的智能制造装备产业集群,已累计建成3个智能工厂,11个数字化车间,6个工业互联网示范项目,实施了150个智能化改造项目,培育了10家智能制造解决方案供应商。

到目前为止,永川数字经济发展初步形成了以数字文创和服务外包为主导的产业集群,因此,其数字经济创新发展的重点任务应是:建成重庆市数字文创与服务外包产业基地,实现与其他区县的功能区分和错位发展。

(2)永川区数字经济创新发展思路

基于永川数字经济发展的现实基础和著名职教城的资源禀赋特征,其数字经济创新发展应采取以下措施:

一是积极探索服务外包产业集聚发展模式。以呼叫中心为基础,鼓励企业向数据标注、大数据平台应用、物联网应用等产业方向延伸。逐渐完善服务外包产业链条,支持服务外包科技创新,加快服务外包人才引进和培养,以服务外包为着力点,积极构建大数据产业投融资体系。

二是继续加强智能制造装备产业集群。通过出台财税金融支持政策、开办培训班、成功企业讲解经典案例、组织实地考察等方式,引导汽车等工业企业加快推进智能车间和智能工厂建设,实现智能制造,大力推动科技创新,继续引进培育研发机构,助力汽车等企业提升核心竞争力。

三是打造自动驾驶产业生态平台。继续推进百度西部自动驾驶开放测试基地建设,协同重庆高新区、双桥区智能网联汽车测试基地,有序推出"快速公路、高速公路"等全国稀有测试场景,加快推动自动驾驶在"出租、公交、环卫、快递、货运物流"等领域的商业化应用,加快形成以智能驾驶技术为引领的智能化产业体系。

四是建设数字经济专门人才培养基地。与国内外知名专家学者建立长效的合作机制,加快培育和引进大数据产业院士,加强相关领域博士后工作站建设;引进领军团队(人才)在永川承担国家、市级大数据重点科技项目;创新和深化"政园校企"合作,鼓励共建大数据学院、大数据专业和大数据科研机构、见习实训基地等,将永川职教城建设成为全国知名的大数据产业人才培养基地,吸引辖区内毕业生本地就业。

4.4.4 合川区数字经济产业布局和重点发展思路

(1)合川区数字经济产业发展基础与重点任务

合川区的数字产业发展具有显著的代表性和独特性,主要培育网络安全产业,为全市数字经济发展提供网络安全技术服务,因而功能定位亦十分清晰。近四年间,其网络安全产业产值年均增长180.4%，产值占地区生产总值的比重达到14.6%，已培育起网络安全产业“政金产学研用”生态圈。网络安全产业城按照“国家战略、政府主导、企业主体、市场运作”的原则，整合“政金产学研用”资源，培育以政府支持体系、技术创新体系、产业应用体系、教育培训体系、建设运营体系、融资保障体系“六位一体”的产业生态。布局以网络安全为主的1000亿元级信息技术产业集群，建成国家级网络安全产业基地。2020年，网络安全产业城相继入驻罗克佳华、天融信、大连电瓷三家上市企业，引进猪八戒网、讯飞幻境两家独角兽企业，签约龙观集团、盘古集团，填补了产业孵化板块空白。

基于合川现有的数字经济产业发展基础，其数字经济创新发展的重点任务应是：建成服务覆盖全市、辐射西部的互联网安全产业集聚名城。

(2)合川区数字经济创新发展思路

要将合川区打造成全国著名的互联网安全产业名城，增强互联网安全产品运用与服务能力，建议采取以下措施加快发展。

一是深化网络安全产业建设。合川区作为国家级网络安全技术应用试点区域，主导的网络安全产业具有特质性，与其他区域形成了差异化发展格局。同时网络安全产业是数字产业的重要组成部分，具有良好的发展前景，易与其他产业产生正向协同作用。在未来发展过程中应进一步扎根于网络信息安全领域，增加对行业内龙头领军企业的引入，进一步采取“六位一体”政策措施，强化“政金产学研用”生态圈，加大产品推介运用力度，增强行业影响力，注重发挥头部企业在产业聚集中的引领带动作用。

二是建立完善的网络信息安全人才培育系统。网络安全技术产业所需人才特质较为明显，合川区应重点推进企业与高校合作培养网络安全产业人才，鼓励各类网络安全攻防赛事的举办，运用赛事影响力增强合川区网络安全技术培训在市场上的影响力。出台相应的网络安全技术研发人才引进政策，吸引领军人才进驻园区，鼓励本地高校加强网络安全人才的培养，吸引到产业园区就业。

三是加强与市内外企业互联网安全领域的合作。在市内积极宣传推介互联网安全产品和技术，探索建立多种合作机制和服务模式，发挥合川的网络安全产业的辐射带动作用，提升合川数字经济产业影响力。积极拓展西部市场，将产品和服务辐射到整个西部地区，进一步发挥网络安全维护优势，扩大在西部市场的产业影响力。

4.5 各样本区县数字经济创新发展政策比较与启示

4.5.1 各样本区县数字经济创新发展政策比较

从各区县政策整体来看，各区县都有相关条例涉及促进数字经济创新发展的内容，其中以高新区、两江新区、重庆经开区、永川区出台的政策对数字经济产业创新发展最具有针对性，且政策宣传力度较大。截至2021年初，各区县数字经济创新发展政策的支持力度以高新区为最强，部分区县原有的扶持政策体系于2020年末到期，新的激励政策尚在制定阶段。各区县数字经济创新发展的政策比较如表4-3所示。由表可知，各区县的政策集中体现在金融政策、人才政策、创新政策、补贴政策四个方面，主要是解决企业的人才、资本等发展要素问题，降低企业数字化智能化转型成本和风险。

表4-3 各样本区县数字经济创新发展扶持政策比较

区县名称	金融政策	人才政策	创新政策	补贴政策	
				补贴方式（主要）	补贴依据（主要）
两江新区	有吸引金融机构的政策与产权质押支持	高新技术人才薪金补贴与优惠配套	对研究机构的创新成果产业化给予直接补贴	直接经费支持	对地区经济贡献程度
高新区	有吸引金融机构的政策与PE、VC风险贴现	专设人才评定与奖金、人才优惠配套政策	对研究机构、企业、人才的创新行为给予直接奖励	直接经费支持	以项目资质评级为准
重庆经开区	对高新企业贷款给予补助贴现	人才优惠配套政策	给予一定机构、人才创新经费补助	资金配套	上级财政资助额度，企业规模与营收增长率
沙坪坝区	有吸引金融机构的政策与产权质押支持	人才培育政策支持	鼓励科技企业使用创新券	部分资金补助	一事一议
九龙坡区	有吸引金融机构的政策与PE、VC补贴	人才优惠配套政策	给予一定机构、人才创新经费补助	按比例资金补助	区级财政贡献
渝北区	科技信贷服务费补贴	人才优惠配套政策	对研究机构进行补贴，给予创新成果转换奖励	区级资金配套	上级财政资助额度与区级财政贡献
北碚区	有吸引金融机构的政策与产权质押支持	人才优惠配套政策	对研究机构进行补贴，给予创新成果转换奖励	按比例资金补助	上级财政资助额度

续表

区县名称	金融政策	人才政策	创新政策	补贴政策	
				补贴方式（主要）	补贴依据（主要）
永川区	有吸引金融机构的政策与PE、VC补贴	对区内院校向区内输送人才进行奖励，以资金补贴学生实习与职业再培训，具有高技术人才优惠配套政策	对区内企业创新经费给予财政贡献补贴，对新设科研机构给予科研费用支持	资金补助	座席规模[①]与项目评定评级
合川区	有吸引金融机构的政策与产权质押支持	人才优惠配套政策	鼓励科技企业使用创新券，给予创新成果转换奖励	分级配套	固定资产投入与销售收入

资料来源：根据各区县政策进行整理。

4.5.2 各样本区县数字经济创新发展的政策启示

政策是驱动数字经济创新发展的重要动力。在政策出台和执行中，需要均衡政府与市场机制的关系，政府的政策着力点主要是提供适当的激励机制。从各区县出台的政策来看，我们的建议主要有以下三点：

（1）区县政策力度客观存在差异性，不应追求一个标准

政策的核心在于财政补贴，因而政策出台不仅取决于企业对政策的需求，而且取决于政府的财政能力，各区县经济发展水平、区位优势和财政实力不一，政策扶持力度应该有所差异。从实际情况来看，两江新区、高新区、重庆经开区的政策支持力度要略高于其他区县，其中高新区最新发布的“金凤凰40条”覆盖的范围最广，在科研机构引进、人才吸引、金融环境创建方面力度最大，根源在于它们在政策、区位和财政方面均存在显著优势。

（2）各区县出台的激励政策需要符合自身产业发展特色

各区县应对自身产业基础进行分析，避免对少部分头部企业的政策恶性竞争。各区县在竞争的同时要坚持发挥联动协同作用，积极引导企业实施跨区域合作、产业链分工协作，以政策精细补助为工具，走出产业重复布局的“死胡同”，提升区域整体竞争力。各区县在进行数字经济创新发展规划时，要放眼全市布局，走差异化协同发展道路，避免无视产业基础，扎堆热门产业的情况。各产业园区应注重招商发展方向差异化，减少市内园区优惠政策竞争，走特色发展道路，增加数字经济发展“弯道超车”的可能性。

---

①对于新设立的企业，座席规模300~500席，给予最高4000元/席的座席补贴；座席规模500席及以上，给予最高5000元/席的座席补贴，总额最高不超过1000万元。已设立且座席规模在300席以上的企业，给予1500元/席的新增座席补贴。

(3)政策扶持补贴标准要贴合目标企业实际情况

各区县应根据政策扶持的目标企业的实际情况制定补贴标准,对信息技术等轻资产高新技术企业不应以固定资产投入规模等常规指标作为其资金配套规模的依据。同时,数字经济创新发展也应避免唯经济贡献程度、唯规模补助政策。改善小规模高新技术企业金融服务环境,营造辖区内支持创新的投资氛围,为优质科创项目与金融机构搭建沟通展示平台。

4.6 本章小结

目前重庆市各区县数字经济发展水平差距较大,发展基础不同。部分区域出现了数字经济产业同质化的情况,集中在汽摩产业和软件信息服务业领域。各区域未来期望发展行业集中于智能终端制造、大数据医药、集成电路几个产业中。各区域示范园产业方向同质化现象突出。在园区规划层面,各区规划发展的数字产业和产业数字化融合领域均出现了相似现象,但在具体政策上,各区产业发展和招商引资等政策并没有本质区别,其差异主要在优惠力度上,形成了政策的“价格竞争”。如果各区不进行特质性发展,而是为了吸引企业入驻,各地“拼优惠”,则形成恶性竞争,不利于发挥各区的良性协同作用。各区域的同质化发展会导致区域产能过剩、低水平竞争和削弱区域竞争力,影响全市数字经济的可持续健康发展。

因此,各区在发展数字经济过程中,一方面要互相交流学习产业培育、发展经验,另一方面要找到自身的特质性发展行业,与其他区县进行合理分工,形成良性协同发展局面。且不能单纯地模仿别人的经验,而是应对辖区内市场进行观察、思考和策划,培育特色。成功的产业集聚,培育和招商是区域发展的关键,特别是在招商资源有限、区域间竞争激烈的背景下,如何在招商工作中不断总结经验教训,持续改进,形成招商的差异化竞争,同时注重本土企业的培育,才是良性发展的关键。

第5章　重庆数字经济创新发展测评指标体系构建

本章首先研究数字经济创新发展的成本与收益的确认细则，然后梳理国内外数字经济统计核算的研究进展以及国内外数字经济核算指标体系与方法。在此基础上着重考察重庆市的数字经济统计核算制度，旨在对重庆实行的数字经济发展水平的测评指标体系和方法的科学性和合理性进行评估，为进一步改进和完善重庆数字经济统计核算制度提供相应的建议。

5.1 数字经济创新发展的成本与收益确认原理

5.1.1 数字经济创新发展的成本核算

成本核算主要来自生产经营过程中生产要素的数量和价格。生产要素是经济社会生产经营所需要的各种资源。从索罗提出的经济增长模型$Y=A\cdot f(K,L)$来看，实现经济增长的路径包括加大要素资本(K)和劳动力(L)投入，或通过技术进步(A)，或通过改变企业组织形态或生产组织模式(f)来提高产出水平(Y)。如今数字化经济社会中，数据(D)作为数字经济全新的、关键的生产要素之一，贯穿于数字经济发展的全部流程，与其他生产要素不断组合迭代，加速交叉融合。因此，数字经济的快速发展离不开要素禀赋的支撑，即资本、劳动力、土地、数据，也离不开技术进步和全要素生产率的提高。价值化的数据要素推动技术、资本、劳动力、土地等传统生产要素不断优化重组，以及数据要素与其他传统生产要素相结合，催生出人工智能、云计算等“新技术”、金融科技等“新资本”、智能机器人等“新劳动力”、数字孪生等“新土地”、区块链等“新思想”。生产要素的新组合、新形态将为数字经济发展不断释放放大、叠加效应，产生倍增效应（中国信通院，2020）。此外，作为数字经济时代的核心要素，数据的采集、加工与使用具有明显的规模经济与网络经济性，在数字经济中，规模效益要比制造行业更强大。究其根源，一方面是用户提供或者反馈的数据可以帮助企业不断改进产品，另一方面是数字经济形态下，数据可以帮助产品在更早的时间内抢占先机。数字经济所带来的规模效应是传统的经济形态不可比拟的。

数字经济创新发展的成本大致包括以下两个方面。

（1）数字技术企业成本

数字技术企业生产的产品主要是数字技术产品，包括数据要素本身、软件等数字化产品，围绕产品的研发、生产、销售环节，主要有研发成本、生产成本、销售成本。其中生产成本主要是由生产环节消耗的各种生产要素价格和数量的乘积加总求得。对于数字技术企业，其研发、生产与销售往往是贯通在一起的（当然也有分离的情形），因而成本核算主要计算这三大板块，与一般产品的成本核算方法类似。

（2）实体企业数字化改造成本

实体企业数字化、智能化改造成本是指实体企业因利用数字化技术、数据要素产品、智能化生产线或互联网线上营销渠道等而发生的所有成本，包括硬件设施成本、软件设施成本和其他改装运行成本等，是可以单独核算的成本支出。一般按照实际发生货币支出的历史成本原则予以确认。

5.1.2 数字经济创新发展的收益分析

从收益的角度来看，数字经济创新发展是一种高效的新型经济，通过与传统产业融合、优化产业结构、提高生产效率等机制促进经济高质量发展。数字经济发展所带来的收益主要包括催生高技术新兴产业，深化数字化技术、思想、流程在传统产业中的运用。

根据中国信息通信研究院对数字产业化的定义，我们将数字产业化分为信息通信业、电子信息制造业、软件和信息技术服务业、互联网及相关服务行业，包括但不限于5G、集成电路、软件、人工智能、大数据、云计算、区块链等技术、产品和服务。《2018中国企业数字化发展报告》提到，数字经济下企业增益的途径就是通过数字化交付的产品、服务和数据创造新价值。具体表现在：一是产业数据要素的资产化，实现数据的直接或间接变现而产生的收益，在扣除产品的各项成本后得到产品的净收益；二是延长产业链、拓宽产业范围，如以大数据为核心催生出数据挖掘、分析预测服务、决策外包服务等产生的收益（销售收入），在扣除各项成本后获得的净收益；三是利用数字化技术应用创造服务新业态，激活新动能而产生的收益。

此外，产业数字化包括“数字化+”与三大产业的深度融合：数字化+农业、数字化+工业、数字化+服务业。数字技术与其他产业融合应用和产出的结果，通过ICT产品和服务在其他领域融合渗透带来的产出增加和效率提升而额外增加的收益水平，扣除数字化技术改造成本后，就能计算出数字化智能化改造所带来的净收益。

需要指出的是，净收益仅指企业利润，是扣除了包括人力要素成本后的收益，如果要核算增加值，就需要将人力要素成本与企业净利润相加，因为人工要素成本形成了劳动者收入。

5.2 国内外数字经济创新发展核算指标体系构建实践

5.2.1 现有研究进展情况

据牛津英语词典记载，“数字经济”一词最早出现在1994年3月1日报纸*The San Diego Union-Tribune*的一篇报道中。1995年，加拿大商业策略大师Don Tapscott在其著作《数字经济》中首次提出了“数字经济时代”的概念，Tapscott也因此被称为“数字经济之父”。20世纪90年代，受益于信息技术的广泛应用，美国经济迎来快速发展的阶段。1998年美国商务部发布了*The Emerging Digital Economy*，着手研究核算指标和搜集数据，此后又陆续发布了*The Emerging Digital Economy* Ⅱ和*Digital Economy* 2000等。此后，数字经济这一概念逐渐传播开来。但是，目前国际上对数字经济还没有形成统一的定义，在对数字经济的核算上也没有形成统一的测算体系。

表5-1 国内外数字经济相关指标体系一览表

地域	指数名称	发布者	一/二/三级指标	首次发布时间(年)	出处
国外	数字经济与社会指数（DESI）	欧盟	5/12/31	2014	The Digital Economy and Society Index(DESI).
	数字经济核算	OECD	4/38	2016	Measuring the Digital Economy: A New Perspective
	数字经济核算体系	BEA	无	2016	Measuring the Digital Economy-BEA
国内	数字经济指数	中国信通院	3/23	2017	中国数字经济发展白皮书(2017年)
	数字经济指数	赛迪顾问	5/34	2017	2017中国数字经济指数(DEDI)
	全球数字经济竞争力指数	上海社科院	4/12/24	2017	全球数字经济竞争力发展报告(2017)
	互联网+数字经济指数	腾讯研究院	4/14/135	2017	中国“互联网+”数字经济指数(2017)
	中国数字经济指数	财新智库	4/18	2017	中国数字经济指数(试行版)
	中国城市数字经济指数	新华三集团	4/12/36	2017	中国城市数字经济指数白皮书(2017)
	中国(苏州)数字经济指数	苏州大学等	3/8/27	2017	基于大数据的苏州数字经济

国内外对于数字经济创新发展的核算指标体系大多是由政府机构和相关研究所研发的,他们研究的视角各不相同。国民经济核算体系2008(SNA-2008)面对数字经济的快速发展,在核算范围和规则、所有权界定、卫星账户等方面进行改进,为数字经济测度奠定了核算基础。例如,修订"计算机软件"的资产类别、拓展金融资产的边界、提出货物所有权变更原则,提出旅游、环境、卫生等卫星账户核算思路和方法,这些改进都为数字经济测度提供了便利。国际上对于数字经济发展的核算指标体系以OECD和BEA的研发成果最具有代表性,国内以中国信息通信研究院、腾讯研究院、赛迪顾问的研发成果为代表。国内外比较典型的数字经济指标体系的研究成果汇总如表5-1所示。

(1)国外数字经济评价指标体系综述

DESI是为评估和监测欧盟各国在经济与社会数字化方面的表现而专门设计的综合评测指标。如表5-2所示,参照OECD《建立复合指数:方法论与用户说明手册》,欧盟的指标评价体系主要从宽带接入、人力资本、互联网应用、数字技术应用、公共服务数字化程度等5个一二级指标来综合描述欧盟经济社会的数字化水平和进程。DESI指数的分值介于0到1之间,分数越高代表经济和社会的数字化程度越高。该指标体系的数据大部分来自欧盟家庭ICT调查、企业ICT调查等专项统计调查,积累的数据具有较高的可靠性,在涉及指标体系时可以借鉴此种调查方式。

表5-2 欧盟数字经济与社会指数(DESI)指标体系

组织名称	一级指标	二级指标
欧盟	宽带接入	固定宽带、移动宽带、移速、可支付能力
	人力资本	基本能力和适用情况、高级技能及发展
	互联网应用	交易、交流
	数字技术应用	企业数字化、电子商务
	公共服务数字化程度	电子政务

表5-3 OECD数字经济核算指标体系

组织名称	一级指标	二级指标
经济合作组织(OECD)	智能基础设施投资	宽带普及率、移动数据通信、互联网发展、开发更高速度、网络连接价格、ICT设备及应用、跨境电子商务、网络安全、感知安全和隐私威胁、完善网络安全和隐私保护、证据基础
	创新能力	ICT与研发、ICT行业创新、电子商务、发挥微观数据的潜力、ICT专利、ICT设计、ICT商标、知识扩散

续表

组织名称	一级指标	二级指标
	赋权社会	互联网用户、在线行为、用户复杂性、数字原住民、儿童在线、教育中的ICT、工作场所中的ICT、电子商务消费者、内容无边界、电子政府应用、ICT和健康
	ICT促进经济增长与增加就业岗位	ICT投资、ICT商业动态、ICT附加值、信息产业劳动生产率、测度经济服务质量、电子商务、ICT人力资本、ICT工作岗位、贸易经济与GVC

OECD从影响社会居民生活的视角出发，以智能化基础设施投资、创新能力、赋权社会、ICT促进经济增长与增加就业岗位4个方面来构建数字经济发展指标体系。其中，衡量智能化基础设施投资的指标包括宽带普及率、移动数据通信等11个二级指标，衡量赋权社会的指标包括互联网用户、在线行为等11个二级指标，衡量创新能力的指标包括ICT研发与研发、ICT行业创新、电子商务等，衡量增长和就业的指标包括ICT投资、ICT商业动态、ICT附加值等9个二级指标（如表5-3）。OECD在对信息的收集中采取了常规调查和专项调查协同配合的方式，对数字经济的信息调查比较全面。但是从实践来看，目前OECD的成员国在对数字经济进行核算时涉及的维度并不全面。

美国作为数字经济发展领先的国家之一，最早于1998年开始对本国的数字经济进行核算。BEA从产业部门构成的视角出发，从数字基建、电子商务和数字媒体3个方面来建立数字经济发展指标体系。数字基建分为计算机硬件、软件、电信设备和服务、为数字产品提供支持服务及其建筑物；电子商务分为B2B、B2C、P2P三种；数字媒体分为直销式、免费式数字产品和服务以及大数据服务三种。和OECD对数字经济的测度相比，BEA数字经济测度则是以常规调查为主，注重产业部门产出，数据要求相对较少。

(2)国内数字经济评价指标体系综述

我国对数字经济的研究相对较晚，且我国的国情与欧美各国相比存在很大差异，完全照搬欧美的核算模式并不合理，所以需要结合中国特征研究出科学的数字经济测度框架。以下将从我国机构、省市、学者研究3个方面介绍我国数字经济评价指标的具体研究情况。

第一，机构研究。

2017年，中国信息通信研究院在对数字经济发展现状、特征等进行研究的基础上，首次编制了DEI指数，力求综合反映当前数字经济的波动轨迹，有效监测数字经济的发展态势。DEI指数包括先行指数、一致指数和滞后指数三类，如表5-4所示。

表5-4 中国信息通信研究院数字经济指数指标体系

先行指数	一致指数	滞后指数
大数据投融资	ICT主营业务收入	第一产业增加值
云计算服务市场规模	ICT综合价格指数	工业增加值
物联网终端用户数	互联网投融资	第三产业增加值
移动互联网接入流量	电子信息产业进出口总额	信息消费规模
移动宽带用户数	电子商务规模	
固定宽带接入时长	互联网服务市场规模	
固定宽带用户数	"互联网+"协同制造	
	"互联网+"智慧能源	
	"互联网+"普惠金融	
	"互联网+"高效物流	

其中，先行指数是在数字经济全面增长或衰退尚未来临之前就率先发生波动的指数，它揭示了数字经济未来的变化趋势，预示着未来经济的发展走势和可能出现的周期性变化。一致指数是伴随着数字经济的周期波动而变化的指标，反映了数字经济当期变动情况，是对当前数字经济运行总体情况的描述。滞后指数是在数字经济周期发生波动后才显示作用的指标，刻画了数字经济的历史变化规律，是对数字经济总体运行中已出现周期波动的确认。数字经济指数反映的是与基期相比的经济景气状态。数值大于100表示与基期相比数字经济发展景气；数值小于100，表示与基期相比数字经济发展不景气。表5-5显示了其他机构对数字经济核算指标的选择情况。

表5-5 其他机构的中国数字经济指数指标体系对比

机构名称	一级指标	二级指标
赛迪顾问有限公司	基础型数字经济	电子信息制造业规模、信息传输业规模、软件和信息技术服务业规模、互联网普及率、固定宽带签约、宽带用户平均下载速率、移动电话普及率
	资源型数字经济	上市大数据企业数、数据交易中心数量、政府数据开放水平、移动互联网接入流量、移动宽带用户数、固定互联网宽带接入时长、固定宽带用户数
	技术型数字经济	高技术产业R&D人员折合全时当量、高技术产业R&D经费内部支出、高技术产业专利情况、高技术产业技术获取与技术改造支出
	融合型数字经济	农业互联网平台数、有电子商务交易活动企业占比、两化融合国家级示范企业数、数字化研发设计工具普及率、关键工序数控化率、智能制造就绪率

续表

机构名称	一级指标	二级指标
	服务型数字经济	即时通信——微信用户分布、旅游——携程用户分布、生活服务——新美大用户分布、网上购物——网络零售额、互联网——支付宝用户分布、娱乐——爱奇艺用户分布、教育——中小学联网接入率、互联网医疗——平安好医生用户分布、出行——滴滴出行用户分布、政务——我国省(区、市)gov.cn域名分布
上海社科院	数字基础设施竞争力	云管端
	数字产业竞争力	经济产出、国际贸易、平台企业
	数字创新竞争力	技术研发、人才支撑、创新转化
	数字治理竞争力	公共服务、治理体系、安全保障
腾讯"互联网+"	基础分指数（市场基础、技术基础）	微信的7个二级指标、手机QQ的15个二级指标、数字内容产品的5个二级指标、云计算平台的4个二级指标
	产业分指数（各行业分类）	分行业微信公众号的10个特征值;分行业移动支付的2个特征值;零售、餐饮住宿、旅游、交通物流、生活服务等重点行业加入京东、滴滴、携程、新美大等行业领先互联网公司的14个特征值
	创新创业分指数(App数量、有效创业项目数)	涵盖App数量、有效创业项目数等指标
	智慧民生分指数	涵盖服务项目价值分、服务质量星级分、月活跃用户数、用户回流率、用户满意度、重点行业丰富度等指标
财新智库	数字经济产业指数	大数据产业、互联网产业的劳动投入、人工智能产业
	数字经济融合指数	工业互联网、智慧供应链、共享经济、金融科技
	数字经济溢出指数	制造业占比、其他行业对数字经济的利用率(共8类)、其他行业分别占比(共8类)
	数字经济基础设施指数	数据资源管理体系、互联网基础设施、数字化生活应用普及程度
新华三集团	城市信息基础	信息基础设施、数据基础、运营基础
	城市服务	政策规划、智慧民生、应用成效
	城市治理	政策规划、智慧治理、应用成效
	产业融合	"互联网+"农业、"互联网+"工业、"互联网+"服务业
苏州	发展环境	信息基础设施、知识产权、核心政策推动
	信息产业	ICT硬件产品制造业、ICT软件和信息服务业
	数字化融合发展	电子政务、数字消费、社交媒体

2017年,赛迪顾问发布了《2017中国数字经济指数(DEDI)》白皮书,报告在对数字经济的发展演变和特点进行分析的基础上,提出了中国数字经济指数(DEDI)。DEDI指数是选取一系列反映各类数字经济发展的指数,并利用统计方法将其进行合成计算后得出

的代表数字经济发展水平的指数。具体而言，DEDI指数从基础型、资源型、技术型、融合型和服务型5个维度建立一级指标，5项指标分别用于衡量各类数字经济的发展水平。一级指标下设立34个二级指标，主要包括电子信息、软件、互联网宽带、高技术产业和融合产业等方面。为确定各项指标的权重，该指标评价体系对31个省级行政区域的数字经济发展状况进行了测定。但是由于此项指标体系数据来自各省市，数据来源稳定性差，适用范围有所限制。

《全球数字经济竞争力指数》于2017年12月首次发布，报告构建了由数字基础设施竞争力、数字产业竞争力、数字创新竞争力、数字治理竞争力等4个维度组成的全球数字经济竞争力分析模型，通过大规模采集和分析全球120多个国家的数字经济发展数据，形成了综合性及多维度的评价。报告特别分析了中美数字经济在竞争力方面的差距，从各个单项维度看，美国在竞争力上都呈现出领先的地位。该报告在一定程度上对我国数字经济评价指标的建立有参考作用，然而该报告所提出的竞争力分析模型中采用的数据牵涉到多个国家，很可能会出现信息收集不全而导致测算结果有所误差。此外，该竞争力指数模型的使用对象主要是国家层面，若应用到各省市，测算得出的结果可能并不显著。

早在2015年腾讯研究院就开始对中国数字经济发展状况进行研究。2017年，腾讯研究院发布了《中国"互联网+"数字经济指数(2017)》，提出了中国"互联网+"数字经济指数。该报告认为中国"互联网+"数字经济指数是基础分指数、产业分指数、创新创业分指数、智慧民生分指数的加权平均值。该统计指标汇集了腾讯的微信、QQ、支付、新闻、视频、云、城市服务、众创空间等十余个核心平台的全样本数据，京东的电商数据，滴滴的出行数据，新美大的生活服务及餐饮住宿数和携程的旅游数据以及大量权威机构发布的第三方数据。显然，腾讯"互联网+"数字经济指数的数据多是从互联网企业中获取的，这种途径获取的数据资源比较丰富，且一手数据可以呈现动态式更新。但是，信息基础设施以及传统制造业的数字化转型等内容在此指数评价指标中几乎没有涉及。

2017年5月，财新智库等机构发布中国数字经济指数(CDEI)，该报告将数字经济定义为由信息技术革新驱动的经济增长，一方面包括电信、计算机、通信设备等信息技术相关的行业，另一方面包括由信息技术革新所带来的新商业模式、新生活方式、更丰富的效用。在此报告中，中国数字经济指数表示的是数字经济对经济发展的杠杆作用，囊括了产业活动、融合程度、溢出能力、基础设施4个方面的内容，在4个一级指标下分别设立了相应的二级指标。财新智库所提出的数字经济指数内容丰富、可读性高、反映的情况更加全面。但是与其他数字经济指数相比，该指数基本不包括政府使用和消费者使用的部分，更偏向于数字经济。

2017年4月，新华三集团数字经济研究院发布了《中国城市数字经济指数白皮书(2017)》，这是首个面向中国各城市发布的完整的数字经济评估体系，也是中国首个论述和评估城市数字经济发展现状的白皮书。该数字经济指数体系涵盖城市信息基础、城市服务、城市治理、产业融合4个维度，4个维度下又设立了12个二级指标，一共评估了国内40个城市的数字经济发展水平。该指标主要面向城市管理者，与国家和地方的相关政策规划紧密结合，具有高时效性、高客观性，并考察了热点数字化应用情况，关注技术创新在应用层面的实施成效。但是，由于我国各个城市在经济发展、政治地位、区域影响力、发展特点等方面各有不同，所以城市数字经济指数不能实行“一刀切”，而是应该因地制宜，探索适合各城市数字经济发展现状的指数体系。

2017年12月发布的中国(苏州)数字经济指数，通过对300多个网站的268.4亿条来自互联网、政府、企业等渠道的数据进行分析与测算，展现了苏州数字经济的发展状况和变化。苏州数字经济指数的构建是我国在城市领域开展的一项创新工作，该指数有一定的先驱性，对于城市层面的数字经济业评估具有显著的参考价值。该指数评价指标体系的数据可得性较高，但是由于该指数研究报告是在对大数据进行分析处理的基础上得出的，因此如何对数据进行清洗并挖掘出有效的信息是一项极具挑战性的工作，需要有规范的标准以及专业的人员，所以在适用性上有一定的限制性。

第二，省市研究。

2018年12月，浙江省公布《浙江省数字经济发展综合评价办法(试行)》，提出评价指标体系，设定5大类、10个一级指标和30个二级指标，权数总值设为100(如表5-6)。5大类指标体系分别为基础设施、数字产业化、产业数字化、新业态新模式、政府和社会数字化，权重分别为20%、28%、22%、15%和15%。10个一级指标分别为网络基础设施、数字网络普及、创新能力、质量效益、产业数字化投入、产业数字化应用、电子商务、数字金融、数字民生和数字政府。最后，各评价指标按照重要性采用专家调查法确定权重，采用综合加权法计算评价得分。

表5-6 浙江省数字经济指标评价体系

类别	一级指标	二级指标	单位	权重
基础设施(20分)	网络基础设施	城域网出口带宽	Gbps	3
		固定宽带端口平均速率	Mbps	5
		每平方公里拥有移动电话基站数量	个/平方公里	3
	数字网络普及	固定互联网普及率	户/百人	3
		移动互联网普及率	户/百人	2

续表

类别	一级指标	二级指标	单位	权重
		付费数字电视普及率(含IPTV)	户/百户	2
		信息进村入户覆盖率	%	2
数字产业化（28分）	创新能力	数字经济核心产业R&D经费相当于营业收入比重	%	5
		人均拥有数字经济核心产业有效发明专利数	件/万人	3
		数字经济核心产业制造业新产品产值率	%	4
	质量效益	数字经济核心产业增加值占GDP的比例	%	8
		数字经济核心产业劳动生产率	万元/人	5
		数字经济核心产业制造业亩均税收	万元/亩	3
产业数字化（22分）	产业数字化投入	企业每百人中信息技术人员数量	人/百人	3
		企业每百名员工拥有计算机数	台/百人	3
		信息化投入占营业收入比例	%	5
	产业数字化应用	企业使用信息化进行购销存管理普及率	%	3
		企业使用信息化进行生产制造管理普及率	%	5
		企业使用信息化进行物流配送管理普及率	%	3
新业态新模式（15分）	电子商务	人均电子商务销售额	元/人	3
		网络零售额相当于社会消费品零售总额比例	%	3
		工业企业电子商务销售额占营业收入的比重	%	4
	数字金融	人均银行机构网上支付、移动支付业务量	笔/人	5
政府和社会数字化（15分）	数字民生	人均移动互联网接入流量	GB/人	3
		客车ETC使用率	%	2
	数字政府	服务方式完备度	%	2
		服务事项覆盖度	%	2
		办事指南准确度	%	2
		在线办理成熟度	%	2
		在线服务成效度	%	2

广西壮族自治区数字经济评估指标体系共分为5个一级指标，分别为数字化基础能力、数字产业化发展水平、产业数字化发展水平、公共服务数字化水平、数字经济发展生态，权重分别为15%、15%、30%、25%、15%，一级指标下设立23个二级指标、46个三级指标，具体如表5-7所示。其中，数字化基础能力部分主要考察城市网络基础设施的铺设情

况以及数字网络的普及情况、数据中心和政务数据的服务能力；数字产业化发展水平部分主要评价数字产业化规模、增长水平、投资水平和参与全球产业链能力；产业数字化发展水平部分主要衡量农业、工业、服务业数字化发展水平；公共服务数字化水平部分主要考察数字政务服务能力、数字扶贫及基本公共服务能力；数字经济发展生态部分主要考量组织保障、人才保障、营商环境、创新能力和中国—东盟信息港建设参与度。指标权重从基础性、可用性、增长性等维度分析重要性，由专家调查法确定。权数总值设为100，由三个级别指标权重相乘得出。

表5-7 广西数字经济指标评价体系

一级指标	二级指标	三级指标
数字化基础能力	城市网络基础能力	城域网出口带宽
		固定宽带端口平均速率
		5G基站的数量
	数字网络普及情况	每平方公里拥有移动电话基站数量
		移动互联网普及率
		固定互联网普及率
		城乡有线广播电视入户率
	数据中心服务能力	政务数据中心在用服务器数
		企业数据中心在用服务器数
	政务数据服务能力	政务数据共享应用水平
		政务数据开放应用水平
数字产业化发展水平	数字产业化规模	软件和信息服务业营业收入
		电子信息制造业产值
		电信业务总量
	数字产业化增长水平	软件和信息服务业营业收入同比增速
		电子信息制造业产值同比增速
		电信业务总量同比增速
	数字产业化投资水平	软件和信息服务业投资增速
		电子信息制造业投资增速
	参与全球产业链能力	本市落地数字产业化的案例

续表

一级指标	二级指标	三级指标
产业数字化发展水平	农业数字化	农村电商服务站点覆盖率
		农业生产数字化水平
	工业数字化	两化融合数字化指数
		企业上云指数
	服务业数字化	网络零售额占社会总零售总额比例
		人均电子商务交易额
		人均移动互联网流量
		人均银行机构网上支付、移动支付业务量
		快递业务量
		数字贸易服务应用水平
		服务业数字化新业态
公共服务数字化水平	数字医疗	电子病历系统覆盖率
	数字教育	数字教育"三全"综合覆盖率
	数字旅游	数字旅游水平
	数字扶贫	数字扶贫水平
	数字公共安全	雪亮工程视频监控覆盖率
	数字政务服务	政务服务事项网办率
	数字交通	数字交通水平
数字经济发展生态	组织保障	数字经济政策
		数字经济组织机构
	人才能力	数字经济人才引入政策
		数字经济人才培训服务
	营商环境	营商环境指数
	创新能力	高水平技术创新载体数量
		授权专利数量
	中国—东盟信息港建设参与度	中国—东盟信息港数字经济项目数量

贵州作为国家大数据发展的先进地区，建立了贵州省大数据产业统计报表制度。本报表制度包含5张综合表，3张基层表，主要包括贵州省大数据产业发展规模情况、信息基础设施情况、大数据产业企业情况、省大数据产业制造业产值及主要产品情况、大数据产业企业主要财务指标等内容。按主营和非主营的关系，该统计制度将企业分为“大数据企业”（主营业务为大数据相关业务）和“企业大数据”（主营业务为传统行业，但生产过程中融合应用大数据、互联网+等信息技术的企业）。大数据企业按经营业务类型划分经营核心业务和关联业务的企业，其中核心业务类企业采用全面调查方式进行，而余下的关联业务和企业大数据部分企业则是充分利用现有专业数据查询后加工获取，若获取的数据不能满足需求将开展补充调查。

第三，学者研究。

“数字优先”是我国经济高质量发展的重要前提，其发展评估体系的构建也受到了学术界重点关注，但目前我国数字经济测度还没有形成一个全面且系统的数字经济评价指标体系，学者们也就此发表了自己的见解。张雪玲和焦月霞（2017）构建了数字经济发展的评价指标体系，所选取的指标包括信息通信基础设施、ICT初级及高级应用、企业数字化发展、信息和通信技术产业发展等19个指标，为后续进行实证研究提供了参考价值。随后，基于数据的可获得性，张雪玲等从数字化基础设施、数字化应用、数字化产业变革三个层面，利用14个三级指标构建数字经济发展评价指标体系，发现省际区域数字经济综合发展呈现由东向西阶梯式递减趋势（张雪玲和吴恬恬，2019）。金星晔等（2020）结合国家统计局对数字经济制定的统计分类标准，将数字经济分为数字经济基础设施及服务业、电子商务产业、数字化信息产业、数字化生产活动这四类产业，测算我国2019年数字经济规模占GDP比重要低于大多数机构的测算结果，所以核算范围界定不清和方法模糊会导致测算结果存在偏差。万晓榆等（2020）在已有研究结果的基础上，引入了数字化治理和数字知识型人才两个供给指标，从投入产出的视角，构建了投入、环境、产出3个一级指标，数字化创新、数字化基础设施、政府治理、企业自治、公众监管、数字产业化、产业数字化7个二级指标，在二级指标的基础上细分出20个三级指标、70个四级指标的数字经济评价体系。

从以上多维度的数字经济研究现状来看，我国针对数字经济的发展评价主要是通过建立一套数字经济评价指标体系来完成的，评价的方法较为单一。对于建立完整的统计报表的研究较少，所以有必要加快对我国数字经济统计制度的建立。

5.2.2 指标体系选择原则

为了保证构建的数字经济创新发展的评价指标体系科学有效且逻辑严谨，要遵循全面性、客观性、可比性、前瞻性的评价原则。

(1)全面性原则

建立的评价指标体系必须尽可能全面地反映数字经济发展的不同层面,能够对数字经济基本内涵所包括的信息进行科学测度。所选取的指标必须既相对完整,又具有可扩展性,从而能够根据信息社会的动态演变过程对指标体系进行调整和改善。

(2)客观性原则

建立的评价指标体系必须是客观科学的,所选用的指标要真实反映信息化社会的主要特征,相关数据是可获得的和高质量的,且保证准确性、全面性和适当性,能够用数学方法进行测度和计算。此外,在评估核算方法时也需要符合经济学、数学、统计学等多门学科的基本原理。

(3)可比性原则

构建的数字经济创新发展评价体系能够进行时空比较,这就要求指标选取应统一口径,具有可比性。一方面,对数字经济进行纵向比较有助于了解该地区不同时期数字经济发展的动态变量,从而对当地政策制定者提供有效帮助;另一方面,对数字经济进行横向比较有助于了解同一时期不同地区数字经济发展的区域差异,为当地政府效仿学习提供一定参考。

(4)前瞻性原则

中国的数字经济正处于快速成长期,过渡至成熟期还有一段路要走,因此对其评价指标体系必须长远考虑,且具有持续性和前瞻性,能够对未来的发展水平保持持续性的度量和分析。选择一些能够反映未来发展趋势的指标,使评价指标体系能够随着数字化信息社会的发展持续,从而使得数字经济在经济社会发展的各个阶段能够准确定位。

5.3 国内外数字经济创新发展评估核算方法探索

由于世界各国国情存在差异,所以各国采用的数字经济规模核算方法不尽相同。根据现有研究成果,目前数字经济测度方法大体上可以分为四类:直接估算法、指标体系法、卫星账户法、投入产出表法。目前,政府和研究院关于数字经济核算方法较为主流的是直接估算法和指标体系法。

5.3.1 直接估算法

直接估算法是对数字经济进行界定，核算或估算出省际以及地市级数字经济的规模量（BEA，2018；中国信息通信研究院，2018），该方法更加关注数字经济各个领域的发展状况和规模体量。美国对数字经济总量测度的理论研究和实践较早，BEA基于ICT对数字经济的界定，将其分为数字基础设施、电子商务和数字媒体三个方面，根据供给使用表（supply－use table）与北美产业分类系统识别数字经济产品及服务，最后利用一定方法算出数字经济总产出，但是这种方法忽略了数字信息技术在其他诸多产业中的应用，可能造成总量的低估。1998年，美国商务部发布了衡量数字经济的报告，讨论了信息技术和电子商务发展对美国经济的影响，指出1977—1998年间美国IT部门生产值的增加值占GDP的比重由4.2%上升到了8.2%（Margherio，1998）。2003年，美国商务部从SNA核算体系及产业分类标准出发，对数字经济展开量化研究，通过价格指数修正，估算出2002年美国数字经济的规模约为11672.85亿美元（以1996年为基期），占美国真实GDP的12.24%。

国内对数字经济的测算起步比较晚，最早的研究以增长核算为基础测算框架来测算数字经济总量（康铁祥，2008），2002年中国数字经济总规模约为10790.55亿元，占2002年中国GDP的8.85%。中国信息化百人会采用生产法与效率提升测算相结合的方法，通过产业的直接贡献和间接贡献进一步测算出2016年中国数字经济增加值为22.4万亿元，数字经济占GDP比重为30.1%；腾讯研究院在回归分析基础上利用面板数据推测我国2016年数字经济增加值为22.77万亿元，数字经济占GDP比重为30.61%。直接测算的中国数字经济数据可能高估了数字经济的规模及其占GDP的比重，比如中国信息通信研究院的数字经济规模测算结果相对其他结果偏高。当然这种差异不仅来源于测算方法上的不同，也来源于对数字经济概念及核算范围理解的偏差。彭刚、赵乐新（2020）基于蔡跃洲的研究思路，尝试将数字经济划分为数字经济基础层和数字经济融合应用层，从而计算数字经济总量及其在GDP中的占比。2018年中国数字经济规模达到了65593亿元，占GDP的比重一直处于稳步上升之中，2018年达到了13.16%，对GDP增长的贡献水平也在逐步提高，2018年上升到25.20%。

5.3.2 指标体系法

指标体系法是基于多个维度，每个维度选取具有代表性的相应指标，运用专家打分法、熵值法合成不同区域或不同领域数字经济发展的相对情况（OECD，2016；中国信息通信研究院，2017）。指标体系法更加关注构建的数字经济评估指标体系是否能够反映区域间的相对发展水平，在不同年份、不同省份之间进行纵向和横向相比。2010年前后，欧盟委员会和OECD针对日益兴起的数字经济和信息社会开展了一系列的统计和测算工作。OECD选取了具有国际可比性的40个三级指标,构建了数字经济发展评估指标体系,可以较为全面地反映世界主要国家数字经济的发展水平(Colecchia et al. 2014)。美国商务部于2016年成立首届数字经济顾问委员会,并于12月发布了一份数字经济报告,提出要从各经济部门的数字化程度、数字化对经济活动的影响、数字化对生产率和GDP等指标的影响、数字活动新兴领域等4个方面来衡量数字经济。

中国数字经济相关指数体系的研究起步较晚,但是近几年对各个方面的数字经济指标体系的研究层出不穷。中国信息通信研究院(2017)构建了数字经济指数(DEI),直观地对不同区域数字经济的发展态势进行比较。随后,赛迪顾问(2017)发布了中国数字经济指数(DEDI)、腾讯研究院(2017)发布了中国"互联网+"数字经济指数、财新智库(2017)发布了中国数字经济指数(CDEI)、上海社科院(2017)发布全球数字经济竞争力指数等。除此之外,国内很多学者也在尝试构建不同的中国数字经济综合指标评估体系。黄文金等(2018)、万晓榆等(2019)通过构建数字经济评价模型DEEP,评价地方数字经济的发展程度。刘军等(2020)在对数字经济内涵进行界定的基础上,将数字经济指数分解为信息化发展、互联网发展和数字交易发展3个维度,选用了光缆密度、移动基站密度、移动电话普及率、电子商务销售额等14个测度指标对三个维度进行细化,在权重赋值上参考NBI指数权重确定方法进行赋权,最后采用线性加权的方法计算数字经济指数。姬小燕(2020)在深入研究国内外政府、企业及研究机构发布的数字经济相关指标体系的基础上,将评估体系的一级指标分为ICT发展、技术创新、持续发展、产业数字化和电子商务5个维度,5个维度下共涵盖了21个二级指标,并运用其所构建的数字经济发展综合评价指标体系对浙江省数字经济发展水平进行研究。

5.3.3 卫星账户法(DESA)

卫星账户的概念由SNA(1993)首次提出,通过引入卫星账户,那些直接纳入中心框架会使得内容受限的特殊活动可以得到全面描述。目前世界上对DESA的编制研究处在初期探索阶段,鲜有国家对DESA进行了系统性的构建,对DESA的构建的研究走在前沿的是OECD。为了对数字经济的规模进行测度,OECD在SNA研究的基础上提出了数字经济卫星账户的概念,但是对具体的产业没有实行明确细分。2016年,OECD成立了数字经济下GDP测度的咨询小组(AG),通过引入"数字化产品"和"数字化服务号"来定义数字经济,并且初步构建了一个数字经济维度框架,此框架既能对接SNA中心体系又能开展独立核算。美国经济分析局2018年发布了《定义与测度数字经济》的工作报告,借鉴美国已经构建的旅游卫星账户、艺术与文化生产卫星账户等研究经验,运用供给—使用表从3个方面开展2006—2016年美国数字经济规模的测度。新西兰近些年来也对DESA测度框架的建立进行了较为前沿的探索，在AG研究经验的基础上，该国统计局首次运用供给—使用表对2007—2015年新西兰的数字经济运行情况进行测度。

目前，中国官方暂未编制过DESA的框架，有关数字经济的测定包含在信息化和电子商务交易情况调查、"三新"（新产业、新业态、新商业模式）专项统计报表以及中国信通院等发布的研究报告中，这些测算经验为中国DESA的构建奠定了良好的理论基础与实践基础。基于OECD提出的数字经济卫星账户研究框架，国内学者对我国数字经济卫星账户的构建做出了初步探索。杨仲山、张美慧（2019）认为基于当前"三新"统计制度和数据基础，中国可以尝试编制DESA。他们结合中国数字经济的现状，尝试提出了中国DESA的整体框架并探讨了DESA的实例编制方法。向书坚、吴文君（2019）则以中心框架为基础设计了中国DESA的框架图，并根据已有的数据测算了2012—2017年中国数字经济卫星账户主要数字产业的增加值和占GDP的比重。罗良清、平卫英等（2020）将数字经济产品分为数字产品和数字化产品，基于数字技术对实体经济融合的视角对中国数字经济卫星账户设计进行了初步探讨。在数字经济核心表式中还增加了就业统计表和互联网免费服务统计表，凸显了数字经济的发展带给就业的巨大影响。

5.3.4 投入产出表法

美国经济学家瓦西里·列昂剔夫是投入产出表法的创始人，这种方法是一种同时研究"投入"和"产出"的经济数量分析方法。投入产出表法是通过编制投入产出表来实现的，他的投入产出思想的渊源可以追溯到重农学派魁奈著名的《经济表》，列昂剔夫也把他编的第一张投入产出表称为"美国的经济表"。 根据投入产出理论，在某一经济系统内这一理论的变现形式可以定义为要素禀赋的投入和生产成果的产出，这种投入产出导致了产业的升级，进而促进了经济的高质量发展。数字经济作为一种新兴的经济形态，同样也适用投入产出的分析方法。从投入的角度出发，要素禀赋的投入促进经济从初级形态向高级循环转变，要素禀赋的结构在一定程度上影响着一个经济体的最优化产业结构。数字经济的升级发展需要相应的要素禀赋结构的支撑，比如人力、资本、土地等，具体表现为数字化基础设施和数字化创新发展等方面的内容。从产出的角度来看，数字经济作为一种更高效、更绿色的新经济，在投入新的投入要素、新的资源配置和形成新的全要素生产率以后，可以通过变革传统产业、优化产业结构和提升生产效率来促进经济高质量发展，数字化企业的发展和产业数字的融合发展就印证了这一点。虽然这一理论目前在数字经济研究上应用得较少，但还是有一些学者进行了尝试。王开科等（2020）设计了包含数字经济的五部门投入产出表模型，并通过引入数字经济效率系数开展了实证测算，结果验证了近年来数字经济发展对改善我国生产效率的积极影响。万晓榆等(2019)从投入产出视角构建了3个一级指标、7个二级指标、20个三级指标、70个四级指标,补充了前人研究中缺乏的数字化治理和数字知识型人才指标,对当前的数字经济指标评价体系的建立提出了新的思路。陈晓东(2021)基于对1987—2017年中国投入产出表面板数据的分析,通过实证检验发现数字经济、数字化软件服务的投入能够有效提高产业链的强度。

5.4 重庆数字经济创新发展测评制度创新实践与问题分析

综合国内外对数字经济的研究,可以发现目前大多数机构对于数字经济的测度与评价大致有两条思路:一种是直接统计一定区域内所创造的数字经济规模、体量;另一种是通过设立一个多维度的指标评价体系来衡量某一区域在某一时间段内数字经济的发展情况。直接对数字经济的规模和体量进行估测可以直观、清晰地把握数字经济的总体发展水平,进而估计数字经济所创造的效益在整个宏观经济中所占的比例,但是单一的统计指标不能很好地揭示数字经济在某一方面发展存在的问题。构建多维度、多层次的数字经济评价指标可以从侧面反映数字经济发展中遇到的瓶颈,这在一定程度上弥补了直接统计法的劣势。在国内外研究基础上,下文进行重庆市数字经济统计核算创新实践考察,并进一步分析其中可能存在的问题,以便为完善重庆数字经济统计提供有价值的建议。

5.4.1 重庆数字经济评价指标体系建设与核算方法

重庆市统计局在数字经济核算中进行了全国领先性、创新性的探索,建立起了一套行之有效的统计核算指标体系和统计制度,具体做法如下。

(1)统计范围确定与调查方法

2018年,重庆市统计局研究制定了《重庆市数字经济统计报表制度》,并经国家统计局批复,于2019年开始试运行,重庆市也成为我国首个正式出台数字经济统计指标体系和统计报表制度的省市。在国家层面尚未建立数字经济统计制度的背景下,重庆市从经济核算的角度对数字经济领域开展创新性统计工作,标志着重庆在数字经济领域的统计方法制度创新研究取得突破性进展,为进一步深化重庆市经济统计方法制度改革奠定了良好基础。

《重庆市数字经济统计报表制度》涵盖数字产业化、产业数字化以及数字经济要素基础等重点内容(如表5-8)。其中,数字产业化包括企业数量、产业规模、发展质量3个二级指标;产业数字化包括农业数字化、工业数字化、服务业数字化、公共服务数字化4个方面;数字经济要素基础包括基础设施、创新能力、数字人才、绿色资源、资金保障5个方面。在产业数字化和数字经济要素基础两个方面都设立了三级指标。

表5-8 重庆数字经济发展评价指标体系现有架构

一级指标	二级指标	三级指标
数字产业化	企业数量	未细分
	产业规模	未细分
	发展质量	未细分
产业数字化	农业数字化	数字农业企业数量、数字农业应用普及率、智慧农场示范基地
	工业数字化	两化融合发展水平指数、数字化研发设计工具普及率、关键工序数控化率、智能制造就绪率、数字化车间
	服务业数字化	电子商务交易额、企业电子商务数量、数字银行数量、数字文化创意企业数量、数字贸易企业数量、数字景区数量、数字商业数量、数字共享率
	公共服务数字化	政务服务一站式办理率、数字环保监控数、数字治理普及率、数字校园数、数字医院数、重点区域智能交通基础设施覆盖率
数字经济要素基础	基础设施	每平方公里光缆长度、每平方公里4G基站数服务器支撑能力、光纤到户端口比、宽带平均接入速率、4G用户普及率、移动互联网用户普及率、固定宽带家庭普及率、IPv6用户数量、网民用户数量、手机流量资费水平下降率、固定宽带资费水平下降率
	创新能力	数字经济领域创新平台、数字经济领域主导或参与制定的标准、数字经济领域发明专利
	数字人才	数字经济从业人员、数字经济领域高端人才、高校数字经济领域本科以上在校生
	绿色资源	绿色数据中心数量、云服务器使用容量
	资金保障	数字经济产业发展引导资金、数字经济金融机构数量、数字经济融资额度

数字产业调查对象及范围包括规模以上和规模以下在内的全口径数字产业法人企业。规模以上数字产业法人企业,依据《重庆市数字产业调查单位名录库》开展全面调查。规模以下数字产业法人企业采取抽样调查,具体操作过程是以全市为总体,采用分区县分产业领域层内的阶段分层随机抽样的抽样设计,将每个产业领域作为一层,每层内按照从业人员的规模成比例抽样的方法抽取调查企业,再对抽中的企业进行调查。规模以上和规模以下数字产业法人企业调查由各区县(自治县)统计局、两江新区经济运行局、重庆经开区统计局负责组织实施,统一审核、汇总企业有关数据后上报市统计局。产业数字化和数字经济要素基础有关指标为综合统计,由市级有关行业主管部门负责组织实施后报市统计局。

(2)数字产业化核算方法:直接估算法

数字经济是在传统经济基础上产生的,是经过现代信息技术提升的高级经济发展形态,包括数字经济产业和数字经济融合,即由数字产业化和产业数字化两部分构成。对于数字产业化的部分,重庆市将数字产业化分为了大数据、人工智能、集成电路、智能超算、软件服务业、物联网、汽车电子、智能机器人、智能硬件、智能网联汽车、智能制造装备、数字内容、其他数字产业共12个指标进行核算。统计报表制度对数字产业化部分的增加值进行统计,具体操作是:数字产业规模由相关企业“按比例分劈”后的增加值进行直接加总,数字经济产业增长速度为扣除价格因素后的可比价格增长速度。计算方法如下:增加值=企业数字经济业务产值(或营业收入)×所属行业增加值率。其中,产值(或营业收入)数据来源于数字经济企业调查以及现有统计资料,行业增加值率来源于上年度统计年报。

(3)产业融合核算方法:投入产出表法

对于产业数字化部分,市统计局采用投入产出模型进行测算,按季度核算其增加值及增速。由于目前国家投入产出调查制度无法满足当前数字经济测算的时效性要求,市统计局对产业数字化经济总量的测算方法进行了简化,具体包括三个步骤。一是根据2015年重庆市投入产出表和数字经济行业分类标准,构建42×2部门的数字产业、非数字产业投入产出表。二是参考国家统计局投入产出延长表编制方法,构建了2016、2017年数字经济投入产出5部门简表,5部门分别是第一产业中的数字经济产业、第一产业中的非数字经济产业、第二产业中的数字经济产业、第二产业中的非数字经济产业、第三产业中的数字经济产业和非数字经济产业。三是把非数字经济产业增加值按照各产业投入的贡献度进行分解,测算全市产业数字化部分增加值。

5.4.2 重庆数字经济统计核算制度存在的问题分析

据重庆市统计局对重庆数字经济发展评价的研究,以2017年的DEI指数为基准,2017—2019年的重庆市数字经济DEI指数分别为100、111.93、131.74,可以看出近两年重庆市数字经济的发展趋势十分迅猛,尤其是数字产业化和产业数字化两个方面,这两个指标的统计分数约占DEI指数的90%。同时也反映了重庆的数字经济基础设施的建设力度、创新能力、数字人才的引进培育力度非常薄弱,这些方面的发展在未来将会对整个重庆市的数字经济造成重要影响。针对重庆市当前实行的数字经济统计调查制度,我们发现其在执行过程中存在着一些问题。

(1)数字经济统计指标体系不够完整

目前的统计指标主要涵盖了数字产业化、产业数字化、数字经济要素基础三个方面,还没有将数字化治理、数字化创新纳入进来。数字化治理和数字化创新是数字经济活动的重要内容，随着数字经济充分发展，未来数字化治理和数字化创新将在数字经济增加值中占据重要的份额。

（2）数字经济与实体经济融合统计核算制度不够成熟

在对产业数字化部分的经济增加值及增速进行测算时，统计数据暂时仅由市统计局进行收集整理，信息公开的透明度较低，影响到各区县对产业融合部分的估计以及未来的发展目标设计。

（3）数字经济统计运行机制不畅通

在调研中发现，各企业人员或各区县公务人员在填制报表时，对于指标数据的划分模糊不清，数据与报表科目统计存在不一致的情况，致使数据收集衔接不到位。

（4）基层缺少数字经济专业统计人员

调查发现，在企业数字经济统计核算中，缺少数据统计网络系统以及相关的专业统计分析人员，对数据系统的纵向统计分析薄弱，对收集的数据缺乏深层次的分析，造成统计资源的闲置和浪费，不能全面反映数字经济的发展状况。

以上存在的问题，都将对统计结果造成不可忽视的影响，因而重庆市当前的数字经济统计报表制度也亟待改进和完善。

5.5 重庆市数字经济创新发展的统计制度改进建议

为了增强数字经济统计核算的科学性和指导性，重庆市需结合数字经济发展实际，改进当前数字经济统计核算制度，优化数字经济统计分类目录和指标体系，探索建立能够科学准确地反映重庆数字经济创新发展水平和趋势的统计报表制度。

5.5.1 进一步优化数字经济统计测评指标体系

为了客观全面地评估数字经济发展情况，重庆需要对当前的指标评价体系进行修改和完善。要完善的内容具体包括：一是围绕数字技术产业发展方向，对数字产业化的核算按照统计制度的分类进行设置，与统计制度有所衔接；二是统计报表制度的设计要符合重庆本土的发展特点，反映出数字经济与其发展目标的融合，如“智慧名城”的建设；其三是具体指标设置相应的权重，可参考其他省市的规定，结合重庆市经济发展特征进行评定。

同时，为了贯彻以大数据智能化为引领的创新驱动发展战略行动计划，完善重庆数字经济发展测评指标体系，应着重考虑三方面：一是充分考虑重庆“制造重镇”建设，推进数字技术与产业的深度融合，引导各类实体产业向数字化转型发展；二是充分考虑大数据、物联网、人工智能等产业作为经济发展新基石的作用，完善数字基础设施建设；三是充分考虑重庆“智慧名城”建设，推进发展方式转变。在充分借鉴已经开展数字经济评估的研究机构及省市的先进经验的基础上，将数字产业化、产业数字化、数字化治理、数字化基础设施和数字化创新资源设定为数字经济发展综合评价指标体系中的一级指标（如表5-9）。该评价指标体系的评估范围包括各区县数字经济发展情况，评估时间以年为单位。该评价指标体系的权数总值设为100，各评价指标按照重要性、发展性采用专家调查法确定权重，最后采用综合加权法计算评价得分。

表5-9 重庆市数字经济测评指标评价体系建议清单

一级指标	二级指标	三级指标	单位	三级指标属性	
				核算指标	观察指标
数字产业化	数据要素价值化	数据要素服务平台数量	个		√
		数据资源整合数量	ZB		√
		数据资源确权数量	ZB		√
		数据资源使用主体数量	家		√
		数据要素市场交易数量	ZB		√
		数据要素价值总量	万元		√
		数据要素市场交易价值量	万元		√
		数据要素价值化增加值	万元	△	
	信息技术研发	数字经济领域创新平台数量	个		√
		数字经济领域授权发明专利数量	个		√
		数字经济领域主导或制定的标准	个		√
		信息技术研发增加值	万元	△	
	数字设备制造	智能机器人研发数量	个		√
		汽车电子业务总量	个		√
		智能制造装备营业收入	万元		√
		智能硬件营业收入	万元		√
		智能网联汽车产量	个		√
		数字设备制造增加值	万元	△	

续表

一级指标	二级指标	三级指标	单位	三级指标属性	
				核算指标	观察指标
数字产业化	数字信息传输	电信营业收入	万元		√
		智能超算平台数量	个		√
		数据传输服务平台数量	个		√
		数字信息传输增加值	万元	△	
	软件与信息技术服务	软件开发营收	万元		√
		集成电路规模	/		√
		物联网覆盖企业数量	个		√
		软件与信息技术服务增加值	万元	△	
	互联网服务	互联网接入及相关服务	/		√
		互联网信息服务质量	/		√
		互联网平台数量	个		√
		互联网安全服务水平	/		√
		互联网服务增加值	万元	△	
产业数字化	农业数字化	数字农业企业数量	个		√
		数字农业应用普及率	%		√
		智慧农场示范基地	个		√
		农业数字化增加值	万元	△	
	工业数字化	两化融合发展水平指数	%		√
		数字化研发设计工具普及率	%		√
		关键工序数控化率	%		√
		智能制造就绪率	%		√
		数字化车间	个		√
		企业上云指数	%		√
		工业数字化增加值	万元	△	
	服务业数字化	企业电子商务数量	个		√
		数字银行数量	个		√
		数字文化创意企业数量	个		√

续表

一级指标	二级指标	三级指标	单位	三级指标属性	
				核算指标	观察指标
产业数字化	服务业数字化	数字贸易企业数量	个		√
		数字商业数量	个		√
		数字景区数量	个		√
		服务业数字化增加值	万元	△	
	公共服务数字化	数字扶贫水平	/		√
		数字教育综合覆盖率	%		√
		数字医疗系统覆盖率	%		√
		数字交通水平	/		√
		数字旅游水平	/		√
		公共服务数字化增加值	万元	△	
数字化治理	民生服务	人均移动互联网接入流量	/		√
		客车ETC覆盖率	%		√
	城市治理	资源管理水平	/		√
		网络安全管理水平	/		√
		社会治安管理水平	/		√
		城市应急管理水平	/		√
	政府管理	政务数据共享应用水平	/		√
		政府决策水平	/		√
		政务数据开放应用水平	/		√
		信用管理水平	/		√
	生态宜居	数字环保监控数	个		√
	数字化治理增加值		万元	△	
数字化基础设施	数字基建	城市大数据平台建设数量	个		√
		5G基站建设覆盖率	%		√
		人工智能建设水平	/		√
		工业互联网企业数量	个		√

续表

一级指标	二级指标	三级指标	单位	三级指标属性	
				核算指标	观察指标
数字化基础设施	以数字化为核心的全新基础设施	新能源、新材料应用领域配套设施覆盖率	%		√
		无人化配套设施覆盖率	%		√
		新材料、新能源园区建设配套数量	个		√
	经数字化改造的传统基建及其新型细分领域	城际高速铁路覆盖率	%		√
		轨道交通覆盖率	%		√
		特高压设施建设数量	个		√
	数字化基础设施增加值		万元	△	
数字化创新资源	数字化人才	本地高校数字经济人才培育	人		√
		数字经济现有领域高端人才	人		√
		数字经济引入人才	人		√
	数字创新保障	数字经济产业发展引导资金	万元		√
		数字经济金融机构数量	个		√
		数字数据中心数量	个		√
		云服务器使用容量	%		√

说明:带有“△”符号的指标通过核算和类似指标加总可以求得数字经济总体增加值。

针对《中国数字经济发展白皮书(2020年)》提到的对于数据价值化和数字化治理两者的量化受数据可得性和核算方法局限性限制的问题,在对二级指标和三级指标的设计上引入了观察指标和核算指标,以便对数字经济的发展水平进行科学的测度。其中,按照此前对数字产业的分类,数字产业化的产业业态类型主要由数据要素价值化、数字设备制造、数字信息传输、数字技术服务构成,在对这四者细分的基础上可将数字产业化分为数据要素价值化、信息技术研发、数字设备制造、数字信息传输、软件与信息技术服务和互联网服务6个二级指标。这些二级指标又包含了25个观察指标,以及数据要素价值化增加值、信息技术研发增加值、数字设备制造增加值、数字信息传输增加值、软件与信息技术服务增加值、互联网服务增加值等6个核算指标。产业数字化指标主要反映数字技术与传统产业的融合发展现状,在中国信通院将产业数字化分为农业、工业、服务业三个维度的基础上加入了公共服务数字化,一共是4个二级指标,二级指标下包含了20个三级观察指标,和农业数字化增加值、工业数字化增加值、服务业数字化增加值和公共服务数字化增加值4个核算指标。数字化治理是中国信通院在2020年发布的《中国数字经济发展白皮书(2020年)》中首次提出的概念,此前也有机构在指标体系构建时加入了这一指标。结合重庆市智慧城市建设方案,可将数字化治理分为民生服务、城市治理、政府管理、生态宜居4个二级指标,二级指标下共包含了11个三级观察指标和数字化治理增加值1个核算指标。数字化基础设施在众多机构和学者的研究中均有体现,本课题将其单独列出作为一个一级指标,按照百度百科对于数字基础设施的定义和分类,主要从数字基建、以数字化为核心的全新基础设施、经数字化改造的传统基建及其新型细分领域3个方面来评价重庆市新型基础设施建设情况,一共设置了3个二级指标、10个三级观察指标和数字化基础设施增加值1个核算指标。数字化创新资源主要是从数字化人才和数字创新保障两个维度反映,共包含了7个三级观察指标。综上所述,该数字经济发展测评体系一共囊括了5个一级指标、19个二级指标、73个三级观察指标和12个核算指标。

该评估指标体系也存在着一些局限性。第一,在此次调研中获取的数据有限,比如反映民生数字化的智慧教育、智慧交通等相关指标数据较难获取,加大了指标体系的设计难度、缩减了指标的细分程度。第二,数字产业化的数据主要由统计局统计、核算,各区县、各企业提供相关数据的程度有限。第三,反映实体产业数字化融合部分的成效指标数据没有统一标准。总的来说,在评估指标设计上,应尽可能遵循全面性、客观性、可比性、前瞻性原则,能反映重庆数字经济的发展趋势,并在实践中不断完善评价指标体系。

5.5.2 加强现有数字经济统计核算制度的检验和修正

由于目前国家层面并未制定正式的数字经济测评制度,重庆市统计局出具的统计报表制度也是处于试运行的状态,制度公开程度较低,所以并不能准确判断该项制度是否能够有效地反映出真实的发展情况。除此之外,通过该项统计报表制度收集相关数据资源时,对于产业融合部门的数字经济增加值的计算,企业可能存在相应的问题。所以相关的统计部门在对数字经济相关企业数据进行统计时,要积极与企业进行沟通,收集企业在统计数据时遇到的难题,统计部门经过讨论后及时向企业做出反馈,以便后续的统计工作顺利开展。此外,统计部门还需要针对企业的诉求改进现有的统计报表制度,提高制度的现实可操作性,在现有统计报表制度的实际应用过程中不断检验其统计结果的准确性。

5.5.3 跟踪国内外统计经验,不断完善数字经济统计制度

加强数字经济统计领域专项问题的研究,不断完善数字经济核算体系是将来政府统计需要注意的重要内容。为了加强我国未来数字经济核算方法的研究,我国必须深度跟踪国外数字经济发展态势和重要研究成果,深入了解各国数字经济统计核算方法的具体实践,积极了解他们的做法和经验。在此基础上结合我国数字经济发展现状和特征,改进

当前实行的数字经济统计测算方法,构建一套更具广泛适用性、深度精确性的数字经济统计核算制度。与此同时,统计部门还应该与国家统计局进行积极的合作,探讨数字经济的内涵、数字经济的综合分类体系、数字经济的国际核算标准,形成一套可以普遍适用的数字经济统计核算体系,从而增强各省区市数字经济发展情况的可比性。

5.5.4 遵循统计透明原则,完善数字经济统计信息披露机制

目前重庆市对于数字经济的统计情况向社会披露的程度较低,特别是对数字经济与传统行业的融合部分的测算,重庆市统计局暂时未向外公布。如果重庆市统计局研究出的统计方法得到的测算结果总体比较平稳,在程序合规的情况下可以及时向社会公布其所制定的数字经济统计核算制度,包括相应的重庆市数字经济统计指标、数字经济增加值核算方法、每年数字经济增加值等,增强其统计工作的透明度。此外,及时公布数字经济统计制度可以让企业更加了解统计过程,从而更快速地向统计部门传达其所需要的数据;其他省市可以从重庆市的统计实践中积累经验,制定出具有地方性特点的统计制度,促进国内数字经济统计工作的顺利进行。

5.5.5 加强数字经济统计与传统国民经济统计的有机衔接

数字经济的内涵比较宽泛,凡是直接或间接利用数据来引导资源发挥作用,推动生产力发展的经济形态都可以纳入其范畴,所以数字经济的统计并不完全脱离于传统的经济统计制度,并且我们应该将数字经济纳入传统的统计制度框架中,重新设计一套新的数字经济统计调查制度,实现统计指标有机衔接。此外,数据的采集是数字经济核算的关键,如何有效地提高数据采集的效率,实现统计成本的最小化,是一个需要解决的问题。针对这一问题,政府可以从多个方面进行调整,例如制定合理的统计调查方法,加强对数据的处理和应用,避免重复统计的现象发生;政府还可以通过大数据、人工智能、云计算等高新技术高效高质量获取统计数据。总之,要加强数字经济统计制度与传统经济统计制度的对接,实现统计指标有机衔接,降低统计成本,提高统计效率。

5.5.6 基于效率目标健全数字经济统计核算组织体系

完善数字经济统计核算组织体系,从政府统计部门到企业,有明确的数字经济统计人员、数字经济统计标准、数字经济统计方法和数据上报网络系统。数字经济统计是一项多环节、多层次、复杂烦琐的工作,其中的任何一个环节出现问题都会对最终的统计结果造成影响,从而传递出残缺、存在问题的经济信息,影响政府部门对于后期工作重心的决策判断,因此政府有必要建立一套完整的数字经济核算组织体系。为了实现这一目标,政府部门首先应该要求企业和统计部门安排专门的数字经济统计人员,同时制定相应的数字经济统计标准,对正在实施的数字经济统计制度进行详细的解读,使得包括政府和企业在

内的数字经济统计人员能够理解统计制度所需要的数据类型，以便正确地填制必需的数据信息，从而保证数据残缺或者数据来源不稳定现象的减少，保障数据质量能反映数字经济的真实水平。

5.5.7 健全企业数字经济统计核算人员的激励机制

建立数字经济统计核算考核激励机制，对企业填报统计数据的人员给予一定的工作补贴。数字经济的数据统计工作相当烦琐，对于大部分企业特别是向数字经济转型的实体企业来说，对数字经济这一概念本身的了解程度不够深入，在填制数据时基本上也是由会计工作人员完成数据填报工作。如果想要保证提供的数据的有效性，企业统计人员需要主动利用更多的时间去了解数字经济领域的相关知识，这势必会消耗其大量时间，但能做到这一点的人较少。所以政府首先需要督促企业安排专门的统计人员来完成企业数据的收集、整理、筛选、填写，以支持政府的数字经济统计工作。此外，可以通过建立一定的激励考核机制来激发企业统计人员工作的主动积极性，比如说给予企业填报统计数据的人员某种程度上的工作补贴。

5.6 本章小结

本章主要探究了数字经济的成本与收益的确认，随后通过考察国内外数字经济的研究现状，在深入了解数字经济测算方法的基础上，遵循全面性、客观性、可比性、前瞻性的原则，提出了重庆市数字经济创新指标评价体系。本章的重点内容是分析重庆市数字经济的统计和测算实践，针对当前该统计制度存在的问题，在调查研究的基础上从七个方面提出了重庆市创新发展统计制度的改进建议，分别是进一步优化数字经济统计测评指标体系；加强现有数字经济统计核算制度的检验和修正；跟踪国内外统计经验，不断完善数字经济统计制度；遵循统计透明原则，完善数字经济统计信息披露机制；加强数字经济统计与传统国民经济统计的有机衔接；基于效率目标健全数字经济统计核算组织体系；健全企业数字经济统计核算人员的激励机制。

第6章　重庆数字经济创新发展的路径与策略

依据本研究对数字经济范畴包括数字产业化、产业数字化和治理数字化三大领域的界定，本章首先将对重庆市数字产业化、产业数字化和治理数字化发展路径进行研究，然后对重庆市数字经济创新发展的营商环境提出优化建议。其次，立足于重庆数字经济创新发展的目标与任务，提出健全重庆数字经济创新发展的专项政策体系的建议。最后，为了形成全市协同推进数字经济创新发展新格局，提出完善重庆数字经济创新发展的调控机制。

6.1 抓手：优化重庆数字经济创新发展的实现路径

重庆作为国家数字经济创新发展试验区之一，应将优化重庆数字经济创新发展的实现路径作为抓手，在推动数字产业化的基础上，着力解决数据要素价值化难点，重点推动产业数字化发展，引领实体经济高质量发展，并通过治理数字化加快数字城乡建设进程。

6.1.1 数字产业化创新发展路径

重庆要发展数字经济，健全数字经济生态体系，首先需要夯实数字经济发展的根基——数字产业化，通过固本培基，才能为后面的产业数字化发展提供强大的数据与创新要素支撑。结合重庆实际，针对数字产业化发展，建议采取以下几个方面的路径：

（1）围绕数据价值化，通过引培结合，做强数据产业价值链，夯实数字产业化底层根基

一是以两江新区数据要素集聚基地和水土园区为载体，积极开展有针对性的招商引

资，引导大数据上下游企业加速聚集，加快构建以大数据的采集、清洗、脱敏、数据存储、算法设计、数据价值挖掘、数据交易、数据转化运用为主要内容的产业链体系，加强线上线下相结合的重庆数据要素市场建设，健全数据要素市场化配置机制，形成大数据产业链协同发展的格局。二是依托两江新区大数据中心，积极引进存储、加工、传输和使用数据要素设备的龙头企业或头部企业，大力发展海量存储设备、高性能计算机、网络设备、智能终端、数据采集产品及大数据一体机等大数据硬件产品制造业。瞄准世界500强企业、大型跨国企业、全国电子信息百强企业、软件百强企业、互联网百强企业，开展靶向招商、以商招商和补链招商。

(2)加强数字技术企业分类培育和差异化空间集聚，提高数字产业错位发展能级

一是加快布局发展以“芯屏器核网”为主要内容的半导体产业集群，重点突破具有全局影响力、带动性强的关键核心技术，建立完善智能芯片系统性测试方法，聚力打造全国领先的5G精品网络标杆企业。二是加强人工智能产业生态链建设。突破海量数据存储、多元异构数据处理、计算机视觉、自然语言处理、生物特征识别及知识图谱等关键技术。提升行业共性技术能力，加快机理模型与微服务开源社区以及行业知识库、模型库、专家库建设。三是加强孵化培育与试验示范，将两江新区、高新区和重庆经开区打造成数字产业化样板区。完善“众创空间+孵化器+加速器+产业园区”梯级孵化体系，在高新区即西部(重庆)科学城加快布局“数字经济众创空间和孵化器”。在两江新区和重庆经开区加快错位发展“加速器和数字经济产业园区”。积极鼓励有条件的区县如永川、合川等围绕服务外包、物联网、互联网安全、软件行业等领域发展特色化数字产业集群。四是建立数字经济企业“白名单”制度，精准施策。针对优质成长型企业阶段性特点，从早期资金获取、投资风险补偿、项目投资补助、企业运营补贴、知识产权保护等方面为企业提供针对性服务。积极支持本土骨干数字企业走出去，参加境外知名展会、投资推介会等活动，开拓外部市场。五是在智慧城市、智能交通、智能工厂等公共设施、重大项目建设中，为本土骨干企业提供应用场景，加强头部企业对中小企业的供应链、产业链、利益链连接，发挥头部企业带动中小企业共同发展的“头雁”作用。

(3)立足现实基础，巩固提升电子信息支柱产业的发展质量

一是做大做强笔记本电脑产业链，鼓励企业加强核心技术攻关，加强出国外销，提升笔记本电脑的质量和品牌影响力。二是健全重庆电子信息产业生态链，提升产业集聚效应。聚焦西永微电园、两江新区产业特色，协同构建原辅材料、电子元器件、整机终端、软件、下游应用及运营服务等电子信息产业链配套体系。加强配套服务，搭建便捷高效的企业供求信息对接系统，促进大型企业与中小微企业之间供需沟通常态化、便利化；鼓励龙

头企业将信用引入其上下游配套企业，开展供应链金融服务，形成集群优势。三是依托中国电信、移动、联通等信息技术企业，积极开发5G商用场景，在智慧城市、数字乡村建设中加强5G技术商用推广使用。

(4)健全数字技术服务体系，推动数字技术服务业跨越式发展

一是加快发展软件和信息技术服务业。面对工业互联网快速发展与运用的现实需求，支持工业控制软件和嵌入式软件研发与产业化发展。支持以永川为代表的区县引进有发展潜力的软件服务外包企业，重点开展应用软件开发外包、呼叫中心外包、地理信息系统的数据处理服务外包、信息系统维护外包和动漫渲染服务外包等，积极推进设计外包、动漫创意外包、专业技术服务外包等高端知识型外包服务。二是提升高端软件供给与配套服务能力。发展面向云计算、大数据等新兴领域的操作系统、数据库，发展基于网络协同的办公软件等通用软件，研发面向金融、教育等领域的高质量行业应用软件。推进工业软件发展，形成一批面向不同工业场景的工业数据分析软件与系统，软件自动升级系统，以及具有深度学习能力的工业智能软件和解决方案。三是建立数字技术成果应用转化服务体系。鼓励重庆市本土企业与国内外相关企业、高校及科研机构开展研发合作，联合开展新技术新产品研发转化。积极部署数字经济新业态试验设施，建设一批面向车联网、自动驾驶、无人运载工具等新技术新装备应用的专用试验平台。在数字技术推广初期，政府应该搭建推介平台和应用场景，鼓励开发本地应用场景，突破数字技术应用的“最后一公里”问题。优秀的工业互联网和数据平台开发应用初期，各级政府在检测评估其功能后可适当帮助企业宣传引导，增强其公信力，拓展应用场景。四是加强知识产权保护。市场监督管理部门、司法机关等应当完善知识产权领域的区域和部门协作机制，建立健全知识产权快速维权体系，提供境内外知识产权维权援助，推进知识产权综合执法。

(5)孵育平台企业，发展平台经济，畅通数字技术跨界应用

积极鼓励发展数字化转型共性支撑平台和行业“数据大脑”。培育发展一批跨行业跨领域和特定行业特定领域工业互联网平台、大型电子商务平台、融资服务平台和数字技术服务平台，大力开发数字技术应用的有效场景，建立平台企业与中小微企业对接机制。支持有综合实力的平台企业跨地区、跨行业、跨所有制整合创新资源，形成一批具有全球影响力的自主创新企业平台品牌。促进平台企业与实体企业深化合作，聚焦精准营销、便捷支付等业务环节，推进线上线下联动、跨界业务融合，引导平台企业积极探索互联网服务新业态、新模式，通过壮大平台经济，畅通实体经济内外双循环机制。

6.1.2 产业数字化创新发展路径

(1)着力推动智能制造,打造国家智造重镇

一是以智能制造为重点,推动制造业企业数字化转型。重点应用物联网、云计算和自动化控制、产业互联网等技术,对机器设备和生产流程等进行优化更新,建设一批"无人车间""无人工厂",使企业从单机生产向网络化、网格化、连续化、定制化生产转变。二是深入推进"企业上云上平台"。以解决实际业务问题为出发点,推广企业设备联网,推进核心信息系统、业务以及数据集成上云,深化云应用,为企业提供高效的数字化解决方案,实现业务流、人才流、资金流等的在线化、网络化、智能化,提升企业发展能力。三是以平台赋能为重点推动行业数字化转型。以制造业龙头企业、ICT领军企业、互联网平台企业为主导,根据具体行业的特点以及运作方式,引导平台通过完善运营机制,共享数据资源,选择不同的作用点、重点和方法推动重点行业数字化转型。加快自主可控的数字化赋能平台建设,推进工业互联网平台在重点行业的推广应用,按照"智能制造+大数据+工业互联网"的架构,对大企业内部的生产制造场域进行工业互联网改造,并打造对外服务平台,吸引中小企业使用云平台,形成工业互联网生态链式应用场景。四是以生态建构为重点推动工业园区数字化转型。首先,提升工业园区数字化基础设施建设,在园区规划、设计、建设、管理等方面使用数字化手段进行管理,使得园区的整体数据可以从多个层面进行分析与利用。其次,围绕企业的发展要求和人才的精神需要,着力推动产业集群、产业园区、小微园、特色小镇等数字化转型,推广应用与提升工业园区数字化服务平台,建成一批示范性数字化小微企业园。最后,瞄准园区企业数字化转型的共性需求,以原有公共平台为基础,加强政府、企业、高校和科研院所、金融机构、中介机构等的紧密合作,开展基础共性技术的研究,配套完善集人员培训、应用示范、测试认证等环节于一体的支撑体系,切实降低中小微企业数字化转型成本。

(2)推进服务业数字化,打造国际消费名城

一是建设市级文化旅游大数据中心。整合全域旅游、乡村旅游、投融资项目、数字博物馆、数字图书馆、数字文物资源等数据资源,全面提升文旅智慧管理和服务水平。指导建设一批智慧旅游试点景区、试点单位,市级旅游发展相关专项资金对全市智慧旅游大数据体系研发及服务平台建设给予适当倾斜。推动文化场馆和旅游景区打造数字化体验产品,丰富大众体验内容,推广"互联网+文旅"新业态新模式。二是深化重点企业和专业市场电子商务应用,推广定制化生产和精准营销新模式。推动县域特色产业集群(含特优农产品)电商化发展,提升各区县特色产品知名度。积极推进跨境电子商务综合试验区建设,打造综合公共服务营销平台,优化跨境电商园区、公共海外仓布局,培育一批外贸综合

服务企业。三是引进一批国际性文旅企业落户重庆。建议引进环球主题公园落户两江新区，通过国际文旅巨头企业，带动消费国际化升级。四是高标准建设一批数字技术驱动型的国家级数字创意产业园。培育一批具有全球竞争力的数字创意头部企业和游戏、动漫、影视作品等发行运营平台企业，推动大中小企业协调发展。鼓励符合社会主义核心价值观和健康有益的游戏、动漫、视频、网络文学等数字内容生产，推动在线影院、数字博物馆建设。鼓励有条件的区县建设国际一流的赛事场馆，支持新建和改造一批电竞赛事场馆。

(3)示范推进智慧农业，赋能乡村振兴

深入贯彻数字乡村发展战略，加强统筹规划和分类指导，强化设施与资源整合利用，丰富"三农"信息应用服务，打造产业兴旺、生态宜居和生活富裕的乡村振兴样板。第一，构建和完善农业农村信息服务系统。依托市级智慧农业云平台、农业农村大数据中心，构建数字资源体系，对耕地、渔业、农村资产、农村宅基地、农业经营等各类数据资源进行整合与集成，推动数据标准化。第二，完善市级农业物联网综合管理平台，优化智慧农机决策管理信息系统，持续提升平台支撑能力。第三，指导新型农业经营主体对接国内电商平台，发展农业生产资料电子商务，开展农业生产资料精准服务，鼓励农业龙头企业与互联网企业合作，建立产销衔接服务平台。第四，积极发展智慧农业。选取以农业为主导的区县及其若干乡镇开展物联网、智慧灌溉、智慧种业、智慧畜牧等智慧农业应用示范或试点。建设智慧农业试验区，以国家级现代农业产业园为重点，引导园区建云上云，建设一批智慧农业产业园区。开展信息进村入户、农产品质量安全监管数字化、农业植保与病虫疫情防控治理智能化、畜禽养殖管理智能化、渔业智能化、现代数字种业发展、智慧农机发展、农田建设管理智能化、农村社会事业大数据化、农村集体资产数字化、农村宅基地数字化等数字化和智能化提升工程，进一步夯实智慧农业基础。

6.1.3 治理数字化创新发展路径

(1)强化民生数字治理，打造现代智能城市

一是深入推进智慧健康服务工程。加快市级统筹全民健康信息平台等公共信息平台，加强医院信息平台建设和信息互联互通，强化健康医疗大数据开发应用。推进国家健康医疗大数据中心与产业园试点，推广数字化医疗设备和可穿戴健康设备应用，提供定制化健康服务，积极发展互联网医疗。二是全面推进城乡公交一体化调度系统建设，升级公路客运联网售票电子客票系统，推广"交通一卡通"NFC支付应用，完善交通出行综合信息服务体系，提供多方式融合衔接、按需响应、随需而行的高质量服务。三是，加快推进市人力资源社会保障一体化信息平台建设，构建纵向市、区(县)、乡镇(街道)、村(社区)四级业务经办、行政审批和公共服务集中统一，横向各业务板块集中系统地协同运行，纵横对接

一体的人社服务新体系，形成所有经济主体、服务对象全轨迹、全周期、全生命、全画像的动态“大数据”。四是加强智慧民政建设。完善社会救助、慈善公益、社会组织综合服务平台，积极推进“智慧养老”发展。加快发展智慧体育，提升智慧体育公共服务能力。五是依托大数据构建有机“城市智能体”。注重培育智慧城市品牌，彰显系统化、便利化、智能体特色，在智能交互、智能连接、智能中枢和智慧应用等方面加强对数据要素的归集和运用，实现“感、传、知、用”等全要素覆盖。构建智慧城市发展的合力，促进政府、园区、设备商、应用开发商、大数据公司、科研机构、高校、市民等各方共同参与，做好主动、精准、智能、高效的城市服务，以推动实现“人民城市人民建、人民城市为人民”。

(2)以信息化为手段推动数字乡村建设

首先，统筹做好数字乡村建设规划。为了推动数字乡村建设，重庆市级主管部门应将国家大政方针与本地农业农村特色有效结合，做好数字乡村整体规划，建立统筹协调机制、监督机制和考核机制、信息公开和共享机制；区县政府应围绕补短板、创优势，统筹规划本区县数字乡村建设项目，强化督促落实，进一步加大相关数字服务主体的培育。其次，加快乡村网络设施建设，推进农村地区尤其是偏远地区的乡村宽带通信网、移动互联网和数字电视网络建设，推动基础设施数字化转型，构建农村道路交通信息采集网络，推动能源基础设施智能化改造，加快推动农村地区水利电力基础设施、农业生产相关基础设施的数字化、智能化转型，整合优化政府部门在农村地区已布局的站点资源，统筹打造基层综合信息服务站点。再次，利用新一代信息技术、现代农业技术，推动产业基地数字化和产业链、供应链的现代化，完善市场信息数据库的建设，加大数据预测和分析，加快农村生产由生产导向型向需求导向型转变，充分发挥市场在资源配置中的决定性作用。最后，推动乡村教育、医疗、文化数字化治理。整合乡村在医疗、卫生、教育、农业、文化等方面的信息资源，建设教育、医疗资源数据库，推动乡村“互联网+教育”“互联网+医疗健康”发展，通过教学体系线上教学、医疗机构远程服务等，实现城乡公共服务资源共享。通过多渠道传输、多平台展示、多终端推送，全方位推进乡村优秀传统文化向城市扩散，以及城市文化依托新媒介加速向乡村传播，有效增强城乡文化的价值认同。

(3)纵横交错互联互通，完善数字政务服务

一是推动大数据、人工智能、区块链等技术与政府治理深度融合，更好感知社会态势、畅通沟通渠道、辅助决策施政、方便群众办事。加快全市各级政务数据的互联互通，强化涉密政务数据的管理，促进非涉密政务数据的合理流通，不断提高“互联网+政务服务”的能力和水平，促进政务服务数据共享、业务协同、流程再造，实现线上线下功能互补、相辅相成，推动政府治理模式变革创新。二是加快实施全市线上政务服务“一网通办”，支持公

安、城管、应急管理等部门提供专业性政务服务，形成贯通市、区(县)、乡、村和市级各部门的“互联网+政务服务”体系。完善市政务服务中心功能，推动政务服务事项规范化、标准化，鼓励应用数字证书、电子签章等技术，实施“目录清单+实施清单”管理模式，形成市级统筹、整体联动、部门协同、一网办理的“互联网+政府服务”。三是创新政务服务模式。提供个性化、智能化服务，推动政务服务事项向移动端、自助终端等延伸，推广“渝快办”等政务服务App，实现更多民生服务事项掌上办、指尖办，为群众提供多渠道、便利化的业务办理服务，加快实现一网通办、异地可办、限时办结。

6.2 前提：改善重庆数字经济创新发展的营商环境

6.2.1 优化数字经济创新发展的融资环境

资本是数字经济创新发展的先导性驱动要素。虽然数字技术企业属于高新技术产业主体，但主要是轻资产企业，人脑最值钱。由于没有抵押物，数字技术企业申请贷款比较困难。近年来在“去杠杆”过程中，不少软件企业融资环境不但没有改善，反而有所恶化。有些软件企业过去是小微企业，享受低利息贷款优惠政策，成长为中型企业后贷款反而更加困难。在企业自有资金不足的情况下，急需外源资本融资，这需要从直接融资和间接融资环境两个方面进行优化。

(1)加快以银行为主导的间接融资环境的优化

银行机构的信贷融资是间接融资的主渠道，应鼓励银行业金融机构积极对接数字经济发展的信贷需求，根据数字技术企业的资源禀赋和信用条件，开发以知识产权、数字产品为抵押的信贷产品，从短期、中期、长期贷款角度丰富贷款品种；积极鼓励金融机构开展知识产权证券化融资试点，推进知识产权信用担保，为轻资产数字技术企业开辟新的融资渠道，为数字和文化科技产业的提质增效和转型升级提供有力的资本支撑。

(2)争取将重庆发展为国家第三个资本市场交易中心

积极向国家要政策，争取将科创板市场或全国中小企业股权交易系统建立在重庆，在两江新区建立“渝交所”，交易范围覆盖全国，优化资本市场空间布局，与沪交所、深交所一并成为中国大陆的资本市场体系，为重庆本地企业上市创造良好的市场环境和上市文化。

(3)培育和辅导本土数字技术上市企业

目前重庆上市公司培育机制缺乏，更没有科创板上市公司，因此重庆应加大科创板上市企业的培育力度，推动企业更加突出科技自主创新。一是建立完善上市后备资源库，联合上交所、证监会、会计师事务所和券商等机构开展针对性培育，发挥"金融辅导员"功能，宣讲资本市场政策，帮助企业制订上市计划。对于中小数字经济企业，应适时组织宣传培训、专业辅导，帮助企业及时准确地掌握上市政策。二是整合IPO上市服务第三方资源，对企业提供全方位上市服务，鼓励证券公司勤勉尽责地开展优质服务，积极发挥私募股权投资机构的助推作用，引导其投向重点上市后备企业，在上市过程中，科创板培育库企业需办理的行政事务，各区县职能部门应主动服务、优先办理、高效解决。三是给予上市成功企业或中介机构资金奖励，对为企业提供优质服务的中介机构给予财政奖励，并在相关媒体加大宣传力度予以表彰推广，充分发挥典型引领作用。

6.2.2 优化数字经济创新发展的市场环境

数字经济创新发展的市场环境优化，核心是培育数据要素市场、促进数据要素自由交易流通，实现数据要素市场化有效配置和使用。建议采取以下措施优化市场环境：

(1)培育数据要素交易市场

这是推动数据要素自由流通和市场化配置的核心环节。数据要素市场培育主要包括市场硬件、软件和服务中介建设三个方面，建议采取以下措施：一是学习借鉴贵阳等地的先进经验，健全重庆数据要素交易中心运行机制，可以在有条件的区县建设此中心，探索运行经验，待条件成熟时再向全市推广；二是构建以新型数据权利为核心的地方性规则体系，使之与数据要素市场的发展相适应，同时，基于权利与经济利益的等价关系，建立包括数据定价在内的新型经济利益分配体系，间接地完成数据确权；三是逐步标准化各类交易客体和相应的数据定价规则，构建数据成本和收益的计量模型，建立信任交易中介，以解决信息不对称等问题，增强数据交易的透明性和有效性；四是依托现有的市场监管局，成立数据要素市场监管运行组织，并建立相关机制，明确包括第三方数据交易机构、数据源机构等在内的数据交易主体的资质和权责，制定数据交易的负面清单，对数据交易市场的价格进行优化，保障数据流通的合规性和安全性，防止数据垄断与滥用。

(2)扩大数据要素配置范围

要为数据交易提供平台和机制等保障，推动数据资源在更大范围内实现有效配置，促进数据红利释放：一是加快重庆政务数据资源共享交换平台和机制建设，提高对"一网通办"、协同监管治理、政府综合决策等的支撑能力；二是加快推动重庆公共资源开发开放，提高对重庆智慧城市建设、数字公共服务发展、数字经济发展、创新创业等的支撑能力；三是促进企业间数据流通交易，支持社会化数据流通交流平台建设和发展，支撑企业数字化转型和平台治理，促进产业链上下游协同，降低企业运行成本。

(3)健全数据要素市场价格形成机制

影响数据要素定价的主要因素包括成本、收入和相对市场力量。收入方面,需要重点考虑数据要素未来可能带来收益流的贴现[①]。不过,成本、收入都只是数据要素定价的参考因素之一。实际交易中,数据拥有方总是希望在成本基础上进行更多的加成来获取经济利润,而潜在购买方则希望获取更多的消费者剩余,最终的均衡价格则取决于双方的讨价还价能力,或者各自的相对市场力量,归根到底还是需要在具体的交易场景中才能实现。就重庆而言,健全要素市场价格形成机制的措施如下:一是研究论证设立数据交易市场或依托现有交易场所开展数据交易,开展数据要素统计核算试点;二是依托数据要素市场交易中心,建立数据要素价值评估机构,接受客户委托对数字要素价值进行评估,形成合理的市场指导价;三是在指导价基础上由供需双方自由谈判,形成最终的交易价格;四是加强数据要素市场价格监管,防止数据要素价格歧视和价格欺诈,打击违法数据商户。

6.2.3 提升数字经济创新发展的合作环境

近年来,中国与东盟之间的数字经济大通道建设已取得很大进展,成为"海上丝绸之路"的重要支撑(丁波涛,2018)。未来,重庆应更加主动作为,充分发挥制造业优势,壮大重庆工业能级,深化与东盟各国的合作,进一步促进网络通、产业通、要素通、法规通,同时围绕人工智能、5G、工业互联网等新基建培育新产业、新业态、新模式。以重庆为中心辐射西南的数字经济大通道建设更要提升能级,加快从企业自发拓展转向合作平台建设,从单个项目投资转向生态体系构建,从大企业主导拓展到广大中小企业参与。

(1)拓展数字经济海外合作平台

一方面,应积极参与现有的中国—东盟信息港、e-WTP等产业平台以及中国—东盟博览会、中国—东盟电信部长会议、中新互联互通合作项目等展会平台,发出重庆声音。重点加强数字基础设施建设、跨境电子商务、网络文化产业、网络空间治理等领域的信息共享、项目投资、技术合作和政策交流。另一方面,根据双方数字经济合作深化需要,打造新型合作平台,如在重庆举办中国—东盟(中新)数字经济合作论坛和专业博览会,借鉴中马"两国双园"协作模式建设跨境数字经济产业园区,建立电子商务、大数据、人工智能、区块链等专业领域的国际技术和产业联盟。通过中新互联互通平台建设,将中国—东盟数字经济合作从目前的企业"单打独斗"转向"组团出海",提升合作的速度、广度和深度。以举办国际性重大活动为契机,打造新型数字经济全球重要会展和高端对话平台。

---

①贴现方法具体包括现金流贴现法、内部报酬率法、资本市场定价模型和对标估值方法(如果在当前的经济体系中暂时难以评判其收入潜力,可以通过另外更成熟的经济体系找到类似的产品来参考估价)。

(2)构筑完整的数字经济跨国生态体系

当前各国在战略性新兴产业上的竞争,实际上就是产业生态系统的竞争,那些能够率先建立起完整的供应链、产业链、价值链等产业生态系统的国家将会抢占先机。中国数字经济在由弱到强的发展过程中所建立起来的完整和自主产业生态体系,是中国企业与西方企业在本土开展竞争的核心资本,也是中国企业开拓海外市场的优势所在。随着中国—东盟数字经济合作的深入,重庆需要逐步从目前单个项目投资转向谋划区域数字经济生态体系建设,打造集身份认证、网络支付、现代物流、信用服务等多种数字服务以及产品研发、技术交易、金融服务、人才培训等多种配套服务于一体的综合性数字经济发展生态体系,进一步提升重庆数字经济的国际竞争力。

(3)提升中小数字企业国际化能力

当前,重庆与东盟的数字经济合作主要依靠中新互联互通渠道进行市场拓展,未来重庆应引导和推动广大中小数字企业在条件成熟时进军东盟,不断提升这些企业的国际化能力。一方面,政府可通过提炼与推广数字企业走出去的“最佳实践案例”、加强数字企业国际化经验的交流与合作、开展数字企业国际化培训等举措,帮助中小企业提升国际化能力;另一方面,引导市内智库和信息机构开展有关“一带一路”共建国家数字化发展水平的信息采集、研究和数据库建设,鼓励相关咨询行业发展和促进咨询服务能力提升,帮助市内数字企业及时掌握“一带一路”共建国家的IT产业发展的态势、机遇以及相关的政策法规。

(4)推动成渝地区双城经济圈数字经济合作

成渝两地近几年在数字科技领域已经形成一定特色,培育了一批创新型企业。比如,马上消费金融、新网银行、数联铭品、蚂蚁小贷、小米消费金融等。由于不同的产业背景,两地在“数字产业化”和“产业数字化”的优势各有侧重,可以在产业、政企、示范项目、人才、成果转化5个方面实现互补、合作、共赢。一是产业联动共推产业结构升级。系统梳理双城的产业基础,找出双城互补性产业,对接都想拓展的产业需求,加强成渝两地间人工智能、5G产业、装备制造等领域的联动与合作。二是政企合作共建一流营商环境,发展数字经济。搭建双城政府、行业协会、企业交流平台,撮合双城数字经济产业和企业联姻融合发展。三是开展示范项目合作。成都天府新区和重庆两江新区在成渝两地具有引领示范作用,应更具有改革创新意识,敢于在数字经济的一些关键领域先行探索和试点。例如以沙盒、试验区的形式探索数字经济的新模式,集聚一些全国领先和具有示范性的项目。四是促进两地的数字化人才交流。在引进人才方面,采用更加灵活的方式,弹性引进、自由引进、政府招聘相结合,探索引培结合和两地人才共用机制,促进两地人才与产业融合发展。五是共建孵化平台促进成果转化。对互补产业、创新技术和产品可按全产业链一体化结成区域产业联盟，并由双城联合出资搭建孵化平台。

6.2.4 完善数据要素确权和隐私保护的制度环境

数据产权制度的建立，关键是要解决对数据资源的确权问题。所有权确定后，其他权利的厘定便可迎刃而解。对于数据这种特殊资源的确权，应根据公共数据资源、数据中介的数据资源和个人数据资源三个方面建立相应的确权方案，有效确立数据的权责归属，并在法律上明晰数据产权（杜振华，2016）。

（1）加强公共数据资源的确权

政府是拥有社会信息最多、最完整、最全面的机构。这部分数据可进一步细分为国家宏观数据、自然人数据等。国家宏观数据主要是国家履职过程中所形成的国民经济和社会发展的各类统计数据，包括国内生产总值、财税收支、物价指数、国际收支等各类数据信息。这部分数据所有权属于国家，在不涉及国家机密时，免费向社会公众开放。自然人数据是政府履职中针对自然人所采集的数据信息，包括自然人识别、登记、纳税、许可等，也就是政府履职中的政务、法务数据。这类被公权掌握的自然人数据，其所有权属于个人。国家机关具有使用权和处置权，但是自然人应具有数据被应用的知情权、个人隐私的被保护权以及提出数据救济的异议或修改权。由于个人数据的敏感性，以及不准确的数据有可能对个人产生不良后果，借鉴许多国家的经验，可允许自然人有权查阅并申请更正个人资料。只要涉及个人主体特征的数据，任何形式的使用都应当经过所有人授权，或由使用人承担隐私被泄露的法律责任。

（2）推动以数据中介形式采集或聚合的数据确权

数据中介主要通过数据产生者、数据加工者和数据整合者等获取各类数据，包括原始数据、加工处理后的数据以及由多份数据整合后的新数据，进而向数据需求者直接交付数据产品或服务。数据中介与数据源头共同构成了大数据资源的供给方。从我国数据应用中的数据来源来看，互联网上公开的数据和社交平台数据，由于获取和分析技术不成熟，价值密度低，分别有40%和35%的数据中介企业将互联网上公开的数据和社交平台数据纳入应用范畴，32%的企业通过外部购买获得数据，只有18%的企业使用政府开放的数据[①]。数据中介是联系数据供给与需求的桥梁，对推动数据产业的发展起着重要作用。可借鉴贵阳经验，成立大数据交易所，并开展相应的大数据登记确权结算服务，以实现数据的登记确权及交易变现，这将激活大量的沉睡数据资产，为社会的创新和发展服务。

①中国信息通信研究院：《2015年中国大数据发展调查报告》，2015年5月。

(3)强化个人数据资源确权与隐私保护

在移动互联网和云计算迅速发展的今天,越来越多的个人数据会产生,却在他人的控制下保存。一旦数据放上云端,它可能飘到任何地方,被有心人利用,威胁到个人隐私和个人利益的实现。个人数据主要包括:用户行为数据、用户消费数据、用户地理位置数据、用户银行数据等,个人用户留下的各种痕迹被企业收集储存起来,这一切都涉及个人隐私问题。建议重庆明确数据挖掘应用和个人隐私保护的界限,强化对企业利用公民隐私从事商业活动的监督和约束,重点加强对未成年人等特殊群体的个人信息保护。加快制定个人信息保护制度规范,落实个人信息数据出境安全评估等制度,建立健全数据收集使用报备和安全评估、个人信息安全事件投诉举报和责任追究等机制。加大对违法违规收集使用公民个人信息行为的治理与打击力度,建立健全长效治理机制,切实维护公民在网络空间的合法权益。

6.3 动力:强化重庆数字经济创新发展的政策支持

目前重庆数字经济创新发展缺乏专门的政策支持体系,建议政府围绕重庆数字经济创新发展的目标与任务,推动建立专门的扶持政策体系,更好地发挥政府引导作用,综合运用财政、金融、人才引入要素等政策手段,调动各类企业的积极性,推动数字经济创新与高质量发展。

6.3.1 建立数字经济企业和平台资格认证政策

目前重庆还没有建立数字经济企业和平台认证中心(国家金融科技企业认证中心除外),造成新兴技术企业、软资产数字技术企业和平台获得的认可度低,难以获得与高新技术企业同等的政策优惠支持。因此,建议政府制定实施相应的资格认证政策,强化以下三个方面的资格认证:

(1)数字经济企业的资格认证

认定数字经济企业,其数字经济相关业务营业收入应具有一定的占比,主要包括四类企业:一是聚焦标志性产业链攻坚基础产业的企业,如数字安防、集成电路、网络通信、智能计算、电子材料、新型显示、智能光伏、基础软件、工业软件和网络安全;二是聚焦新兴产业生态的企业,围绕算力、算法、数据、安全等数字技术新赛道,大力发展大数据、云计算、人工智能、5G、物联网、区块链、虚拟现实等新兴产业,能够推进云计算、人工智能、工业互联网、区块链等领域开源开放平台建设,和加强云原生架构、关键算法资源、低代码工具和环境等供给能力的企业，能够支持数字政府、智慧城市、新智造等典型应用场景的企业；三是聚焦深度融合、培育智能融合产业的企业，具体指积极推进智能网联汽车、智能船舶(无人艇)、智能机器人(无人机)、智能医疗装备、智能消费电子等紧扣消费升级趋势，加快提升数字化产品供给能力的企业；四是结合重庆市内传统优势产品(装备)升级的企业，加强物联网、人工智能、大数据、嵌入式软件、地理信息等技术集成应用，积极培育智能家居、智能仪器仪表、智能应急、智能文体用品等智能化新产品新装备，与传统产业集群和互联网产业生态跨界融合、协同创新，培育智能融合产品集群。

(2)数字经济平台的资格认证

数字经济平台以数字技术为基础，通过整合数据、算法、算力，实现居中撮合、链接多个群体以促进其互动的服务中枢的建立，可以为人类的生产生活提供生产、分配、交换、消费、服务等相关信息的收集、处理、传输，以及交流展示等数字交易服务和技术创新服务的基础设施，包括技术赋能、信息撮合、交易结算、物流配送、融资服务等多种类型。其建设和运行应当遵循以下原则：①依法依规，科学规划，严格执行国家有关法律法规和政策，结合本地资源交易实际，合理规划、科学布局，突出特色、注重实效；②规范运行，量化服务指标，完善功能标识，高效规范运行；③公开透明，强化监督，构建完善咨询投诉、服务评价机制，不断提高业务办理公开透明度，广泛接受社会监督。重庆可按照上述原则和建设内容进行资格认证。

(3)数字认证

数字认证环节是对数字经济企业和平台提供一个可信的身份，不仅利于其享受政策优惠，也提供了可靠的网络身份核实，满足真实身份需求。数字认证包括电子签名、电子合同和身份管理。电子签名能够适用于多场景、多文档格式、多种签名设备，满足在任何时间、地点和设备下进行签名、签章、签章验证和签名司法举证的需求。电子合同用于满足多业务场景、全链条数字化缔约需求。身份管理用于满足用户实时身份认证、访问控制、授权管理、安全审计的需求，实现多渠道身份鉴别、多元化身份凭证和多级授权管理，可有效提高政务与商务服务的效率，重庆应加快推进数字认证进程。

6.3.2 实施有弹性的数字经济用地用电优惠政策

电力和土地是调查中多数企业反映到的问题，期待政府提供优惠政策，建议采取以下措施。

(1)满足数字经济创新发展的合理土地需求

对于非农业数字经济企业，一是盘活存量土地资源。按照改造提升、优化转型和腾退复耕等类别，对现有工业集中区块进行分级分类管理，制订“一园一策”方案，有序推进工业园区改造提升,为数字经济发展提供物理空间。在符合城市规划和土地利用规划的前提下,鼓励将闲置工业厂房、仓储用房、商务楼宇、沿街商铺等改造为数字经济园区(商厦)。二是应保障重点企业的合理用地需求。数字经济产业用地,可按科研用地出让,允许企业用地最高不超过15%的部分用于建设自用的人才公寓。建议数字经济产业用地出让起价按工业用地评估价的三分之二修正后评估确认。在已取得出让土地使用权和保持数字经济产业用地性质不变的前提下,经所在地政府批准,允许企业5年后按数字经济产业用地整体或按规划确定的分割单元转让(可转让建筑面积合计不超过项目地上总建筑面积的50%),政府保留优先回购权。

对于智慧农业项目用地,首先,要严格界定设施农业用地范围,合理确定设施农业用地规模。设施农业属于农业内部结构调整,可以使用一般耕地,不需落实占补平衡。设施农业用地按农用地管理,不再使用的,必须恢复原用途。明确使用永久基本农田范围,种植设施不破坏耕地耕作层的,可以使用永久基本农田,不需补划;破坏耕地耕作层,但由于位置关系难以避让永久基本农田的,可以允许使用永久基本农田,但必须补划。其次,明确使用永久基本农田程序,涉及补划永久基本农田的,项目动工建设前,由乡镇政府将拟建设设施农业用地的情况报区县级农业农村委,区县级农业农村委会同生态环境部门对使用永久基本农田的必要性、是否破坏耕作层以及永久基本农田补划可行性进行认定。

(2)适当降低数字技术企业的电力成本

两江、水土等地的云计算中心、超算中心、灾备中心,特别是大数据运算存储基地耗电、耗水、占地量大。该产业拉动当地经济和就业增长很少,但作为数据仓库,投入多、维护费用高,如果用户少、收益低,对投资者具有较大风险。政府可以制定相应限制条件,对符合条件的云计算中心、超算中心、数据中心、灾备中心等执行工商业及其他电价中的两部制电价,电价可参考贵州优惠价执行。支持通信、广电运营企业及相关IT企业参加电力用户与发电企业直接交易,完善信息基础设施用电的永久性扶持政策,进一步降低用电成本。可以考虑数据储存运算规模越大的企业,电价越低,反之越高,防止盲目重复建设,避免同质化竞争。

6.3.3 实施积极的数字经济创新发展财税支持政策

财税政策主要是通过财税支持,降低各类企业数字经济创新发展的成本和风险,建议采取以下措施:

(1)实施合理的税收优惠政策

我国目前的税制是以流转税(间接税)为主、所得税(直接税)为辅,征税环节大多集中在生产和流通环节,再通过商品的流转转嫁到消费者的身上(刘禹君,2019)。而数字经济的发展使得生产和流通领域的经济活动更加复杂多变，在这种趋势下，与其用更加复杂的税制解决问题，不如用简单的税制解决复杂的问题，通过对分配和消费环节征税，可以更加直接地确定征税对象和纳税人，也可以避免重复征税的问题。重庆应扩大税收优惠政策的辐射范围，现有税收政策的认定标准将很多应用数字技术的传统企业和一些新兴的平台类企业拒之门外，要想充分发挥税收政策对数字经济的引导作用，就应将所有应用数字技术的企业纳入优惠范围，将现有的标准认定为主的优惠政策转变为抵扣和减免为主的优惠政策，即无论行业领域或企业性质，只要应用数字经济从事数字产业化或产业数字化相关的业务，就可以在大致5年的转型升级期间享受减免应纳税所得额、抵扣相关费用、优惠税率等税收优惠政策。严格落实固定资产加速折旧、企业研发费用加计扣除、软件和集成电路产业企业所得税优惠、小微企业税收优惠等政策。落实股权激励和技术入股有关所得税政策。对于纳税有困难的企业，经税务部门按规定程序报批后，给予一定期限的房产税减免，城镇土地使用税按制造业、非制造业亩产税收差别化减免。

(2)优化财政奖补政策

数字行业从过去低竞争、高利润，逐步发展为高竞争、低回报、见效慢的行业，一些数字企业甚至“独角兽”企业也在重新洗牌。数字经济发展主要靠市场竞争，但重庆财政扶持政策也可以有所作为。例如：可以采取贷款贴息、融资增信、代偿分担等方式，降低重点数字企业的投入和运营成本。另外，可以实行数字经济奖补政策，对数字经济平台建设、工业App开发、检验检测、跨界合作、优秀解决方案等给予一定财政补贴。项目引进方面，建议对在重庆市注册成立且总部设在重庆的大数据企业给予最高不超过1000万元奖励。研发平台建设方面，建议对集成电路制造、封测类项目（不含产业园区类）按其实际投入（含设备和软件投入）的15%给予补助，最高不超过2000万元；支持载体建设，新认定的国家级技术创新中心、国家重点实验室（工程技术研究中心）分别补贴1000万元、800万元；对重点项目引进采取“一事一议”政策。企业数字化改造、公共平台建设方面，建议对智能装备生产企业技术改进最高补贴800万元；支持数字经济行业龙头企业建设公共服务云平台、大数据中心、软件创新中心，最高补贴1000万元。

(3)积极开发数字产品的公益性应用场景，实施适当的政府采购政策

在数字企业发展初期，政府采购有重要促进作用。应加强本地企业数字产品调研，建立本地数字产品推介推广使用平台与机制，积极开发一批公益性应用场景，完善政府采购配套政策，如针对目前云服务发展趋势，各级政府应从自己建设转为采购第三方云服务。优化政府招投标程序和服务，如目前数字项目招标都需要缴纳保证金，对于中小数字企业来说是一笔不小的负担，保证金完全可以通过银行出具担保函来代替，政府只需要出台相

应的政策进行引导支持。

(4)完善数字经济产业投资引导基金

在各区县新兴产业基金中设立数字经济专项,改进基金运作方式,充分发挥市级和区县相关产业基金引导作用,重点投向初创科技型企业,对于投资初创科技型企业的市内创业投资企业,财政按其累计投资额的一定比例给予奖补。支持符合条件的创业投资企业及其股东、有限合伙人发行创投债,扩大创业投资企业资本规模。

6.3.4 健全数字经济创新发展的金融支持政策

立足重庆实际,要解决数字经济企业的融资问题,建议采取以下金融扶持政策:

(1)对银行业金融机构数字经济贷款提供流动性支持

对积极开发数字经济信贷产品、积极为数字技术企业和实体企业数字化转型发放贷款的银行业金融机构,实行专项再贷款优惠,适当降低存款准备金率要求,或者采取优惠的再贴现政策,满足金融机构更多的流动性需求,支持数字经济的创新发展。

(2)完善科技金融协同服务体系

鼓励和引导金融机构创新科技信贷产品和服务模式,更好地服务于数字经济发展。建立企业创新融资需求与金融机构、创业投资机构信息对接机制,向金融机构、创业投资机构开放高新技术企业、科技型中小企业和承担市级重点领域研发计划项目企业融资需求相关信息。市级财政部门与有条件的区县联动设立科技创新风险准备金池,对金融机构开展科技型中小企业贷款和知识产权质押投融资业务发生的损失,给予一定比例的风险补偿。鼓励政策性担保机构加大对数字经济领域知识产权质押贷款的担保支持力度,对为相关企业提供信用担保的机构给予补贴。对投保科技保险的数字经济领域高新技术企业按规定给予补助。

(3)建立多层次资金协同支持机制

加大重庆数字技术企业科创板上市培育力度,充分利用数字企业对资本市场的吸引力进行直接融资,加大对新兴数字产业和新业态新模式的投资力度,明确政府资金、创业投资和产业投资引导基金的投资范围与标准,强化对新兴数字产业和新业态新模式重大工程和示范项目的投资牵引,创新政府资金与社会资金的合作机制。优化私募基金市场准入环境,探索优化创业投资企业市场准入和发展环境。鼓励金融机构创新开发适应数字经济企业的金融产品和服务,创新数字经济企业的估值方法与上市方式。

6.3.5 完善数字经济创新发展的人才政策

数字经济时代是“人才+”时代,人才日益处于资源配置的核心位置,以自主培育为主,加快数字经济高端人才、复合型人才培养和引进,是推动重庆数字经济创新发展的关键之举。

(1)拓展猎聘人才渠道

借鉴深圳人才集团的经验,在中国海峡人才市场基础上,加快组建重庆市人才集团,开辟数字经济人才专项。鼓励在招商工作中将国际猎头公司作为重点之一,加快培育壮大人力资源服务业。积极吸引发达地区的商业化科技智库设立重庆智库,鼓励企业等引才主体利用智库庞大的人才网络搜寻匹配人才。

(2)加速海外人才回流

支持重庆留学生同学会主动发起学术交流研讨会、国际科技论坛,为有意愿来渝创新创业就业的人才积极牵线搭桥。鼓励企业积极创新人才柔性引进方式,秉持“不求所有、但求所用”原则,采取借脑研发模式,在香港、澳门等地租赁办公楼设立人才飞地,吸引华裔及其他海外人才以港澳为基地从事科学研究工作,研发成果则在重庆落地。可依托重庆国企在香港、澳门的分公司,设立华裔人才联络站,并积极运用市场化模式,激励联络站代表重庆挖掘人才,帮助人才解决境内外法律、文化、环境差异困扰,提供相关政策咨询,寻找商业伙伴等。同时为降低人才流失率,可针对高级专业技术人才对个人所得税实际税负超过15%的部分予以免征,还应当根据重庆数字经济创新发展的实际需要,在资金、住房、落户、子女上学、配偶工作等方面为数字经济领域高层次人才提供更多政策支持,解决其生产生活等方面的后顾之忧。

(3)激励人才在渝创新创业

主动对接已通过国际投资风险评估相关法案审查的中资风投机构,吸引其在重庆设立分支机构。重点关注“胡润上海技术转移机构榜”,引进或与上榜机构开展合作。制定支持国际技术成果转化的特殊政策,确保外籍高层次人才可以安全地享受到成果转化收益。试点开展科技成果权属改革,高校、科研机构以市场委托方式取得的横向项目,可约定其成果权属归科技人员所有;对利用财政资金形成的新增职务科技成果,高校、科研机构可与科技人员共同申请知识产权,赋予科技人员成果所有权。强化企业家在科技创新中的重要作用,实施企业家职称评审直通车制度,科技型企业家可直接申报高级(含正高级)专业技术职称。加强企业和高校人才供需对接,主动吸引各地高校人才来渝创新创业,形成浓厚的人才引进、培育和爱才文化。

(4)积极开展以数字技术为核心的跨界人才培育的教学试点示范工程

引导本地高校对接数字经济人才市场需求,积极调整专业结构,开办数字经济有关的跨界复合型新专业,以前瞻性为原则培育既具备数字化思维和能力,又熟悉制造业发展模式及流程的跨界人才,依托社会力量,联合国内外知名高校和企业,创办数字经济领域的开放性大学，开展互联网、大数据、人工智能等新兴学科的教学资源开发与育人体系构建试点工作。以本科生和大专生教育为主，适时向研究生教育延伸，并根据实践需要再向继续教育、成人教育、远程教育延伸，形成多层次、全方位、立体化的跨界人才教学培育体系，创新数字经济与实体经济融合的应用型、管理型和复合型人才培养模式。支持重庆市高校实行非竞争性、竞争性“双轨制”数字技术科研经费投入机制，推动完善科研机构管理机制，建立常态化的政企数字科技创新咨询制度，实施高层次数字科技人才定向培养机制，有利于解决目前重庆市内部数字经济人才严重缺乏的问题。

(5)构建技能型人才培养体系

随着工业4.0的深入发展，简单和常规的机械工作程序将逐步被智能机器所取代，保留的复杂工序又对工人的知识和技能提出了更高的要求，因而未来的工业4.0和制造业发展需要更多的高质量人力资本。应更加重视高技能人才培养，依托全市高职院校和中职学校积极推进数字技术职业教育，及时更新和完善培训体系，对现有人员进行工业4.0所需知识和技能的再培训，提高其技能素养。建立以培育技能素养为核心的人才培养体系，将培养具备技能素养的“工匠型”人才作为职业教育培养人才导向。

6.4 保障：优化重庆数字经济创新发展的调控机制

6.4.1 完善数字经济创新发展的调控体系

在数字经济管理体制上，现在从中央到地方，各级信息管理机构应当改变工作职能、调整领导力量，把工作重点和主要力量放在信息化形成和运用上(陈万钦，2020)。实际上，数据经济发展的难度要远大于管理，以信息化为主的管理体制有助于增强工信部门的权威。基于重庆实际，建议健全数字经济创新发展的统筹体系，省级大数据局是新一轮地方机构改革的新生事物，是地方政府完善数据治理体系、提升数据治理能力的重要探索。为解决大数据局在地方机构职能体系中面临的障碍和瓶颈，不断优化大数据局的机构设置和职能配置，当前亟须重点处理好四组关系：一是处理好政事关系，科学界定大数据局行政管理职能的内涵和外延，加快推进政事分开；二是处理好党政关系，理顺和优化地方网信办与大数据局的职责关系；三是处理好左右关系，明确大数据局与其他综合管理部门、行业管理部门的职责分工；四是处理好统分关系，构建上下协同、政企合作、多元参与的共建共享数字政府体系。在重庆市级范围的首要任务就是坚持“全市一盘棋”的理念，努力破解长期以来制约政府治理水平提升的信息资源碎片化、业务应用条块化、政务服务分割化等问题。各级大数据职能部门应该加快引进数字经济专业人才,加大政府管理机关人员的数字经济管理技能培训,提高其为数字经济发展提供有效服务和进行科学调控的能力。

6.4.2 健全数据要素市场化配置的体制机制

2020年,中共中央、国务院公布了《关于构建更加完善的要素市场化配置体制机制的意见》(以下简称"《意见》")。这是中央颁布的第一部关于要素市场化配置的文件。《意见》是中央关于数据要素市场化配置的顶层设计,重庆市也需加快制定出台地方政策文件、相关行业标准作为配套补充,为数据要素资源有效配置进一步提供政策指导。结合重庆数字经济创新发展的现状,应从以下几个方面来培育数据要素市场、完善数据要素市场化配置制度。

(1)切实推动政务数据开放共享

政府部门通过长期的统计和监测,积累了海量、权威的数据要素资源。关于政务数据开放共享,需要政府部门转变思维,认识到政务数据开放共享是政府数据治理的前提和基础,是政府现代化治理体系的重要组成部分。政府要履行主体责任,在数据采集共享和利用等环节制定相应规则与权责红线,提高数据质量和规范性,建立健全数据管理制度、安全保护制度,完善数据治理绩效考评体系,建立科学的绩效考评标准,不断完善数据治理绩效考评的相关流程和制度,来激励和倒逼各级主体规范管理和使用数据要素。

(2)破除限制数据要素交易流动的体制机制

应加快破除限制数据要素流动的各种体制机制障碍:一是加快破除政务信息孤岛,推进政务数据资源梳理清洗、分级分类、共享交换等,促进重庆政务数据资源共享和高效利用;二是加快破除公共部门将数据资源视为部门资产的机制障碍,加快推动重庆公共数据资源开发开放共享,切实发挥公共数据资源的公共服务属性;三是加快破除各部门打着涉密旗号阻碍行业数据资源的开发利用等障碍。

(3)促进政务数据与社会数据的融合

政务数据和社会数据属性不同、类型不同,两者的跨界融合和开发利用共享将会产生乘数效应,应促进各级政府、社会各行业和各类企业的数据要素资源互通、数据要素开发技术共享,进一步释放数据红利。应加快数据立法,构建多层级的数据管理法规体系,让政务数据与社会数据共享"有据可依",破解"不愿共享、不敢共享"的难题,完善数据融合制度规范。同时,加强对数据的标准规范应用,对拥有海量数据资源的互联网企业进行约束,避免企业逐利而在融合共享中违规泄露用户敏感数据和个人隐私。

(4)积极探索数字技术标准的制定

加强政府主管部门、行业协会、领军企业、高校和科研院所密切合作,推动数字经济术语、新技术和数据格式、工业互联网平台架构等领域的标准制定,加快形成业界共识,实现兼容和互联互通。积极参与区域技术标准的制定工作,加强数字经济统计标准的实践检验,推动更多重庆的数字经济技术标准成为国家标准。

(5)强化数据安全保护

贯彻落实网络安全法,推动全市各区县各部门形成责任明晰、安全可控、能力完备、协同高效、合作共享的数据安全保障机制,探索建立数字经济安全责任制。实施大数据企业和机构报备制度,通过采取安全测评、风险评估、安全防护、应急处置等措施,建立健全数据安全保障体系。事前通过对数据安全管理办法等的修改制定工作,加强对各种数据的分级分类管理,合理评估确定各方对各级各类数据的访问权、调用权、使用权及应负责任的边界,使可以利用的数据发挥出应有价值而不是简单打上“禁用”标签,也更要加强对敏感涉密数据的权限流程管理,确保“不锁死有用数据,不泄露敏感数据”。同时要强化事中事后行政监管和数据审计,加强对数据滥用、侵犯个人隐私等行为的治理和惩戒。

6.4.3 健全数字经济创新发展的监测考核机制

数字经济发展正在进入快车道,新技术、新产业、新模式层出不穷,数字经济发展评价的基础理论、目标范围、工具方法在不断深化发展,重庆需要继续完善评价方法,加快应用实践进程。一方面,力求在数字经济基础研究上有所突破,不断吸纳最新研究和实践成果,优化评价理论模型。另一方面,应结合国家数字经济创新发展试验区建设和新型智慧城市评价等工作,持续开展区域性和领域性数字经济发展绩效评价,不断优化评价方法,丰富数据来源,建立绩效评价长效机制。

(1)收集数据,由点带面开展分析试测

在绩效评价体系基本完善的基础上,结合国家重点研发计划专项项目“新型智慧城市评价数据采集与分析服务平台”理论研究与系统研发,针对不同区县的发展特点,利用系统动力学、层次分析等建模方法,加强数字经济发展水平评估和新型智慧城市评价模型的应用示范以及优化等工作,科学验证评价模型的科学性、可行性与有效性,并结合试测情况对指标体系进行优化完善(单志广,2020)。

(2)总结经验,推动相关标准体系建设

在开展数字经济发展水平评估与试测的同时,不断总结和固化成功经验,根据不同评测对象设计不同的评级指标标准。市经济和信息化主管部门应当会同统计等有关部门建立健全数字经济统计监测指标体系和发展综合评价体系,制定和完善数字经济核心产业统计分类目录。标准体系应对不同来源的数据进行可信度分析。同时,研究这些数据和数字经济中实际参与者主观体验之间的关系,探讨关键影响因子以及控制因素,从各个维度识别数字经济发展的真实水平和趋势。

(3)以评促建,提升数字经济发展质量效益

依托数字经济发展评价体系,分级分类开展各区县数字经济发展水平评估,全面深入地摸清各区县数字经济发展现状、存在的问题和面临的瓶颈,为重庆数字经济发展提供决策参考。以评价为导向,引导地方有序、科学发展数字经济,促进数字经济健康可持续发展;以联合会或协会等形式,建立数字经济发展交流平台,促进数字经济发展经验交流。以实地调研与数据分析相结合,以经验研究与预测分析相结合,有针对性地为各区县数字经济高质量发展提出政策建议。

6.4.4 畅通数字经济创新发展的数字治理机制

在互联网技术的影响下,现代经济发展呈现出数据体量指数级增长、线上线下融合的特性,使得传统社会治理机制难以适应新形势新需要,重庆应在协调机制、监督机制、保障机制、制度规范等方面突破原有框架,结合现实情境和新兴技术手段探索社会数据化治理模式的变革与创新。

(1)建构社会数字化治理协同运行体系

数字社会是一种生态系统,政府、平台、企业、居民、媒体等都是系统参与者,需要形成以政府治理为核心,行业自律、平台治理和社会监管广泛参与的立体化社会治理体系。结合当前数字化治理需求,重庆应积极探索运用互联网技术和信息化手段建立大数据分析和动态协同系统,共建社会数字化治理沟通协调平台,搭建数字监管的风险预警体系、信息披露体系、大数据征信体系和社会评价体系,完善数据共享与安全保障机制,参与推动成渝地区区域数字治理协同化体系的建构,以数字治理创新推动区域经济治理体系升级等。落实举措需要立足区域顶层设计进行优先级排序,有效整合多主体力量协同推进。

(2)推动新兴数字要素资源向数字价值的转化

随着5G、人工智能、大数据、云计算等新兴技术应用普及,全社会走向全面互联,新型价值网络雏形隐现,整个社会逐渐演变成为一个以数据增值为核心的数字生态命运共同体。阿里研究院提出了“智能经济”的概念,这与依赖价格信号的市场机制,以及依赖人为协调的企业机制有着显著差异。智能经济具有三个特征:其一,数据作为关键生产要素,“数据+算法+算力”的智能化决策、智能化运行,将更加依赖于数据的获取和处理;其二,人机协同成为主要生产和服务方式,这与工业时代“工人附属于机器”的情况截然不同;其三,经济价值的追求方向是满足海量消费者的个性化需求。智能经济将呈现全新的运行

规律——以数据流动的自动化化解复杂系统的不确定性，实现资源优化配置，是支撑经济高质量发展的经济新形态。数据本身并不具有价值，而是通过有效治理使无序数据关联化、隐形数据显性化，挖掘数据背后隐藏的信息、激活数据、使其动态化，才能产生价值。重庆要推动新兴数字要素资源向数字价值的有效转化并防范其负面效应，需要依托大数据运用发展管理体系，加强数据要素采集、清洗、整合、产权界定与保护、交易和价值转化运用的服务体系的构建和完善，借鉴国内外先进经验，从制度法规、体制机制等途径进行大胆探索，才能够有效促进数据价值的挖掘和转化。

(3)防范化解经济社会数字化转型中的风险隐患

大数据时代，整个社会的数据量呈指数级增长，数据存储技术也在持续迭代。在云端集中挖掘、管理和精准匹配分发数据是大势所趋。一方面，大数据的经济价值和社会价值不断彰显，数字资产日益成为社会资产构成中的重要组成部分。另一方面，新技术应用过程中暴露出各种风险隐患，在利益驱动之下一些企业和个人数据被恶意泄露或买卖。相关法律法规体系欠缺，对风险因素识别不够、风险预警机制缺失、风险评估体系不完善、风险后果预判及预案不足等，都会影响数字治理的效率提升与效能发挥。重庆可依托大数据应用发展管理局、经济和信息化委员会等职能部门，建立数字经济转型发展的风险预判、预警与防范机制，通过多部门会商，及早发现可能的风险，并采取应对措施予以化解，促进数字经济健康发展。

6.4.5 构建数字经济创新发展的政府引导机制

数字经济创新发展，既需要发挥市场机制的作用，也需要政府加强规划和引导。政府的规划和引导作用主要表现在以下几个方面：

(1)加强数字经济创新发展的科学规划

市发展改革委应会同市大数据局、市经信委、市农委等职能部门，在充分考察借鉴国内外数字经济创新发展先进经验和重庆市数字经济发展现实基础之上，“全市一盘棋”，做好数字经济创新发展“十四五”规划，突出数字产业化、产业数字化、治理数字化三大领域的发展重点和区域特色，在现有实体经济发展空间布局上，优化数字经济发展的空间布局。在市级规划基础上，鼓励有条件的区县积极做好区县级数字经济发展“十四五”规划，在“全市一盘棋”中突出区县重点和特色，实现数字经济特色错位化发展，提高各区县数字经济竞争力。有条件的区县应成立独立的大数据管理服务部门，提高大数据管理的专业能力和效率，防止内部出现信息孤岛。

(2)建立数字经济就业引导机制

数字经济能创造就业机会，但也会减少大量就业机会，特别是人工智能的运用，将使社会就业需求呈现减少趋势。如高校的化学实验是一比较复杂的工作，现在已经能够用智能机器人代替。对于企业来说，追求效益最大化是主要目标，为保持领先地位，很少会顾及自动化对员工造成的损害。对于政府来说，就业是优先目标，但面临人工智能发展与就业二选一时，不能期望企业家站在道德制高点上谨慎裁员，重庆应尊重企业选择人工智能而逐步裁员的事实。因为各国人工智能生产和使用企业都面临着劳动生产率的竞争，千万不能为了扩大就业而限制人工智能的发展和应用，而是应当积极发展数字经济从而扩大新创造出的就业岗位范围，站在新的经济增长点上提供就业机会。

(3)完善数字人才教育引导机制

根据世界经济论坛数据，今天上小学的孩子有65%最终将从事现在还不存在的全新职业。今后十年，传统产业就业会大幅减少，与数字经济有关的就业会成倍增加。这需要国家和各级教育部门从现在开始就着手大中小学教育内容和教育体制的改革，教育应从以死记硬背为主转向以探索问题为主，考试应从以标准答案为主转向以独立思考为主，同时调整高校学科结构，减少传统学科和就业困难的专业，增开与高新技术特别是与数字经济有关的专业，使教育结构更加适应未来数字技术人才需求。

(4)加强数字经济分配机制的引导

由于数字经济特别是人工智能的发展，财富出现越来越集中的趋势，这是因为人工智能创造的价值会逐步高于自然人。北欧少数国家开始试行“一人一份工资”模式，美国华裔总统候选人杨安泽的竞选纲领是联邦政府给每个18~64岁的美国人每月发放1000美元的基本生活费，这实际是西方福利模式的增强版。数字经济时代需要通过重大改革来实现政治、经济和社会的再平衡。当然，重庆将来在国家政策引导下，即使实行“一人一份工资”，也不应是救济和福利，而应让大家参与过去属于公益活动的工作，如陪护老人、植树等，在公益工作中获得收入并感受人生的价值。

6.4.6 优化数字经济创新发展的协调统筹机制

(1)优化数字经济发展的区域布局

重庆各区县发展数字经济具有不同的基础和优势，需要根据各地特点实行差异化导向，鼓励各区县结合自身的实体经济发展有特色的数字经济。例如：两江新区集中了全市数据总量的70%，因此两江新区应在发展云计算、大数据、金融科技等方面着力；重庆高新区等地电子信息产业发达，产品技术配套完善，可侧重打造数字技术和数字产品高地；重庆经开区、永川区、九龙坡区、沙坪坝区在信息硬技术与软件服务结合方面有显著优势，可以在数字车间、网络定制、环境监测、决策优选、公共服务、物联网等方面进行试验，探索数字技术应用新领域；合川区重点打造互联网安全产业园，提升互联网产业能级。通过发挥各地数字经济技术优势，实行差异化发展，可以避免同质竞争、资源浪费，各地将来可以互学互鉴。从“一区两群”来看，中心城区应聚焦创新链顶端、产业链前端和价值链高端，加快数字经济高端要素集聚集成，强化数字技术创新、软件及信息技术服务、智能制造和数字经济国际合作交流等高端功能，加快形成研发在中心、制造在周边、链式配套、梯度布局的数字产业分工体系。主城新区积极承接中心城区产业外溢和创新孵化成果，聚焦“芯屏器核网”产业链的生产制造环节扩大规模，培育人工智能、先进计算、区块链、网络安全等新兴信息技术产业，推动数字技术和制造业、服务业深度融合，打造新型工业生产制造和服务体系。渝东北三峡库区城镇群加快推动5G、大数据、物联网、区块链、人工智能等数字技术与地区特色产业、特色生态要素的高度融合，延伸产业链、完善供应链、提升价值链、拓展生态链，大力发展山地特色高效农业、智慧旅游和智慧环保，筑牢长江上游重要生态屏障。渝东南武陵山区城镇群重点借助数字技术推动山地特色农业、特色资源加工、生态康养、文化旅游等产业的数字化转型，以数字文旅推动国家文化产业和旅游产业发展示范区建设。

(2)科学推动数字产业园区发展

数字经济聚集效应尽管较低但仍有传统产业的聚集效应，企业聚集可以促进技术交流与传播。对于数字经济“硬件制造”产业园来说，生产成本、供应链和配套关系非常关键，目前两江新区数字经济产业园应重点向新兴硬件产品过渡，实现产品更迭升级；对于重庆数字经济“软件制造”产业园来说，过去多是外国软件“服务外包”业务，今后应向自主创新软件发展。与传统经济不同的是，数字经济物理空间不一定高度集中，各级政府可为企业创造“虚拟产业园”，依靠市场和技术力量促进数字企业虚拟聚集，产业形态从“聚集”转变为“聚合”，更加注重企业的内在联系与协作。

(3)鼓励各类数字技术企业协同发展

重庆在厘清国内外数字经济相关行业、关键技术基础上，不仅应对人工智能、大数据、云计算等数字产业要有所规划和培育，而且应对计算理论、数据挖掘、信息检索、机器学习、多媒体技术、推荐系统、人机交互等关键技术要着手突破攻关，还应对数字制造、数字组织、数字生活等多种应用场景进行重构再造。如人工智能、物联网等涉及的高端传感器种类繁多，大部分产品国内还不能生产。重庆应立足自身资源禀赋优势，规划不同单位承担不同技术攻关任务，避免大量技术无人进入和重复投入并存，形成各行业、关键技术、具体应用等领域全面发展、重点突破、相互衔接的数字经济技术生态系统。

主要参考文献

[1]许宪春,张美慧.中国数字经济规模测算研究——基于国际比较的视角[J].中国工业经济,2020(05):23-41.

[2]向书坚,吴文君.OECD数字经济核算研究最新动态及其启示[J].统计研究,2018,35(12):3-15.

[3]李长江.关于数字经济内涵的初步探讨[J].电子政务,2017(09):84-92.

[4]经济合作与发展组织.衡量数字经济:一个新的视角[M].张晓,等,译.上海:上海远东出版社, 2015.

[5]中国信息通信研究院.中国数字经济发展白皮书(2020年)[R]. 2020a.

[6]王梦菲,张昕蔚.数字经济时代技术变革对生产过程的影响机制研究[J].经济学家,2020(01):52-58.

[7]张森,温军,刘红.数字经济创新探究:一个综合视角[J].经济学家,2020(02):80-87.

[8]李晓华.数字经济新特征与数字经济新动能的形成机制[J].改革,2019(11):40-51.

[9]李晓华."新经济"与产业的颠覆性变革[J].财经问题研究,2018(03):3-13.

[10]刘航,伏霖,李涛,等.基于中国实践的互联网与数字经济研究——首届互联网与数字经济论坛综述[J].经济研究,2019,54(03):204-208.

[11]丁志帆.数字经济驱动经济高质量发展的机制研究:一个理论分析框架[J].现代经济探讨,2020(01):85-92.

[12]张鹏.数字经济的本质及其发展逻辑[J].经济学家,2019(02):25-33.

[13]孙德林,王晓玲.数字经济的本质与后发优势[J].当代财经,2004(12):22-23.

[14]逄健,朱欣民.国外数字经济发展趋势与数字经济国家发展战略[J].科技进步与对策,2013,30(08):124-128.

[15]李彦臻,任晓刚.科技驱动视角下数字经济创新的动力机制、运行路径与发展对策[J].贵州社会科学,2020(12):113-120.

[16]中国信息通信研究院.全球数字经济新图景(2020年)——大变局下的可持续发展新功能[R].2020.

[17]国家信息中心,等.5G时代新型基础设施建设白皮书[R].2019.

[18]潘教峰,万劲波.构建现代化强国的十大新型基础设施[J].中国科学院院刊,2020,35(05):545-554.

[19]亨利·威廉·斯皮格尔.经济思想的成长[M].晏智杰,等,译.北京:中国社会科学出版社,1999.

[20]崔俊富,陈金伟.数据生产要素对中国经济增长的贡献研究[J].管理现代化,2021,41(02):32-34.

[21]杨汝岱.大数据与经济增长[J].财经问题研究,2018(02):10-13.

[22]荆文君,孙宝文.数字经济促进经济高质量发展:一个理论分析框架[J].经济学家,2019(02):66-73.

[23]张雪玲,焦月霞.中国数字经济发展指数及其应用初探[J].浙江社会科学,2017(04):32-40+157.

[24]张雪玲,吴恬恬.中国省域数字经济发展空间分化格局研究[J].调研世界,2019(10):34-40.

[25]张新红.数字经济与中国发展[J].电子政务,2016(11):2-11.

[26]刘淑春.中国数字经济高质量发展的靶向路径与政策供给[J].经济学家,2019(06):52-61.

[27]钟春平,刘诚,李勇坚.中美比较视角下我国数字经济发展的对策建议[J].经济纵横,2017(04):35-41.

[28]王伟玲,王晶.我国数字经济发展的趋势与推动政策研究[J].经济纵横,2019(01):69-75.

[29]杨佩卿.数字经济的价值、发展重点及政策供给[J].西安交通大学学报(社会科学版),2020,40(02):57-65+144.

[30]李辉.大数据推动我国经济高质量发展的理论机理、实践基础与政策选择[J].经济学家,2019(03):52-59.

[31]金江军.数字经济引领高质量发展[M].北京:中信出版社,2019.

[32]胡煜,罗欣伟,王丹.数字革命:新时代的产业转型逻辑[M].北京:电子工业出

版，2020.

[33]樊轶侠，徐昊.财政助力数字经济高质量发展：核心机理与经验启示[J].改革，2020(08)：83-91.

[34]韩毅.山水之城颜值更高气质更佳：去年重庆接待游客6.57亿人次，实现旅游总收入5734亿元，分别同比增长10%、32%[N].重庆日报，2020-1-5.

[35]联合国，等.2008年国民账户体系[M].中国国家统计局国民经济核算司，中国人民大学国民经济核算研究所，译.北京：中国统计出版社，2012.

[36]徐清源，单志广，马潮江.国内外数字经济测度指标体系研究综述[J].调研世界，2018(11)：52-58.

[37]万晓榆，罗焱卿，袁野.数字经济发展的评估指标体系研究——基于投入产出视角[J].重庆邮电大学学报(社会科学版)，2019，31(06)：111-122.

[38]刘军，杨渊鋆，张三峰.中国数字经济测度与驱动因素研究[J].上海经济研究，2020(06)：81-96.

[39]陈梦根，张鑫.数字经济的统计挑战与核算思路探讨[J].改革，2020(09)：52-67.

[40]王硕.数字经济规模测算方法研究：一个文献综述[J].中国经贸导刊(中)，2021(02)：179-181.

[41]洪兴建.数字经济：内涵、核算与评价[J].中国统计，2019(08)：49-52.

[42]辛金国，姬小燕，张诚跃.浙江省数字经济发展综合评价研究[J].统计科学与实践，2019(07)：10-14.

[43]向书坚，吴文君.中国数字经济卫星账户框架设计研究[J].统计研究，2019，36(10)：3-16.

[44]杨仲山，张美慧.数字经济卫星账户：国际经验及中国编制方案的设计[J].统计研究，2019，36(05)：16-30.

[45]王开科，吴国兵，章贵军.数字经济发展改善了生产效率吗[J].经济学家，2020(10)：24-34.

[46]蒋洁.培育发展数据要素市场的疑难问题与法律应对[J].图书与情报，2020(03)：22-24.

[47]杜振华，茶洪旺.数据产权制度的现实考量[J].重庆社会科学，2016(08)：19-25.

[48]陈万钦.数字经济理论和政策体系研究[J]，经济与管理，2020(06)：6-13.

[49]单志广，等.基于三元空间理论的数字经济发展评价体系及展望[J].宏观经济管理，2020(02)：42-49.

[50]丁波涛.西南数字经济大通道建设的现状与对策研究[J].学术论坛,2018(05):148-155.

[51]刘禹君.促进数字经济发展的税收政策研究[J].商业研究,2019(10):86-90+135.

[52]Porat MU. The Information Economy: Definition and Measurement [M]. Washington: U.S. Department of Commerce, 1977.

[53]OECD. OECD Information Technology Outlook 2010[M]. Pairs: OECD Publishing, 2010.

[54]OECD. OECD Internet Economy Outlook 2012[M]. Pairs: OECD Publishing, 2012.

[55]Tapscott D. The Digital Economy: Promise and Peril in the Age of Networked Intelligence[M]. New York: McGraw-Hill, 1996.

[56]Tapscott D, Lowy A, Ticoll D. Blueprint to the Digital Economy: Creating Wealth in the Era of E-Business[M]. New York: McGraw-Hill, 1998.

[57]Tapscott D. The Digital Economy Anniversary Edition: Rethinking Promise and Peril in the Age of Networked Intelligence[M]. New York: McGraw-Hill, 2014.

[58]OECD. OECD Digital Economy Outlook 2017[M]. Pairs: OECD Publishing, 2017.

[59]John Haltiwanger, Ron S. Jarmin. Measuring the Digital Economy[A]. Erik Brynjolfsson, Brian Kahin. Understanding the Digital Economy: Data, Tools, and Research [C]. Cambridge, Mass: MIT Press, 2000.

[60]OECD. Measuring the Digital Economy: A New Perspective. Pairs: OECD Publishing, 2014.

后记

本书是重庆市发展和改革委员会立项的重大科研课题“加快建设重庆国家数字经济创新发展试验区相关问题研究”的最终成果，是西南大学应用经济学一级学科智库服务系列丛书之一，得到了西南大学应用经济学学科建设经费专项资助，也得到了国家社会科学基金项目(21BJL086)“金融科技增强金融普惠性的理论逻辑与路径优化研究”的资助。

本书研究发轫于重庆市人民政府原副市长、市政协原副主席，现重庆市生产力发展中心童小平理事长的提议。她长期分管重庆的产业规划与产业发展，十分熟悉各个领域的经济发展，几十年生活在重庆、服务于重庆，她对这片土地的珍爱不减、关注不断。在重庆市成功获批国家数字经济创新发展试验区的背景下，2020年春季，她提出开展重庆数字经济创新发展相关问题的课题研究，认为应该尽快摸清重庆数字经济发展基本情况、规划未来远景、找准相关问题及原因，精准施策，抓住第四次工业革命这一关键期，接驳国家数字经济发展战略，用数字经济赋能实体经济，促进智能制造，助推重庆经济高质量发展。在研究的整个进程中，她全程参与，全力指导，无论是研究提纲的定夺，还是具体到研讨会、座谈会的召开，甚至到研究报告的细微修改，都倾注了大量的心血，成为研究报告顺利完成的坚强领导者和指导者。

为了更好地完成研究任务，决定组成以西南大学智能金融与数字经济研究院院长王定祥教授为组长，重庆市生产力发展中心严晓光秘书长为副组长的课题管理组。课题组副组长、重庆市生产力发展中心严晓光秘书长具体协调调研和数据资料的收集工作，并主持了相关研讨会、开题会和中期报告会，对研究报告的撰写提出了许多真知灼见。课题组成员吴文举老师和陈乾老师全程参与课题的讨论和联络工作，帮助课题组联系市统计局、市经信委、市大数据局等单位，并通过市大数据局联系主城重点区县的大数据局，助力研究团队对重点区县的数字经济发展基地、园区、企业开展了大量的实地调研，收集了丰富的第一手素材，极大地充实了课题研究。在课题调研中，不仅得到了重庆市发展和改革委员会、重庆市大数据应用发展管理局、重庆市经济和信息化委员会、重庆市统计局、重庆市农业农村委员会的大力协助，也得到了重庆市两江新区、高新区（科学城）、重庆经开区、沙坪坝区、九龙坡区、渝北区、北碚区、江津区、永川区、合川区等区县大数据局等政府部门和企业单位的宝贵支持。

在课题组几次的讨论中，市科技局高新处余林林和陆源、市发展和改革委高技术处王琳琳和林冬梅、市经信委规划投资处徐露和孙志军、市统计局工业处李荑、市大数据发展局融合发展处任超、重庆社会科学院经济产业所吴安和江薇薇、重庆大学工程科教战略研究中心王睿、重庆大学经济管理学院徐细雄、重庆邮电大学经济管理学院樊自甫、重庆工商大学金融学院王韧、重庆市综合经济研究院科研管理处邓兰燕、重庆科技战略发展研究院刘兰等专家和同志，都从不同的角度提出了大量很有见地的意见和建议，使得课题研究始终没有偏离方向。正是因为有了重庆市生产力发展中心的通力合作，有了重庆市发展和改革委员会、重庆市大数据应用发展管理局、重庆市统计局、重庆市经济与信息化委员会、重庆市农业农村委员会等部门的大力支持，有了西南大学社会科学处、西南大学智能金融与数字经济研究院、西南大学经济管理学院等单位的鼎力协助，有了各位领导和专家的悉心指导，整个课题的研究工作才得以顺利完成。事实再一次有力地证明，只有合作才是攻坚克难的正确路径。

本研究报告分为六个部分。第一部分为国内外数字经济创新发展现状与趋势分析，由李伶俐、张豆、田芳执笔；第二部分为重庆数字经济创新发展：优势、现状、短板与目标，由王定祥、祝露西、卢哲宇执笔；第三部分为重庆数字经济创新发展的重点领域，由王定祥、胡小英执笔；第四部分为重庆数字经济创新发展的重点区域，由李伶俐、王淳执笔；第五部分为重庆数字经济创新发展测评指标体系构建，由王定祥、王璇执笔；第六部分为重庆数字经济创新发展的路径与策略，由王定祥、何乐佩、王鑫执笔。研究大纲的拟定以及统稿工作由王定祥、李伶俐完成。另外，重庆市农业农村委员会智慧农业和信息化处聂玲处长，西南大学智能金融与数字经济研究院张林副教授、李沁洋副教授、陈震博士、陈思洁博士和西南大学经济管理学院硕士研究生翟若雨、辉黄耀东以及重庆青年职业技术学院王鑫老师，重庆工业职业技术学院谢佳老师等也全程参与了课题研究。

本研究于2021年9月28日在重庆市生产力发展中心顺利通过专家组评审验收结题。会后，课题组根据专家和部门工作人员提出的宝贵意见再次对研究报告进行了修改完善，最终形成了本书。

研究报告的完成、结题以及本书的出版，同时预示着研究的不足也充分展现出来。研究任务重、资料收集难、可参考的数字经济数据资料不多等因素，更主要的是自身研究能力有限，使得调研开展的深入性、问题把握的准确性、对策建议的可操作性都不同程度地存在不足，我们将尽力在后续的研究中加以进一步完善和深化。

在此感谢来自各方的关心、帮助和支持！一路有你，终不相忘！

王定祥

2022年9月